Frederick Soddy

RIQUEZA, VIRTUAL RIQUEZA y DEUDA
LA SOLUCIÓN DE LA PARADOJA ECONÓMICA

ᴓMNIA VERITAS®

Frederick Soddy
(1877-1956)

Químico inglés galardonado con el
Premio Nobel de Química en 1921

RIQUEZA, RIQUEZA VIRTUAL Y DEUDA
la solución de la paradoja económica

WEALTH, VIRTUAL WEALTH AND DEBT
The solution of the economic paradox

Primera edición, Londres: George Allen & Unwin, 1926.

Traducido y publicado por
Omnia Veritas Ltd

ⵔMNIA VERITAS®
www.omnia-veritas.com

© Omnia Veritas Ltd - 2025

"Lo que parece riqueza puede ser en realidad
ser sólo el dorado índice de una ruina de largo alcance; un
el puñado de monedas de un náufrago recogido de la playa
a la que ha engañado a un argosy; el fardo de harapos desenvuelto
de los soldados muertos; el manojo de
pechos de buenos soldados muertos; las piezas de compra
de los campos del alfarero, donde serán enterrados
juntos al ciudadano y al forastero".

JOHN RUSKIN, *hasta este último día*, 1862.

Prólogo a la nación americana

La segunda edición de este libro debe su aparición a la nación norteamericana y al interés que ha mostrado por la Tecnocracia. El autor expresa su agradecimiento a ellos en general, y a los editores norteamericanos de la primera edición en particular, por haber dado a conocer su obra tan oportunamente en la actual crisis de los asuntos mundiales. Si Thorstein Veblen hubiera vivido un poco más, sin duda también habría sentido la alegría de vivir en esta época. Porque, ¿en qué período anterior de la historia las verdades tan perturbadoras y tan contrarias al orden establecido habrían tenido la oportunidad de un examen imparcial hasta que los que las originaron y los ofendidos por ellas estuvieran todos "muertos a salvo"?

Desde que apareció la edición británica, el sistema financiero ha sufrido en América otro de esos colapsos periódicos que son inevitables, ya que ahora son la característica más conspicua de la llamada banca moderna. La nación americana tiene ahora ante sí la disyuntiva de hacer que este tipo de "banca" sea seguro para el banquero, según los cánones más estrictos de los sistemas británico, continental e internacional, o seguro para la nación americana.

Ambas cosas no son lo mismo, como tan fácilmente suponen los intereses bancarios, sino que, de hecho, son exactamente opuestas. La única manera en que la banca de hoy puede ser segura tanto para el banquero como para la nación es que la nación sea el banquero. El estado de Europa en la actualidad, y de sus otrora orgullosas naciones reducidas cada una al caos interno y muchas a la desesperación, es elocuente del gobierno del banquero. Aquí, lo que es peligroso para el banquero se considera demasiado peligroso para la nación como para que se le permita siquiera discutirlo, y el público está muy cuidadosa y elaboradamente protegido de cualquier conocimiento real de la absurda patraña que era uno de objetivos de este libro dilucidar.

América, casi sola entre las naciones actuales, tiene alguna libertad de elección de sus gobernantes y el mundo mira hacia ella como su última esperanza de destruir lo que se ha convertido fácilmente en la tiranía más poderosa y la conspiración más universal contra la libertad económica de los individuos y la autonomía de las naciones que el mundo ha conocido hasta ahora.

Siempre se nos dice, y ya se les ha dicho a los tecnócratas, que hablar claro está calculado para destruir la confianza del público, que es tan necesaria para el sistema bancario "justo cuando está empezando a restablecerse". Se puede dudar si cualquier cantidad de palabras claras podría tener más efecto en esta dirección de lo que el sistema bancario ya ha hecho por sí mismo. Es cierto que un sistema bancario privado y de acuñación de moneda no puede funcionar sin la credulidad del público. Incluso en eso ahora seguramente "ha tocado fondo con un bache y la única dirección en la que puede ir es hacia arriba". Esperemos que "suba" definitivamente. En cuanto a la confianza del público, qué mejor manera de restablecerla que poner detrás de un sistema nacional toda la riqueza y el crédito de la nación. Qué cambio supondría eso respecto a la *reputación* de integridad y riqueza sin fondo que es todo el negocio del banquero privado. El resto lo obtiene del público sin siquiera necesitar la corteza de una morera, como hizo Kubla Khan.

La ciencia moderna puede desentrañar secretos mucho más intrincados y bien ocultos que los de un sistema monetario moderno, y una vez desentrañados no necesitan más que el sentido común ordinario para ver a través de ellos. La simple pregunta que se hace el científico sobre las misteriosas apariciones y desapariciones de cualquier cosa: "¿De dónde viene y adónde va?" - basta tanto si se trata de materia como de energía o dinero. Por muy voluminosos que sean los escritos de quienes han intentado enseñar al público los misterios del dinero, éstas son las preguntas que *no* se plantean y la deducción es que los expertos ortodoxos en dinero no pueden o no se atreven a responderlas.

El público, sin embargo, no necesita sentir ninguna alarma de que un sistema monetario científico en lugar de la reliquia actual de la barbarie les ocasionaría cualquier interferencia en sus negocios y asuntos domésticos. Significaría que entonces tendrían el sistema que la mayoría de ellos cree tener ahora. Del mismo modo que el público en general no sabe ni cree ahora que las irresponsables casas de la moneda privadas están creando y destruyendo dinero arbitrariamente a un ritmo de miles de millones de dólares muchas veces al año, no tendrían ningún inconveniente en ninguna actividad social legítima si la cantidad de dinero y el nivel de precios se mantuvieran estables. Pero ellos se ahorrarían un enorme peaje de robo secreto e insospechado. Y la especulación antisocial con su dinero sin su conocimiento.

Todas las dificultades y objeciones que los que viven de la emisión privada de dinero plantean a un sistema nacional son en realidad las que desaparecerían con el sistema actual. El industrial y el agricultor son sus incautos, no sus beneficiarios. La única defensa que se ha hecho en público de esta emisión secreta de dinero que se llama banca, es que permite financiar a nuevos hombres y empresas, ampliar los negocios existentes y paliar la agricultura durante un período de malos años a expensas y sin el conocimiento de la comunidad, y que esto no sería posible de no ser por el sistema bancario privado. La defensa es totalmente absurda. De hecho, en un sistema nacional, éste sería el resultado natural y normal, sin injusticia social, en lugar de un impuesto privado no autorizado sobre el conjunto de los ciudadanos para el beneficio inmediato y la ruina final de unos pocos especialmente favorecidos.

Porque hay que recordar que los nuevos hombres así financiados, las empresas existentes así ampliadas y los agricultores duramente golpeados así "ayudados" *pagan ahora realmente intereses por los préstamos que se supone que reciben*, como si fueran préstamos reales en lugar de una nueva creación de dinero a expensas del resto de la comunidad. No hay la menor razón para que no reciban lo que se supone que deben pagar. Puede que hubiera alguna dificultad en tiempos pasados, cuando el único dinero era el oro y la plata auténticos. Pero es lógico que si la nación emitiera todo el dinero necesario tan rápido como pudiera sin aumentar el nivel de precios, es decir, tan rápido como hubiera bienes y servicios que intercambiar por él, habría abundancia de dinero en lugar de escasez, tanto para prestar y pedir prestado como para gastar e invertir. Esta es la consecuencia natural de una era científica en la que nunca habría miedo a la escasez de riqueza para distribuir, si el sistema monetario hiciera lo que le corresponde para distribuirla. Ésa es la única cuestión real: ¿el sistema monetario debe mantener a la gente en la pobreza de forma artificial o debe permitir que prospere de forma natural?

Thorstein Veblen, cuyo libro de 1921 "Los Ingenieros y el Sistema de Precios" sólo ha llegado a ser conocido por el autor desde la aparición de la segunda edición británica de este libro, adumbró un Soviet de Técnicos, que se cree que es una de las fuentes de las doctrinas de los Tecnócratas. Su ironía, al menos hoy, no necesita acentuación.

Es una sátira para todos los tiempos sobre esta época, ¡grande sólo en su ciencia y en la ciencia alquilada!

Pero al igual que en sus otras obras, hasta ahora más conocidas (y la crítica podría aplicarse igualmente a toda la literatura sociológica y política "roja" del socialismo, el comunismo y el marxismo), nunca indagó en las razones físicas subyacentes de la inversión que se ha apoderado del capitalismo, empezando por reconstruir el mundo con el poder inanimado, del que el "sudor de la frente" humano no es más que un subproducto insignificante, y terminando por convertir ese poder en la destrucción de lo que ha creado. Sus "Intereses creados", el creciente sabotaje de la industria competitiva por parte de los "Capitanes de la industria y las finanzas" y los "Ancianos estadistas" son expresiones personificadas de una profunda ignorancia subyacente de las necesidades físicas ante las que su análisis se queda corto. En este libro, como en el resto de la literatura revolucionaria, uno simplemente tiene que dar por sentado que los capitalistas, los grandes empresarios y los financieros, -lógicamente hasta el individuo más humilde del público inversor que trata de "salvar" en un mundo en el que la riqueza se pudre-, son todos demonios inhumanos por naturaleza y por necesidad, y entonces todo lo demás se sigue de ahí como la noche al día.

Esta crítica puede parecer extraña viniendo del autor, ya que él mismo ha sido acusado -y nada menos que por el Sr. H. G. Wells- de suponer lo mismo sobre la jerarquía bancaria. En cualquier caso, se mire como se mire, es un delicioso ejemplo del *argumentum ad hominen* que se ha traducido como "¡No hay caso! Abusen del abogado del demandante!". Sin embargo, una palabra más para explicar la aparente inhumanidad de la crítica científica no estaría de más.

La actitud científica con respecto a estas cuestiones difiere totalmente de la sociológica, ya que no se preocupa en absoluto de los motivos, las intenciones o las protestas, sino sólo de las consecuencias. Hoy en día, la reforma tiene que abrirse paso literalmente a través de una interminable jungla de controversias farragosas e irrelevantes antes de poder salir a la luz del día.

Aquellos que quieran entender cómo un prestidigitador realiza sus trucos deberían seguir el consejo de un prestidigitador a otro, y observar *la otra mano*, no aquella a la que la atención del público está siendo tan voluble y persuasivamente dirigida. Pero en lo que respecta a la mente científicamente entrenada, es misericordiosamente sorda. No es tanto que no crea en todas las interminables protestas de motivos e intenciones sociales altruistas y altruistas de escoceses, cuáqueros, judíos, cristianos y quién no, sino que simplemente no las oye, tan concentrada está en cómo *funciona el* mecanismo.

El mecanismo de la Naturaleza nos tiene a todos en sus garras, como lo ha tenido desde los tiempos del primer hombre, aunque a la humanidad le ha llevado mucho tiempo desentrañar el mecanismo de las personificaciones altamente pintorescas y melodramáticas que el hombre ha inventado para explicar su difícil situación. Tanto los defensores como los detractores del capitalismo lo siguen concibiendo bajo la anticuada apariencia humana de dios y demonio, pero en este libro los ángeles y los demonios dejan paso al mecanismo subyacente. La única forma de controlar un mecanismo no es mediante edictos y leyes, sino comprendiéndolo. La ciencia ha puesto a la civilización en una nueva senda en la que los viejos términos económicos de riqueza y deuda, capital, trabajo, dinero y similares han adquirido nuevos significados, y antes de iniciar controversias políticas y sociológicas conviene saber que todos hablamos el mismo idioma.

FREDERICK SODDY.

Oxford.

11 de marzo de 1933.

Prefacio a la segunda edición

El ascenso casi instantáneo a la prominencia mundial de la nueva doctrina norteamericana de salvación social e industrial conocida como Tecnocracia ha hecho que este libro, que apareció por primera vez en 1926, se haya agotado repentinamente. Se ha pedido perentoriamente una nueva edición, y para satisfacerla lo más rápidamente posible, se ha reproducido el original intacto, salvo pequeñas correcciones, con un prefacio que explica su relación con la Tecnocracia, tal como la entiende el autor, y con otras escuelas de pensamiento afines. También se ha aprovechado la oportunidad para desarrollar algunos puntos y características, en beneficio tanto del nuevo lector como de los que ya han leído la primera edición, de acuerdo con la experiencia adquirida en numerosas conferencias y debates sobre el tema. Una cuestión particular tratada en último lugar, la relación de la Teoría de la Riqueza Virtual del Dinero del autor con la más antigua Teoría de la Cantidad de Dinero, con la que tiene un parecido superficial, también ha sido tratada de esta manera. Pero el lector de la obra por primera vez, naturalmente, difícilmente estará en condiciones de seguirla plenamente hasta que se haya familiarizado con la teoría más reciente, tal como se expone en la obra original.

Parece como si los tiempos estuvieran maduros para un gran renacimiento intelectual que sintetizara todas las contribuciones parciales y dispersas en un cuerpo doctrinal establecido, basado en "la todavía casi desconocida ciencia de la economía nacional y tan alejada de la controversia desinteresada como las proposiciones de la geometría". Este libro subraya más bien un defecto del sistema monetario, que "un defecto del sistema de precios" que afirma la Tecnocracia. Ambos siguen esperando un examen y un juicio imparciales. La creencia del autor, reforzada y madurada con el paso de los años, es que a un error contable -un error que, cuando se señala, es tan obvio como un error aritmético- se debe todo el brebaje infernal en el que se ha convertido la "civilización científica" . En ese lugar inesperado, creo, se encontrará "el destino fatal que hace eterna la miseria humana".

Pero sea o no toda la solución, su corrección instantánea parecería ser un primer paso necesario hacia un mundo más sano.

Oxford, *febrero de 1933.*

Prefacio de la primera edición

El capítulo introductorio de este libro describe cómo llegó a escribirse, y el resumen del final expone las principales conclusiones positivas a las que se ha llegado. Aunque no se trata de una novela, sino más bien de un tratado serio sobre lo que a veces se denomina "La ciencia lúgubre", no debe desaconsejarse en absoluto la costumbre de echar un vistazo al final antes de empezar el libro. Destinado a todo tipo de lectores sinceramente deseosos de comprender las causas del malestar moderno en la esfera política y económica, el resumen explicará mejor que un breve prefacio el objetivo al que se dirige el libro. Es mejor echar un vistazo al bosque antes de sumergirse entre los árboles, o la vista puede ser realmente sombría.

Se trata de un intento, poco frecuente hoy en día, por parte de un especialista en un campo del saber de resolver los problemas de otro. En ciencia, reconocemos que el terreno fronterizo entre materias afines suele ser el más fructífero para nuevos descubrimientos, y también que no es desconocido que materias totalmente nuevas partan y se basen en avances más o menos menores en materias aparentemente ajenas a ellas.

Esta investigación comenzó con el intento de obtener una concepción física de la riqueza que obedeciera a las leyes físicas de conservación y fuera incapaz de imitar el comportamiento caprichoso del objeto de la investigación psíquica. En el curso de la investigación, una nueva teoría del dinero fue tomando forma y, con el tiempo, se convirtió en la piedra angular de toda la superestructura. Sólo porque esta teoría, a diferencia de otras, no pretendía correlacionar el precio con el estado del comercio o la cantidad de bienes producidos, se reconoció que los problemas de estimular la producción y abolir la pobreza y el desempleo eran distintos del problema puramente monetario. Se podía "estabilizar el estancamiento". A su debido tiempo se llegó a la solución, y se elaboraron las condiciones generales para la expansión económica progresiva de una comunidad, sin cambios en el valor del dinero ni crisis alternas de auge y depresión. Como era de esperar , la solución, una vez encontrada, demostró ser de un sentido común incontrovertible, que no requería nada más que eso para demostrarlo.

Todo aumento de la cantidad de riqueza inmovilizada en un sistema productivo debe pagarse mediante la abstinencia de consumo. Los propietarios, por el momento, del dinero contribuyen con una parte -generalmente pequeña- sin saberlo. El resto debe satisfacerse mediante una auténtica renuncia permanente a los derechos de consumo. Cumplidas estas condiciones, los ingresos de la riqueza pueden ampliarse permanentemente, en una era científica, hasta una extensión casi indefinida. Es porque la abstinencia inicial genuina es burlada que el sistema existente es lo que es. Esta es, en resumen, la solución de la paradoja económica.

Hay que dar las gracias a un número mayor de autores, por su ayuda material en la comprensión de estos problemas, de los que ha sido posible referirse específicamente en el texto, así como a numerosos corresponsales y amigos que han discutido las conclusiones del escritor y han llamado su atención sobre muchos de los pasajes embarazosos de la literatura citada, de los que de otro modo podría haber permanecido en la ignorancia.

FREDERICK SODDY.

Enero de 1926.

Adición a la segunda edición

Dedicado a los Oficiales de Justicia de la Corona del Imperio Británico

TECNOCRACIA Y NUEVA ECONOMÍA

La tecnocracia afirma que mediante el uso de la energía inanimada de la Naturaleza y por medio de las máquinas y la producción en masa, el hombre se ha independizado de sus propios esfuerzos físicos para su mantenimiento, que la llamada "ley de hierro de la escasez", sobre la que se fundaba la antigua economía, ha sido abolida, que la pobreza *y el* desempleo al mismo tiempo son ahora un horrible anacronismo, que los ingresos y gastos medios de toda la nación americana podrían multiplicarse fácilmente muchas veces con menos horas de trabajo y más de ocio, y que el banquero está desfasado como gobernante de una civilización científica y tecnológica.

En esto es similar a la tesis desarrollada en los presentes libros salvo, posiblemente, que yo era y soy más conservador tanto en lo que se refiere a la extensión como a la rapidez con la que puede aumentar la escala media de vida. Es la doctrina que en Gran Bretaña se llama a sí misma la Nueva Economía. Desde la guerra se ha ido desarrollando una escuela de pensamiento, más o menos independiente a ambos lados del Atlántico, que cree en una nueva economía de la abundancia más que en la vieja economía de la necesidad. En Gran Bretaña, Major Douglas, que inició el movimiento de Reforma del Crédito Social -que en este libro se critica más que se expone- es el pionero en lo que se refiere al cambio total de perspectiva que exige la nueva visión. Pero todos los nuevos economistas consideran a Arthur Kitson, a quien se dedica este libro, como el decano del movimiento por sus reiterados ataques durante los últimos cuarenta años a las falacias de los sistemas monetarios modernos. La influencia de los ingenieros de la eficiencia norteamericanos, que han dado a la tecnocracia su distintivo fundamento estadístico, así como las de Thorstein Veblen, descrito ahora como el "Padre de la tecnocracia", se ha dejado sentir, pero más bien como ecos y reflexiones que directamente, esto último a través del confuso medio de las antipatías políticas y sociológicas enfrentadas.

Pero mientras que en Gran Bretaña los nuevos economistas, con la posible excepción de la Escuela Douglas, han sido más bien como voces aisladas clamando en el desierto, en América tienen ahora el oído de la nación. El espectáculo de la miseria y la desesperación, con 13 millones de desempleados, en la más rica de las naciones, tan familiar para nosotros en el Viejo Mundo, ha traído al primer plano, como siempre hemos esperado, la amplia cuestión de si se debe permitir que la máquina esclavice o libere a la humanidad. Estamos tan cerca de la "ley de hierro" y de las tradiciones de resignación, subordinación y sacrificio que ésta imponía, que la gente aquí todavía no ve remedio para lo que ha sido (¡y por lo tanto debe ser siempre!) la suerte tradicional de una gran parte de la humanidad. Incluso en América, probablemente, todavía hay creyentes empedernidos en la doctrina "Bienaventurado el que espera poco, porque no será defraudado."

PUNTOS DE UNANIMIDAD

Todos los nuevos economistas, incluyendo en el término a los tecnócratas, están bastante de acuerdo en la completa posibilidad de una inmensa mejora en el nivel de vida a costa de mucho menos gasto de tiempo y "diligencia" o "vigilancia" (no utilizar el engañoso, por obsolescente, término "trabajo") y con una ganancia de las correspondientes horas de "ocio". Algunos de nosotros pensamos que el término también es obsoleto si no significa nada mejor para la mayoría de la gente de lo que significa hoy en día. Incluso en este punto, es probable que se descubra una gran divergencia en cuanto a la cantidad exacta de "ocio" que quedaría si la mayoría de la gente se dedicara de todo corazón a desarrollar sus aptitudes intelectuales y culturales (con toda la parafernalia de universidades, academias y similares que ello implica) como lo hacen ahora, en su tiempo relativamente limitado, a divertirse. Todos estamos, de nuevo, completamente de acuerdo en la necesidad de que haya una redistribución equitativa de este "ocio", por ejemplo, entre los que construyen y enseñan en las universidades y los que van a tener el "ocio" para "trabajar" allí. El sistema de un medio sobrecargado de trabajo, con ocio voluntario e involuntario en los dos extremos, tiene que acabar, y cuanto antes mejor. Pero probablemente sigo siendo el único que cree que esto se arreglaría automáticamente por sí solo si el sistema monetario fuera honesto e incapaz de ser manipulado, y por lo tanto escapo a la parte más insoluble del problema de cómo se puede asegurar esta justa redistribución. No es que me burle de la cuestión tanto como que creo que el problema es insoluble hasta que se dé este primer paso, y entonces se puede tratar si y como sea necesario.

En lo que podría denominarse el diagnóstico del problema, de nuevo, los nuevos economistas están de acuerdo en general en que, sin duda, el origen hay que buscarlo en la propia naturaleza de los sistemas monetarios modernos, tal y como se han convertido. Todos despreciamos como un absurdo intelectual el fácil eslogan de "La máquina *contra* el hombre" y la teoría que implica de que los hombres viven para trabajar en lugar de trabajar para vivir. Para nosotros, de un modo u otro, es "El dinero *contra* el hombre". Es siniestro que lo que fue el eslogan original de los ignorantes y desesperados alborotadores luditas sea adoptado cada vez más por personas supuestamente muy educadas e inteligentes. Si, al aligerar las tareas de la vida, la ciencia aumenta la producción por encima de la capacidad del mecanismo distributivo, es el mecanismo distributivo el que debe ser revisado o desechado, no el mecanismo productivo, y el mecanismo distributivo de una civilización monetaria -en contradicción con las anteriores formas patriarcales, de siervos, de clanes, feudales del comunismo- *es el* dinero.

PUNTOS DE DIFERENCIA

Sobre la cuestión de si el sistema monetario debería (1) ser desechado, (2) ampliado y extendido en gran medida, o (3) simplemente corregido para servir a aquello para lo que fue inventado, es decir, distribuir lo que hay que consumir y utilizar, independientemente de la cantidad, se revelan las más amplias diferencias de opinión. De hecho, parecería que ha llegado el momento de que los exponentes autorizados de los diversos sistemas los expliquen y respondan a todas las preguntas pertinentes que se planteen a un jurado *desinteresado* y formado por pensadores eminentes, acostumbrados a tratar con el pensamiento abstracto y científico, y dejar que sean ellos quienes aconsejen cuál de las vías debe probarse primero. Deben considerarse como alternativas, no complementarias sino mutuamente excluyentes, y cualquier intento de transigir y combinar partes de las mismas desembocaría casi con toda seguridad en un desastre. Es notorio en estas cuestiones que aquellos que han formado conclusiones definitivas y promulgado esquemas concretos no pueden apreciar correctamente otras propuestas mutuamente destructivas. Al mismo tiempo, el proponente de cada esquema debería tener derecho a recusar a cualquier miembro individual del jurado por no estar desinteresado o suficientemente familiarizado con los hábitos generales de pensamiento necesarios para comprender las implicaciones de sus propuestas. Sería tan absurdo juzgar el caso ante un jurado compuesto por personas cuya conducta está siendo revisada y de las que podría ser necesario prescindir, como por personas acostumbradas únicamente a hilar palabras sin conocimiento de las realidades.

De las tres clases antes distinguidas, los tecnócratas (aunque el autor sólo tiene un conocimiento de segunda mano de la propuesta y no la comprende) parecen situarse en la primera por su ataque al "sistema de precios" y su propuesta de suprimir el dinero y utilizar "certificados energéticos". El mundo exterior, al menos, sigue esperando información precisa sobre lo que se propone exactamente, y cómo se distribuirán los productos de la industria y la agricultura a los individuos bajo este sistema, y sería ocioso en este momento anticiparse a ello con cualquier crítica prematura.

LA ESCUELA DOUGLAS

La Escuela Douglas en Inglaterra, a través de su propuesta de vender bienes por debajo del coste y compensar la diferencia al fabricante y al vendedor mediante una emisión de "Crédito Social" (que, por lo que yo entiendo, es dinero nuevo), parece al principio estar estrechamente aliada con los Tecnócratas. Pero, por lo que entiendo de las propuestas que se han presentado, parecen más bien de la segunda clase, es decir, una gran amplificación y extensión del sistema de creación de dinero como créditos, pero para el consumidor y no para el productor.

Hasta cierto punto, el remedio es fácil de entender. La gran sobreproducción de capital, aunque lo que ya existe está en gran parte ocioso, es obviamente hasta cierto punto atribuible al sistema existente, por el cual los productores, depositando garantías colaterales y pagando intereses, pueden hacer que se cree dinero temporalmente para permitirles producir a expensas de toda la comunidad. Pero en los sistemas monetarios modernos no se crea dinero, ni siquiera una maquinaria regular de creación de dinero, para su distribución.

Todos los estudiosos del tema saben ahora que es tan necesario suministrar dinero a los consumidores para que puedan consumir como a los productores para que puedan producir, y el hecho de que el nuevo dinero se ponga siempre en el lado del productor del sistema es un factor innegable que hace que la producción supere a la distribución.

Pero ésta no es la verdadera punta de lanza de ninguna de las dos doctrinas, que han penetrado, al menos por el momento, en la ciudadela misma del "Capitalismo". En palabras de la una, debido a que cada vez menos trabajadores producen cantidades cada vez mayores de mercancías "el poder adquisitivo distribuido por la industria es cada vez más insuficiente para distribuir los productos de la industria." O, como afirma el otro, con el desarrollo técnico de la producción, el método tradicional de distribución mediante salarios, etc., se ha venido abajo, y es una pura ilusión suponer que pueda restablecerse alguna vez. Ni la mitad de los desempleados en América serían reabsorbidos por un retorno al anterior pico máximo de prosperidad, y nos estamos acercando rápidamente al momento en que la mayoría estará sin trabajo. Ambos condenan el actual sistema de salarios o de precios como impracticable y, en última instancia, absurdo. En esto soy causa de pena, si no de ira, entre mis hermanos nuevos economistas, ya que aquí mi posición está mucho más cerca de la de los antiguos economistas que de la de los nuevos.

Mi propia objeción al esquema de Douglas es en parte de grado, en cuanto a cuánto dinero nuevo se necesita, teniendo en cuenta la imposibilidad de retirar de nuevo el dinero *dado*, en contraste con la posibilidad cuando sólo se *presta*. Pero existe una división más profunda, que surge del tema expuesto en este libro: la teoría energética de la riqueza, y la naturaleza real del Capital que se deriva de ella como deuda comunal en lugar de riqueza . De ahí la necesidad de deducir de la posible producción de riqueza distribuible todo el capital producido como pérdida muerta. Es una sustracción y no una adición al flujo. El muy discutido teorema A+B de la Escuela Douglas parece considerar el Capital convencionalmente como riqueza más que como deuda, y si es así, reduce la propuesta práctica de emitir Crédito Social (o dinero nuevo) a una escala similar a la aparentemente contemplada, a una simple inflación. Me han dicho que una organización berlinesa que estudia el problema ha reunido alrededor de dos mil esquemas de este tipo.

En esta segunda categoría también deben clasificarse todos los planes de reforma bancaria, conservando como ahora el poder sobre la creación y destrucción de dinero en manos privadas, pero alterando los métodos de hacerlo y el objetivo ostensible, o, alternativamente, nacionalizar los bancos y dejar que continúen como ahora, como yo diría, destrozando el socialismo como casi han destrozado el individualismo. Evidentemente, sería aún más ocioso para mí intentar exponerlas que las propuestas de Douglas.

EL ESQUEMA DEL AUTOR

El tercer método de corregir el sistema monetario para hacerlo distributivo, recreando de hecho un mecanismo distributivo, ya que la *razón de* ser de todos los sistemas monetarios está ahora ausente del nuestro, es el método que he defendido desde el principio en éste y otros libros.[1] Todavía no puede pretender ser apoyado por ninguna "escuela", aunque tiene sus conversos individuales. A grandes rasgos, se basa en la conclusión de que todos los beneficios que se supone confiere a la comunidad el sistema monetario, cualesquiera que hayan sido en su día, son ahora una ilusión y tan deshonestos como la manipulación de pesas y balanzas. Con la creciente distinción entre la *adquisición* de riqueza y la creación de la misma -entre Demóstenes y el obispo Berkeley-, todo este jugueteo con la cantidad de dinero fingiendo que se presta y creándolo, fingiendo que se devuelve y destruyéndolo, aparece en primer lugar sin ninguna importancia física real desde el punto de vista nacional. El resultado es simplemente que algunas personas adquieren a expensas de otras y sin su conocimiento. En segundo lugar, hace imposible la distribución de la riqueza a un nivel de precios constante o, de hecho, a cualquier nivel de precios. Las supuestas ventajas que una vez tuvo -el estímulo de la producción como algo distinto del consumo- son ahora una desventaja, pero se puede dudar seriamente de si alguna consecuencia no ha sido, en conjunto, mala desde el punto de vista de la nación en su conjunto. Si hay hambrunas y vastos cataclismos naturales o humanos, como guerras y pestes, es mejor afrontarlos *sin* la catástrofe adicional e igualmente devastadora de una unidad monetaria variable, que no hace sino dar poco peso a un

---

[1] Compárese, *Money versus Man* (Mathews y Marrot, Londres, 1931).

conjunto de personas y sobrepeso a otro -el colmo, sin duda, de la "asistencia".

Volvería al propósito para el que se inventó el dinero y al axioma con respecto a su emisión en todas las civilizaciones monetarias precedentes a ésta. Destruiría por completo, sin dejar un solo resquicio, el poder de los particulares para crear y destruir dinero a su antojo. Lo sustituiría por un sistema monetario nacional científico, dejando todo lo demás como está, y afirma que la recuperación del paciente sería rápida y completa. Como en el caso del último Czarevitch, son los médicos llamados los que provocan la enfermedad anticipándose a la llamada, y la enfermedad en sí puede describirse mejor como la administración secreta de una droga que deja a su víctima inconsciente de lo que la ha deshecho.

RIQUEZA, CAPITAL Y DINERO

Aunque, en este libro, la contribución positiva al tema desde el punto de vista de la política práctica inmediata está contenida en la sugerencia de volver a un sistema monetario para la distribución de todo lo que la ciencia y la diligencia humana son capaces de hacer de la energía bruta y los materiales del globo, el lector puede ser advertido de antemano de que el análisis del callejón sin salida depende de concepciones de la Riqueza, el Capital y el Dinero, completamente diferentes de las mantenidas o declaradas antes por economistas, sociólogos, hombres de negocios o políticos o de las que están en la base de las anquilosadas controversias entre Capitalismo, Socialismo y Comunismo. Personalmente, es sumamente interesante y halagador que el punto de vista relativo a la Riqueza y al Capital parezca haber sido adoptado por -o, al menos, haber tenido cierta influencia en- el trabajo independiente de los Tecnócratas, pero en lo que respecta al Dinero, aunque el tiempo hace maravillas, creo que todavía puedo llamarlo mío.

El lector encontrará desarrollada en los primeros capítulos una teoría energética de la riqueza que no requiere aquí mayor elaboración. Pero debe tener en cuenta la naturaleza del Capital (*Agentes de producción* tal como se definen) que sigue de esto, de riqueza ya consumida, y -ya que la riqueza, no más que el combustible, puede realmente consumirse dos veces de la manera normal- el Capital es una pérdida irrecuperable y una deuda comunal más que una riqueza comunal. Una ilustración muy adecuada es la posición de los ferrocarriles en Gran Bretaña hoy en día, que todavía no han sido comprados o pagados por los descendientes que han heredado las reclamaciones derivadas de quien se abstuvo de consumir para dejar consumir a quienes los produjeron.

Por controvertida que pueda ser la cuestión de la identidad de los individuos originales que se abstuvieron, no hay controversia real sobre la abstinencia. Contrasta con éstas las autopistas, pagadas como construidas por un impuesto excesivo sobre los automovilistas, cuatro veces más alto que en cualquier otro país del mundo. Esto hace creer que Gran Bretaña, como el más antiguo sufridor de la ilusión de que el capital era riqueza comunal en lugar de deuda, todavía lidera el mundo, en sus creencias intuitivas al menos si no en sus actitudes declaradas. Por lo tanto, es muy significativo que las mismas ideas también hayan arraigado firmemente en Estados Unidos, a juzgar por los relatos sobre la tecnocracia y sus principios que se han publicado, ilustrados con muchos ejemplos sorprendentes de la fecundidad de la *deuda* en lugar de la riqueza.

EL CAPITAL COMO RIQUEZA YA CONSUMIDA

En cuanto a los economistas ortodoxos más eminentes (todos los economistas ortodoxos son necesariamente eminentes, ya que de lo contrario serían increíbles), parecen estar todavía en la infeliz posición de saber todo sobre la imposibilidad de consumir pastel dos veces, al menos intuitivamente, pero seguir creyendo en las vertiginosas virtudes del interés compuesto. Es ahora más bien entre los nuevos economistas (en las propuestas de Douglas, y el teorema A+B) que estos conceptos erróneos parecen persistir en la esfera de la economía nacional. El hecho de que se pueda obtener nueva riqueza por el capital, consiguiendo que otro individuo que lo desee lo acepte a cambio, no debe hacernos olvidar que una nación no puede convertir de nuevo su riqueza de capital en riqueza consumible, ni comer sus arados si le falta el pan.

Un crítico de la primera edición de este libro, con humor clarividente, citando del prefacio que la solución de la paradoja económica era "el más ordinario sentido común incontrovertible que no requiere nada más que eso para demostrarlo", profetizó que sería rechazado por todos los estudiantes de economía. Sin embargo, él mismo dio la clave. Dijo que Marshall, que "en su gran obra definió la economía como la forma en que un hombre obtiene sus ingresos y cómo los utiliza", caracterizó la distinción entre "bienes de los consumidores" y "bienes de los productores" (en esta obra distinguidos como riqueza para consumo y uso y Capital, o como Riqueza I y Riqueza II) como "vaga y quizás de poca utilidad práctica" -una distinción sin diferencia, de hecho, tal como J. Stuart Mill trató la misma cuestión. Así es, cuando consideramos cómo un individuo obtiene sus ingresos, pero no cuando consideramos cómo lo hace una nación. Una vez que se aprecia este punto fundamental, la agitación de la controversia política y social actual sobre el Capital parece casi carente de sentido.

RIQUEZA EN LAS TUBERÍAS

Sin embargo, a raíz de esta diferencia de punto de vista, los economistas ortodoxos parecen haber cometido un error definitivo de contabilidad que vicia todo su esfuerzo por explicar el sistema monetario y por qué se comporta de forma tan errática y espasmódica. Cuando se pasa de la concepción de la riqueza como una "cantidad realizada" a la concepción más elegante de la misma como una "recepción periódica" o flujo - y en la teoría de la energía también se está, por supuesto, tratando realmente con flujos - no debemos omitir contabilizar correctamente lo que puede denominarse la riqueza en las tuberías, entendiendo por tal la cantidad total de riqueza parcialmente producida en existencia correspondiente a cualquier tasa dada de entrega o ingreso ("volumen de comercio"). Así, la gran industria petrolera estadounidense [2] utiliza 100.000 millas de tuberías, que contienen permanentemente tres cuartos de billón (1.000 millones) de galones de petróleo. *La cantidad* de tres cuartos de billón de galones de petróleo tiene que introducirse, pero no sale, aunque el petróleo sí lo hace. Podemos decir que esta cantidad de petróleo no es quemable, aunque el petróleo sí lo es; que, aunque el petróleo siempre está pasando de la producción a la combustión, tres cuartos de billón de galones son *tan buenos como desperdiciados mientras se mantenga el suministro*.

Una cierta tasa de flujo de riqueza de la producción al consumo exige una cierta cantidad "en las tuberías" en la condición semielaborada o parcialmente cultivada, y si queremos aumentar el flujo debemos aumentar esta cantidad perdida en proporción.

---

[2] *Nature*, 19 de abril de 1930, p. 589.

Porque la tasa de producción, a diferencia de la cómoda ficción de la "velocidad de circulación del dinero", de la que vamos a hablar, depende de cosas como el tiempo de siembra y cosecha y sus equivalentes industriales, y no de los banqueros que fingen prestar dinero.

Si esta cantidad no se contabiliza honestamente por alguien que se abstenga de consumir en una medida equivalente, se contabiliza deshonestamente, mediante el truco del dinero algo por nada, y disminuye el valor del dinero de cada uno al cambiar el valor de cada unidad. Si no se hace así, resulta totalmente inútil intentar mantener constante el número índice. La prueba suficiente en estos días de incredulidad en los milagros físicos es que *no hay ningún otro lugar de donde pueda venir*.

El banquero, como se ha convertido, afecta a tratar la cantidad de riqueza consumible que no es consumible, y que es necesaria para llenar las tuberías, como riqueza consumible, sólo porque puede ser drenada para reembolsarle, dislocando así todo el servicio. Pero eso no basta.

El punto puede parecer trivial, pero es la clave de todo el problema de cómo mantener constante el valor del dinero al tiempo que se incrementa al máximo la tasa de flujo del estado de civilización. Su consideración en el Cap. XI, previo al tratamiento más completo de la naturaleza real de la Acumulación de Capital en el Cap. XII, al que se aplican idénticas consideraciones de en lo que se refiere a la abstinencia impagable, puede causar al lector, si no se pone en guardia, dificultades innecesarias.

CIVILIZACIONES MONETARIAS

Las civilizaciones monetarias surgieron y desplazaron a los comunismos anteriores porque permitían un mayor grado de libertad económica individual a los hombres, aunque no a las mujeres. Las civilizaciones monetarias son, al menos tal y como se han desarrollado hasta ahora, civilizaciones esencialmente masculinas. Pueden fracasar o necesitar una revisión en este último aspecto, pero sólo necesitan practicarse para garantizar el primero sin volver al comunismo.

Lo que conocemos ha caído, o está en peligro de caer, con una reversión al tipo anterior, simplemente porque el dinero moderno no juega el juego.[3] La regla esencial es que quien, en los negocios, recibe riqueza a cambio de dinero -que ahora carece intrínsecamente de valor- debe entregar el equivalente, y esto está garantizado simplemente por haber entregado en la transacción precedente el equivalente de riqueza por el dinero intrínsecamente sin valor. Pero esto no es *ni puede ser* observado con el dinero a crédito, falsamente llamado así, en la primera emisión de dinero nuevo, y como resultado directo toda la civilización científica ha sido llevada tan cerca de la ruina como es posible.

Sólo en lo que se refiere a su *primera* emisión (y destrucción final, si es que alguna vez se destruye) el dinero moderno es lo menos difícil de ver. En el *primer* intercambio de dinero nuevo por riqueza, el emisor, quienquiera que sea, obtiene algo a cambio de nada, *y no puede evitar obtener algo a cambio de nada*, a menos que la comunidad tenga que hacer todo el esfuerzo inútil de incorporar algo valioso, como el oro, en el símbolo monetario. Con respecto a los billetes de banco, puede que alguna vez haya sido plausible la creencia de que era el crédito del banco lo que los hacía circular, pero hoy en día es difícil imaginar un Estado tan corrupto que su crédito no sea muy superior al de cualquier corporación. Pero cuando se trata del dinero creado para prestar y destruido cuando el dinero se devuelve , los usuarios del mismo no saben ni quién lo creó ni cómo se creó. *Sólo* se diferencia de todo lo demás en *la primera* transacción en la que se intercambia por riqueza, y en la *última* en la que se decreta, y, de hecho, ¿a qué equivale ahora "todo lo demás"?

KINGSHIP

El dinero moderno es un juego con fichas que no puede empezar hasta que cada individuo paga riqueza real por las fichas a un fondo común, y *no hay ninguna autoridad nacional común a cargo del fondo común*. En la época de los gobernantes absolutos, este funcionario indispensable estaba tipificado por la efigie del gobernante en cada ficha para indicar que era "auténtica". De hecho, al menos en tiempos de paz, la principal justificación de la autoridad central era precisamente

---

[3] Estos puntos se exponen de forma excelente en un libro reciente de D. W. Maxwell, *The Principal Cause of Unemployment* (Williams and Norgate, 1932).

esta necesidad de proteger el medio de cambio de la nación de aquellos que lo multiplicarían con imitaciones espurias y de mantener la fe entre deudores y acreedores manteniendo el valor del dinero al nivel del estándar. Puede que en América sigan sin necesitar reyes, pero, al igual que los países que los tienen, necesitan con la misma urgencia a alguien responsable que se haga cargo del fondo común. Por mucho que algunos de los primeros reyes ingleses hayan traicionado esta confianza, en Gran Bretaña la realeza tiene desde hace un siglo un historial uniforme de devoción concienzuda al servicio público, y la Familia Real trabaja probablemente más por el interés público que la mayoría de los ciudadanos. Parecería natural aquí reforzar la prerrogativa de la Corona sobre la emisión de dinero, que el sistema de cheques ha convertido en letra muerta.

UNA CASA DE LA MONEDA NACIONAL

Casi todas las propuestas que se han hecho en este campo son para la extensión de la práctica de emisión y destrucción de dinero a los bancos municipales, sociedades de ayuda mutua y similares, o para nacionalizar los bancos sin alterar en lo más mínimo el defecto existente en el sistema monetario, sino más bien exagerándolo y multiplicándolo hasta el absurdo. Lo que se propone en este libro es restablecer la Fábrica Nacional de Moneda y Timbre como la que tiene el control sobre la emisión o destrucción de todo el dinero, es decir, el de curso legal, y, si es necesario, proceder contra todos los sustitutos ilegalizándolos específicamente. La tasa de nuevas emisiones sería controlada por un panel de estadísticos, presidido por el Jefe Supremo del Reino, que tendría un estatus similar al de la judicatura y funciones análogas a las de las instituciones oficiales de comprobación que estandarizan los pesos y medidas nacionales. En Gran Bretaña, la tasa media a la que se emite dinero nuevo (es decir, el exceso de "préstamos" sobre "reembolsos") ha sido de 1.000 libras por hora, cada hora del día y de la noche, durante los últimos 226 años. La tasa media actual es probablemente al menos tres veces superior. Correspondería a la autoridad estadística decir a qué ritmo deberían realizarse las nuevas emisiones para mantener invariable el índice de precios. Hoy en día, la tendencia sería uniformemente en una dirección, la caída de los precios debido a que la producción supera a la distribución.

Las emisiones pasadas en Gran Bretaña son del orden de dos mil millones de libras.

Se necesitaría la riqueza de dos mil millonarios para devolver a los ciudadanos lo que han cedido al fondo común para contadores de dinero, que denominé por primera vez en este libro la Riqueza Virtual de la nación. Pero, ¡ay! la "riqueza" de los millonarios resulta al examinarla que es virtual, si no Virtual, y que consiste sobre todo en reclamaciones de riqueza como las de los propios ciudadanos. Es difícil imaginar, y menos aún en una civilización como en la que se ha convertido la nuestra, qué negocio tienen los individuos o las corporaciones para asumir toda la responsabilidad de la moneda de una nación, o qué pueden hacer sino daño. De hecho, el historiador probablemente señalará como una de las razones más importantes del estrangulamiento de la industria y del desarrollo económico de las naciones que estamos experimentando, la total inadecuación de tales individuos o bancos, por muy "ricos" o dignos de confianza que sean, para asumir la responsabilidad de la moneda nacional. Es como tratar de financiar un esquema central nacional de electricidad con una caja de ahorros, y no obtener nada mejor que lo que tenemos ahora.

LA DEMOCRACIA Y LA CUESTIÓN DEL DINERO

Sin embargo, como el presidente Wilson aprendió demasiado tarde en 1916: "Una gran nación industrial está controlada por su sistema de crédito - nuestro sistema de crédito está concentrado. El crecimiento de la nación y todas nuestras actividades están en manos de *unos pocos hombres... que pueden enfriar y frenar y destruir nuestra libertad económica.*"

Si hubiera llamado a las cosas por su nombre, y en lugar de hablar de un "sistema de crédito" hubiera revelado lo que el término oculta, y hubiera dicho la "creación y destrucción de nuestro dinero", incluso un niño brillante con no más que un conocimiento escolar de la historia podría haberle entendido.

Así acaba la Democracia en manos de unos pocos desconocidos. Al menos tenemos derecho a saber quiénes son realmente nuestros gobernantes, aunque eso signifique que vuelvan a desenterrar tanto de su oro reenterrado como para hacerse coronas. Buscarlos es no encontrar a nadie que se parezca en lo más mínimo al tipo de persona que un gran imperio o república científica habría elegido voluntariamente para estrangularlos, ¡sino a una serie de reliquias petulantes y banqueros de pacotilla fregando y segando oro! ¡Fuera con ellos! Dejemos que las grandes naciones sigan con su trabajo.

LA LEY!

¿Pero cómo? Una revolución no nos dejaría más cerca sino mucho más lejos de nuestro objetivo. Ahora está en el poder absoluto de los ciudadanos poner fin a estas prácticas nefastas de la manera más sencilla e inesperada: ¡invocando la ley! Sólo hace falta que un número suficiente de personas importantes se reúnan y se nieguen a pagar sus impuestos alegando que, debido a las emisiones privadas de dinero a escala colosal, una gran fracción de la totalidad de los impuestos es falsa, para hacer tabla rasa de todas las telarañas tejidas para enredar a la humanidad por los magos que han descubierto cómo obtener algo de la nada y, además, hacer que devengue intereses perennes. Los funcionarios de la Corona no pueden proceder indefinidamente contra el miserable falsificador de un billete falso por alta traición en lugar de por robo y hacer un guiño a la defraudación del contribuyente por los mismos medios en una medida anual de más de cien millones de libras. Pero siendo la ley anglosajona lo que es, es altamente indeseable que cualquier individuo intente hacer esto, sin al menos un respaldo financiero muy completo y adecuado, o una derrota prematura podría establecer un precedente que establecería el aspecto legal de la cuestión hasta el fin de los tiempos.

CÓMO FUNCIONARÍA EL SISTEMA

Suponiendo que el primer paso necesario se cumpliera con seguridad -y es, como en todos los problemas monetarios, el primer paso el que cuenta-, se obtendrían entonces los intereses de unos miles de millones al año por la desgravación fiscal, más el incremento anual de la cantidad de dinero, que ahora asciende a muchas decenas de millones al año, y la ventaja añadida de que también se evitaría el pago a perpetuidad de los intereses de estos incrementos anuales.

Tras el prolongado periodo de deflación que hemos atravesado, natural sería introducir estas nuevas emisiones en el sistema del lado del consumidor, para que el primer intercambio -el único que cuenta- elimine parte de los excesos de riqueza del sistema.

Al igual que el paso del oxígeno a la sangre en los pulmones, en el que cada célula recibe la parte que le corresponde, el nuevo dinero conferiría así un nuevo poder adquisitivo a cada miembro individual de la comunidad en proporción a su participación en el fondo común, y ningún esquema podría ser más justo ni más equitativo que ése. El propio término utilizado por los exponentes ortodoxos de la ciencia monetaria -*política* monetaria- es suficiente para condenarlos. Porque quienquiera que hable de una política *de pesos y medidas*, o piense que es justo decir "ese pobre hombre es un caso meritorio, denle veinte onzas por su libra, y ese bribón sólo necesita tener doce para cuadrarla".

Más adelante, si los apetitos superan a la oferta, y se hace necesario estimular la producción, se pondrán más naturalmente del lado del productor, como, por ejemplo, amortizando la deuda nacional permanente y liberando así nueva riqueza para gastarla en nueva producción de capital, sin olvidar la "riqueza en las tuberías" ya considerada. Esto también es igual que antes, ya que los ciudadanos se salvan para siempre después de pagar más intereses por la deuda destruida. La nación está, de hecho, "ahorrando" para pagar el coste del nuevo capital, una necesidad que la aplicación de la economía individual a las naciones no ha previsto ni permitido anteriormente.

AMORTIZACIÓN DE CAPITAL

El primer paso dado, el segundo, la amortización progresiva de la deuda del capital comunal, explicada en el Cap. XIII, no requiere más comentario, salvo decir que, en mi opinión (teniendo en cuenta la estimación conservadora, relativamente a la de los tecnócratas, que hago del posible ritmo de expansión tecnológica útil), creo que estas dos medidas serían suficientes durante mucho tiempo. Pero quizá convenga explicar un poco mejor las razones de ello.

En efecto, el sistema de reembolso hace que todos los títulos sean rescindibles tras un plazo definido y con la devolución de una suma total definitivamente superior a la invertida según el tipo impositivo, como cualquiera puede deducir de las Tablas dadas. Una vez que uno comprende claramente que el capital es riqueza ya consumida y que, en el mejor de los casos, sólo tiene una vida limitada, el verdadero problema de es descargar de los hombres de la nación la deuda muerta, no para desalentar sino más bien para alentar el hundimiento de la riqueza en la producción de capital fresco. Cierto, si alguien quiere levantar una fábrica de seda rayón capaz, casi sin que nadie la trabaje (lo que parece una imposibilidad incluso desde el punto de vista de la nueva economía), de suministrar más seda artificial de la que el mundo desea, eso es asunto suyo. La norma del número índice, bajo la cual los bienes no deseados caen en valor *relativamente* a los que son deseados como ahora, es todo lo que se necesita para detener tal locura. Pero si el ocio ha de ser algo más que pereza y holgazanería, en mi opinión incluso el sistema de producción científica tendrá mucho trabajo para satisfacer sus necesidades infinitamente diversas. Algunas cifras de los tecnócratas parecen pertinentes.

"Tal como está constituida nuestra sociedad en América, sólo el 7% de la producción energética se dedica a la provisión directa de sustento. El 93% se utiliza para mantener nuestro esquema social".[4]

Este es, pues, el plan del autor para la salvación y regeneración, por no decir rejuvenecimiento, de la civilización científica, y quienes lean el libro no deberían encontrar mucha dificultad en comprender su base teórica. Por supuesto, puede adornarse y bordarse a gusto de cualquier sector del público sin que ello afecte en lo más mínimo a su potencia, siempre que los decoradores y bordadores comprendan que tiene un principio básico sobre el que no es posible transigir. Es el principio del propio dinero: que nadie lo reciba en forma de negocio sin renunciar por ello al equivalente de riqueza. Abandonemos nuestra creencia en los trucos de magia, si no en las fiestas de Navidad, al menos en el mundo de los negocios y la economía, y el intento de obtener algo a cambio de nada. Juguemos al juego del dinero con una quiniela abierta y un crupier responsable, si no un rey de verdad.

LEGISLACIÓN NACIONAL SOBRE VEJEZ

Con la toma de conciencia de la naturaleza precisa de la riqueza y de la acumulación de capital que proporciona la teoría energética de la riqueza, su capacidad de daño desaparece en gran medida. Surge la esperanza de que pueda incluso neutralizar ese "principio de muerte" que Trotter ha reconocido en como inherente hasta ahora a la naturaleza misma de la civilización, diagnosticado aquí como el conflicto de los instintos innatos de adquisición (más bien por seguridad futura que por motivos mezquinos u ostentosos) con la imposibilidad física de acumular riqueza.

---

[4] *The A.B.C. of Technocracy*, Frank Arkright, 1933. Hamish Hamilton, Londres.

Queda también por añadir poco en cuanto al aspecto internacional más allá de lo ya dicho. Si cada nación afronta y resuelve estos problemas internamente, el problema internacional y externo desaparecería también. Pero la mera unión de los Estados autónomos bajo el dominio mundial del banquero puede a lo sumo conjurarlo por un momento y amenaza con un eclipse de la libertad económica no en un Estado sino en todos. Como antes, ni el mundo entero ni siquiera el universo entero son capaces de "calmar una sed infinita". El artificio matemático que inventaron los matemáticos hindúes para facilitar el cálculo ha descarrilado a la civilización del mismo modo que la raíz cuadrada de ese artificio está enviando ahora a la física y a la astronomía a la búsqueda interminable del absurdo. Podemos dar gracias al ingeniero de que, al menos en eso, todavía debemos mantener al menos un pie en el suelo. Pero debemos mantener ambos pies allí, si queremos que las naciones tengan una economía que les permita llegar a la vejez y seguir viviendo.

LA TEORÍA CUANTITATIVA DEL DINERO FRENTE A LA TEORÍA DE LA RIQUEZA VIRTUAL

Es tan injusto que un autor de una teoría del dinero critique destructivamente una teoría rival como que un fabricante critique los productos de otro. Es psicológicamente más sutil, aunque menos informativo, proclamar lo que el propio no hará, como en el caso del célebre jabón que "no lava la ropa". Pero hay que enfrentarse al odio en aras de la claridad.

La Teoría de la Cantidad de Dinero[5] intenta establecer una relación entre el poder adquisitivo del dinero, es decir, la cantidad de bienes que la unidad de dinero comprará, o *su recíproco, el precio*, es decir, la cantidad de dinero que hay que pagar por una cantidad unitaria de bienes, y otras tres magnitudes - a saber, la cantidad de dinero en circulación, la velocidad de circulación y la cantidad de bienes intercambiados, o "volumen de comercio". La relación es que los precios deben variar proporcionalmente a la cantidad de dinero en

---

[5] *Vide* Irving Theory, *The Purchasing Power of Money* (p. 18) (Macmillan and Co., Nueva York, 1922).

circulación y a la velocidad de circulación, e inversamente a las cantidades de mercancías intercambiadas.

En realidad, en la práctica, precio significa el número índice del nivel de precios.[6] La cantidad de dinero en circulación es una expresión vaga, ya que la única cantidad definida es la que existe, en propiedad de alguien, sin contar, por supuesto, las cantidades en copropiedad como más de una cantidad.

La velocidad de circulación es más vaga. Se define como el número de veces que "la cantidad en circulación" se intercambia por mercancías en un año. Pero al multiplicar las dos últimas cantidades, las imprecisiones se neutralizan y obtenemos la cantidad bastante definida de bienes intercambiados por dinero en un año o el volumen de comercio. Esto, junto con el índice de precios y la cantidad de dinero existente, es definitivo, aunque en la actualidad apenas pueda decirse que este último sea determinable de forma independiente.

La llamada ecuación del intercambio, "La suma de los productos de las cantidades de bienes intercambiados multiplicados por sus respectivos precios", es igual al "total de dinero cambiado por bienes", o "volumen de comercio" es igual al "producto de la cantidad de dinero en circulación multiplicado por la velocidad de circulación" parece ser lo que el matemático llamaría una identidad como "dos veces dos" es igual a "cuatro", ya que las suposiciones hechas al considerar cuánto del dinero está en circulación deben necesariamente afectar de manera inversa a la velocidad de circulación. De modo que sólo la primera ecuación es real: que la suma de todos los bienes comprados multiplicada por sus respectivos precios es igual al total de dinero cambiado por bienes.

Si esto es correcto, no es de extrañar que los estudios estadísticos hayan confirmado la teoría cuantitativa con un alto grado de exactitud, ya que cualquier otra cosa sería imposible. Es cierto que si se modifica la cantidad de dinero disponible para comprar una determinada cantidad de bienes, el precio, como cociente del dinero por los bienes comprados con él, debe modificarse con la cantidad de dinero. Aunque todas las dolorosas implicaciones de esto no suelen comprenderse hasta después de una larga y amarga experiencia, no es más que una definición del

---

[6] Las referencias son a este libro.

precio determinada por el número índice. Dado que es físicamente imposible aumentar la cantidad de bienes existentes mediante el aumento de la cantidad de dinero disponible para comprarlos, cualquier aumento de los bienes disponibles necesariamente se retrasa al menos el tiempo mínimo para producirlos, lo anterior debe ser cierto en *cualquier* teoría del dinero.

PRECIO

El precio es esencialmente una relación entre dos cantidades, una de dinero y otra de riqueza. En mi teoría, la relación dual que incluye tanto el factor psicológico como el físico se obtiene considerando el precio no sólo como la cantidad de dinero que se necesita para comprar bienes, sino también como la cantidad de bienes de los que los propietarios (por el momento) del dinero están dispuestos a prescindir o a renunciar por su propia voluntad (sin interés u otro incentivo excepto su propia conveniencia y necesidades).

La teoría cuantitativa trata simplemente de superar la dificultad con la que tropieza toda teoría en este campo, de relacionar una *cantidad* total de dinero existente con una *tasa* de distribución de la riqueza (volumen de comercio), al igual que en intentos anteriores, creo, teniendo en cuenta el tiempo necesario para que el dinero circule. Pero la llamada "velocidad de circulación", definida como el número medio de veces que el dinero cambia de manos en un período dado, es más un testamento que el antiguo tiempo de circulación.

VELOCIDAD DE CIRCULACIÓN

Como se desarrolla en el Cap. XI, desde el punto de vista de la economía nacional, el ciclo económico propiamente dicho se reduce a dos operaciones *entrelazadas*, los pagos de los productores a sus empleados y a sí mismos por producir nueva riqueza, y luego el pago del mismo dinero por las mismas personas y otros consumidores para sacar la riqueza del sistema de producción *una* vez realizada. Todos los simples intercambios de bienes acabados sólo tienen importancia individual. Realmente no importa si A o B, C, D... posee el caballo de carreras, la finca, la fábrica, las acciones y participaciones, o lo que sea. La velocidad de circulación del dinero puede verse enormemente afectada por la gente en una bolsa de valores que corre de un lado a otro comprando y vendiendo acciones y volviéndolas a comprar *ad infinitum* sin ningún efecto directo sobre los periodos de siembra y cosecha y sus equivalentes industriales, o sobre el ritmo al que se puede hacer nueva riqueza para su distribución, lo que determina el destino de las naciones.

Estas espectaculares y, a nivel nacional, profundamente lamentables actividades especulativas sólo tienen como efecto la distribución de *dinero* y *capital* entre individuos, no la nueva creación de riqueza, salvo de rebote. Cuánto del llamado comercio, especialmente en el mercado exterior e internacional, está en una categoría similar, teniendo poco que ver con la producción y distribución genuinas y surgiendo del mero cambio de propietarios especulativos, es una cuestión muy importante. [7] Tantas de las dificultades existentes surgen de las facilidades que los especuladores y *empresarios* poseen ahora para hacer que se cree dinero para ellos y se destruya de nuevo cuando han terminado con él, que sería una pérdida de tiempo tenerlas en cuenta en un sistema postulado para ser trabajado por dinero nacional permanente genuino de valor constante en bienes, y en el que cada transacción en la que cambiara de manos connotaría un intercambio correspondiente de riqueza equivalente.

Esta es, de hecho, la nota clave del tratamiento del dinero en esta obra. El objetivo es encontrar las condiciones en las que un sistema monetario distribuya todo lo que se puede usar y consumir sin auge ni depresión y con un estándar monetario constante entre deudores y acreedores. No se trata de seguir los caprichos del sistema actual, que tienen tan poco interés científico como el comportamiento de un instrumento en el que siempre hay alguien manipulando la calibración para que marque alto o bajo.

Para terminar al menos con lo que no hará, la Teoría de la Riqueza Virtual del Dinero no pretende, por sí misma, establecer una relación entre la cantidad de dinero y el "volumen de comercio". Pero con la ayuda del principio adicional de conservación (una verdadera brújula de marino al tratar con realidades) -de hecho, por poco más que la trillada consideración de que la mera existencia de cualquier cantidad de riqueza es prueba de que alguien la ha producido (y presumiblemente se le ha pagado en riqueza consumible por hacerlo), y que nadie hasta

---

[7] Compárese *The Principal Cause of Unemployment*, D. W. Maxwell (Williams and Norgate, 1932).

ahora la ha consumido- es posible establecer las condiciones que deben observarse para que los ingresos de la riqueza de una comunidad se amplíen por los avances científicos *sin* cambio del nivel de precios. La riqueza virtual se cuida a sí misma. Para que el nivel de precios no cambie, la cantidad de dinero, que varía de forma independiente, debe seguirla y acompasarse a ella. Si el análisis aquí presentado, "basado en el incontrovertible sentido común ", o lo que aquí se ha denominado "la riqueza en las tuberías", es correcto, no requiere nada más que los poderes que ahora tiene el Estado de remitir o imponer impuestos para emitir y destruir dinero y, por lo tanto, para mantener constante el número índice. Si se impidiera su emisión y destrucción privada, se eliminaría el factor más importante que hace que varíe ahora y su regulación sería una tarea relativamente fácil. Aún tengo que convencerme de que esto no es todo lo que sería necesario durante mucho tiempo.

CAPÍTULO I

INTRODUCTORIA

Ciencia el mundo fermenta

¿Qué le ha pasado al mundo? En los estertores de la Gran Guerra, muchos descubrieron por primera vez que vivían en una civilización científica, e incluso los propios hombres de ciencia se dieron cuenta de la diferencia entre la levadura de la teoría y su aspecto práctico en un mundo que hervía en ebullición. Entonces, la ciencia casi salió de su reclusión esotérica para convertirse en un culto; al menos, en algo que merecía la pena cultivar, con fines profesionales. Tan indispensable en tiempos de guerra, parecía curiosamente insignificante entre los servicios públicos en tiempos de paz. Afortunadamente para la ciencia, el peligro pasó. Hay profesiones científicas, muchas, pero la ciencia no es una profesión. Es una búsqueda. ¿Qué ha ido mal en el mundo? Sigamos la búsqueda.

El momento es oportuno. Mucho de lo que se ha atribuido a nuestro destino inevitable -superioridad de carácter, espíritu insaciable, invencibilidad de propósito y otras cualidades humanas- adquiere una nueva valoración con el descubrimiento de que vivimos en una era científica. Lo mismo podría decirse de las virtudes atribuidas a la democracia y a las instituciones políticas libres; o, de nuevo, del sistema capitalista en su orgullo de Imperio en el que nunca se pone el sol y de los fenómenos de odio de clase y chabolismo en los que nunca sale el sol. La ciencia ha cambiado la naturaleza de nuestra vida económica, y los sistemas más antiguos, basados en un modo de vida diferente, son, en general, admitidos como los que funcionan más peligrosamente, si es que no se han vuelto ya imposibles. Sólo se mantienen porque no hay nada constructivo que los sustituya, y se defienden convencionalmente por temor a la anarquía y el caos que seguirían a su repudio abierto.

Todo en el mundo ahora es tan delicado - que no es más que otra forma de decir que nadie parece tener una comprensión real de cómo funciona el sistema económico en absoluto o por qué funciona tan peligrosamente - que la política de todas las partes parece ser más bien soportar los males que tenemos que volar hacia otros que desconocemos. A este respecto, la gente ha renunciado francamente a la esperanza real de que los Gobiernos, sean del signo que sean, encuentren alguna solución incluso para cualquiera de los problemas prácticos inmediatos del momento, y es un periodo de marcar el tiempo. La Gran Guerra en sí no se ve como un acontecimiento histórico separado, sino cada vez más como una consecuencia inevitable de la misma causa última. El súbito ascenso del mundo occidental a una posición de dominante grandeza material y poder, los peligrosos y múltiples problemas sociales insolubles que lo acompañaron, y que ahora amenazan nuestros tiempos, y el fenómeno de la guerra moderna que destroza el mundo en la escala a la que acabamos de sobrevivir, se ven ahora más generalmente como debidos principalmente a los cambios introducidos en la economía de la vida por los descubrimientos de un puñado de pioneros científicos en posesión de un nuevo y fructífero método de obtener conocimiento natural, y al fracaso de las ciencias humanas más antiguas para hacer frente a la nueva situación.

Por una parte, una clase más numerosa que nunca ha alcanzado un nivel de vida más alto, mayor ocio y oportunidades de cultura, llevando consigo una multitud de sirvientes y dependientes que se ocupan de sus comodidades y lujos y comparten, hasta cierto punto, su prosperidad. Pero los trabajadores de las industrias más fundamentales y esenciales -como la agricultura, la minería y las manufacturas- se han visto abaratados por la competencia con la maquinaria en lugar de beneficiarse de ella y, lo que es peor, se ven privados por ella en un número cada vez mayor de su medio de vida habitual. Para las masas sin propiedad, si ha habido alguna mejora en el nivel medio de vida, es tan pequeña que resulta dudosa y -en comparación con el progreso general de la producción de riqueza- despreciable. La suerte de las masas se ha vuelto ciertamente más extenuante e insegura, ya que ahora nunca están libres del espectro del desempleo y la consiguiente sumersión en la indigencia y la degradación. De modo que, en el otro extremo, una clase más numerosa que nunca, debido al aumento de la riqueza mundial, existe en condiciones de pobreza y de servidumbre económica que habrían escandalizado a una época más pobre.

Sin tener en cuenta los cambios que se han producido en la ciencia de la producción en el último siglo, se puede argumentar que la suerte de la mayoría es hoy un poco mejor o, como mucho, un poco peor de lo que era. Pero ésta no es la verdadera cuestión.

Más bien tenemos que averiguar cómo es que la ciencia, que, sin agotamiento económico, proporcionó los nervios de la guerra para el conflicto más colosal y destructivo de la historia, con la fuerza humana de las naciones comprometidas en el servicio militar, aún no ha abolido la pobreza y las condiciones degradantes de vida de entre nosotros en los tiempos de paz. Es imposible que aquellos que profesan comprender la economía y el gobierno escapen a la acusación de no saber nada de estos temas mientras la pobreza y el desempleo existan en una era de brillantes logros científicos. Nunca cansados de atribuir herejías económicas a otros, el estado del mundo entero es la prueba monumental de las suyas.

El Glasgow de James Watt y Adam Smith

Es significativo recordar que Glasgow, de donde salió James Watt, el inventor que llevó la máquina de vapor al éxito práctico, fue el hogar de Adam Smith, el padre del sistema de economía política bajo el que se ha desarrollado la era científica. Mientras el primero perfeccionaba en 1774 una máquina destinada a liberar a los hombres de la monotonía del trabajo animal y a establecer en todo el mundo un nuevo modo de ganarse la vida, el segundo erigía en 1776 un sistema teórico de las condiciones bajo las cuales, *hasta entonces*, los hombres habían perseguido su sustento económico. El mundo podría haber asimilado la máquina de vapor o la economía, pero es difícil comprender cómo podría digerir simultáneamente dos producciones tan incompatibles entre sí. Desde entonces, el mundo ha intentado avanzar en dos direcciones opuestas al mismo tiempo: hacia un nivel de vida más alto para unos y más bajo para otros.

El Glasgow de James Watt y Adam Smith era una ciudad de 28.000 habitantes, apenas menos provinciana que Kirkcaldy, la ciudad natal del autor de *La riqueza de las naciones*, y el lugar al que se remonta la mayor parte de su visión sobre el tema.

El Glasgow de James Watt y Adam Smith es hoy una ciudad de más de un millón de habitantes, la segunda del Imperio Británico. Es un monumento tanto a la obra del uno como a la del otro, siendo, por un lado, el centro de la gran industria de ingeniería naval de Clydebank y, por otro, de la revolución social contra el alquiler, el interés y el beneficio, fomentada por el desempleo, la escasez de viviendas y el alto coste de la vida - famosa por sus barcos y sus oradores callejeros en todos los rincones del mundo.

La paradoja económica

Este libro no se ocupa del posible sensacional progreso futuro de la ciencia, sino que, en su origen, tiene más bien el carácter de un retorno a los problemas actuales a partir de una de esas anticipaciones, que ya tiene una generación de antigüedad, relacionada con el descubrimiento de la energía atómica. Aunque en tiempos normales difícilmente se adivinaría, bajo las reveladoras experiencias de la Gran Guerra se demostró que muchas de las consecuencias que era natural anticipar que seguirían al control de poderes físicos superiores a los que ahora poseemos ya se habían producido con los poderes realmente disponibles.

Entonces, por primera vez en la historia, vimos cómo se utilizaba la ciencia sin restricciones financieras artificiales con fines de destrucción. Prevaleció un grado de liberalidad y unidad de propósito que nunca se prodigó en las tareas de construcción, menos espectaculares pero más necesarias . Año tras año, las naciones industrializadas producían una marea cada vez mayor de municiones de guerra, con la flor de su fuerza humana retirada de la producción. No parecía haber límite físico a la medida en que una nación, sacudida de sus hábitos preconcebidos de pensamiento económico por el peligro inminente a sus puertas, podía producir las necesidades materiales para su existencia.

Mientras que ahora hemos vuelto a la paz y a la miseria, a las fábricas ociosas y a las granjas convertidas en pasto, hemos vuelto como nación a las condiciones de antes de la guerra, criando una raza C3, con un millón y cuarto de trabajadores desempleados, incapaces de alimentarnos y vestirnos adecuadamente con un estándar militar, e incapaces incluso de construir casas en las que vivir bajo el sistema económico existente. Sin embargo, ¡tenemos la misma riqueza de recursos naturales, la misma ciencia e inventiva, con condiciones mucho más asentadas y favorables para la producción y un ejército de fuerza humana inutilizada y desmoralizada por la ociosidad forzada! El sensacionalismo del profeta científico difícilmente podría imaginar algo tan sensacional como esto. Una nación dotada de todos los requisitos necesarios para una vida abundante es demasiado pobre para distribuir su riqueza, y está ociosa y se deteriora no porque no la necesite, sino porque no puede comprarla. Este libro intenta ofrecer un análisis original de las causas que subyacen a esta sorprendente contradicción.

La perspectiva

Como sucede a menudo en estos tiempos de rápidos cambios, incluso con la ciencia pura, los nuevos temas y campos de descubrimiento pasan su período más activo de crecimiento antes de que sean aceptados como parte normal y permanente de nuestra herencia social y entren en las reflexiones de los filósofos o en los planes de estudio de las universidades. En cuanto a las aplicaciones de la ciencia de mayor importancia económica, la producción en masa de toda clase de mercancías por medios mecánicos, los nuevos modos de transporte y comunicación y, con mucho, la mayor parte de las invenciones por las que las ciencias físicas han sido enganchadas al carro de la vida para realizar un trabajo útil y provechoso, estamos simplemente asistiendo ahora a la plena fructificación de una visión de las leyes y procesos de la Naturaleza obtenida hace bastante tiempo. Contrariamente a lo que se suele creer, estos avances no son inagotables. Una invención mecánica, como una bicicleta, después de un rápido período inicial de diseño siempre cambiante, alcanza su expresión final, y lo mismo ocurre en general con el gran grupo de las ciencias mecánicas aplicadas fundadas en la perfección de la máquina de vapor en primera instancia, y, en general, en la comprensión adecuada de las leyes de la energía y su transformación, que es el preludio necesario para el control de las fuerzas naturales. Parecería que a su debido tiempo se podría llegar a algo parecido a un final de los grandes desarrollos. Incluso en el grupo más joven de las ciencias eléctricas puede observarse ya la misma tendencia. Es cierto que se han producido grandes y arrolladores avances en las ciencias puras de la física y la química, pero en su mayor parte siguen estando inconmensurablemente más allá de cualquier aplicación práctica. Por lo tanto, es probable que se produzca un interregno en lo que respecta al progreso práctico sustancial. Los campos más antiguos se resolverán probablemente antes de que se abran efectivamente los más nuevos. Los biólogos ya están afirmando que este siglo será el suyo, como el siglo pasado lo fue para las ciencias físicas en cuanto a descubrimientos prácticos revolucionarios, y es de esperar que a su debido tiempo cumplan su promesa.

Entre los más reflexivos, los profundos recelos acerca de adónde han conducido y conducen a la civilización las aplicaciones de la ciencia que ya hemos hecho nublan naturalmente las perspectivas de futuro. Son muy diferentes en su origen y espíritu de las que caracterizaron *el Erewhon* de Butler y otras sátiras mordaces de los victorianos, pero tienen una tendencia similar. ¿Hemos obtenido el dominio de los principales poderes de la Naturaleza para caer víctimas de nuestra propia maquinaria y, en última instancia, ser destruidos por ella? ¿Acabará nuestra civilización,, engendrando al robot y al *rentista*, y se hundirá bajo conflictos de clase en el interior y guerras fratricidas en el exterior? ¿Tiene mucho sentido multiplicar por un millón los poderes ya conferidos por la ciencia si el uso que hacemos de los que ya tenemos es suficiente para poner en peligro el futuro de la civilización?

Hay una diferencia entre la crítica de hoy y la anterior, más interesada y profesional, a la que se sometía a la ciencia en la época victoriana. Nadie ahora está dispuesto a culpar a la ciencia o a los trabajadores científicos por el estado de los asuntos sociales que sus descubrimientos e invenciones han producido.

Sean quienes sean los que se hayan beneficiado, los científicos no lo han hecho. Nadie ve ahora el mal en el mayor conocimiento y dominio de las fuerzas de la Naturaleza, ni en los frutos materiales de este conocimiento al aligerar el trabajo de la vida, y al proporcionar necesidades materiales y comodidades en abundancia. El fanático más celoso y agrio de nuestros días difícilmente podría sostener que la buena y nutritiva alimentación, el combustible suficiente, la ropa y las casas, los medios rápidos y eficaces de locomoción, transporte y comunicación y los múltiples intereses de la vida moderna son malos en sí mismos. El mal consiste más bien en que estas cosas, que la ciencia fabrica tan prodigiosamente, no sean más universalmente obtenibles. El médico le dirá con precisión lo que es esencial para el mantenimiento y la preservación de un cuerpo sano. Lo que la teología victoriana atribuía al pecado y al diablo, la ciencia médica actual lo atribuiría a la pobreza y a la enfermedad.

Es un indicio del retroceso que se ha producido respecto a los elevados estándares de los terribles victorianos que un autor se refiriera recientemente a su propio bisabuelo, responsable de la Poor-Law inglesa, como "no el demonio inhumano que sus obras implicarían, sino un inglés victoriano dolorosamente concienzudo y amante del deber".[8]

Ciencias Físicas y Humanidades

Siempre se tiende a tratar a los complementarios como contrarios. partimos de preposiciones monistas, de que la Naturaleza es una armonía divina y expresa una superley única, la filosofía se encuentra ante la dificilísima tarea de intentar recomponer al menos tres rompecabezas que se han mezclado voluntariamente.

Ni la ciencia mecánica, ni la biológica, ni las humanidades por sí solas pueden resolver los problemas humanos, pero cada una puede aportar su cuota. En la mecánica, la base del rápido progreso realizado desde las grandes generalizaciones hasta los logros prácticos se debe a que sus problemas están totalmente libres del elemento perturbador de la vida. Podría pensarse que es una política de desesperación buscar ayuda en un estudio de este tipo en problemas que hasta ahora han desafiado la solución de los humanistas. Sin embargo, la vida obedece a leyes físicas. Sus métodos están en los polos opuestos a los del ingeniero, pero no puede obrar milagros mecánicos.

La física la complementa, y la vida funciona según los principios de las ciencias físicas, no contra ellos.

De hecho, cabe dudar de si, en sentido estricto, algún otro aspecto de la vida se ha sometido aún a una investigación científica exacta. La vida misma es una experiencia que aún no ha encontrado los métodos de investigación adecuados. Por ello, las ciencias biológicas se ocupan casi exclusivamente de la fisicoquímica de los procesos vivos y no de la vida. La biología amenaza con darnos hijos sin padres por ectogénesis, del mismo modo que la química nos da, por síntesis, índigo inocente de cualquier conexión con la planta índigo.[9] Pero a pesar de estas imitaciones sigue habiendo algo infinitamente más interesante y difícil de comprender en los procesos naturales. Aún así, no es poca cosa estar seguro de que la vida coopera con las leyes físicas naturales

---

[8] *Revolución por la razón*, John Strachey, 1925.

[9] *Dédalo*, J. B. S. Haldane, 1923.

y no las viola, del mismo modo que el ingeniero logra sus triunfos comprendiendo más que desafiando los poderes que controla. Ni los individuos ni las comunidades pueden escapar a la conformidad con las leyes de la materia y la energía, por mucho que las apliquen a sus propios fines.

En este país, especialmente, ha habido un largo divorcio entre el conocimiento natural y el humano. El boicot a la ciencia y su control por parte de intereses creados hostiles siguen siendo características muy notables para una época que se distingue preeminentemente sólo por su ciencia . Las universidades y las escuelas públicas, en esto, establecen el estándar y las modas de la educación popular , y no escaparemos ligeramente a la penalidad de estas políticas oscurantistas.

Su efecto sobre la economía, un tema esencialmente relacionado con el mundo de los hechos y las realidades físicas, ha sido singularmente desastroso, y el embrollo en el que se han metido los asuntos del mundo se debe en gran parte a la falta de un reconocimiento claro de los principios físicos que subyacen en ese tema.

Los primeros economistas franceses comprendían los conocimientos naturales de su época. Pero, aunque nunca fueron tan necesarios como en la era científica que vendría después, los fundamentos físicos de la materia se fueron descuidando cada vez más, en favor de ideas convencionales derivadas de actitudes jurídicas hacia los derechos de propiedad y el interendeudamiento humano.

Pero éste es sólo un ejemplo. En todas partes, la idea de que los pocos miles, a lo sumo, de trabajadores creativos activos en la ciencia pueden realmente estar ejerciendo alguna influencia importante en los destinos de las grandes naciones y que, sin ellos, y sin el fermento que han introducido, la civilización actual probablemente no sería diferente de la de épocas anteriores aún no ha recibido el debido reconocimiento político.

En cuanto a los investigadores científicos, en su mayoría están demasiado ocupados en sus investigaciones altamente especializadas y abstrusas como para dedicar tiempo a los problemas sociales. Sus actividades regulan cada vez más automáticamente los principios que pertenecen a la actividad normal del cuerpo político, pero están tan completamente divorciadas de la conciencia de la sociedad como la respiración lo está de la volición. Se consideran capaces de hacer un mejor trabajo en el laboratorio que en los asuntos. Reconocen que la capacidad de hacer la más simple y pequeña contribución al acervo de conocimientos exige muchos años de seria preparación y estudio, muchos resultados puramente negativos e infructuosos y que, al final, los descubrimientos realizados no serán probablemente los buscados, sino los subproductos, por así decirlo, de una vida de incesante búsqueda de lo desconocido.

Es probable que sospechen más que de sobra que algo bastante análogo se aplica en cualquier otro campo de investigación, y no menos a las confusiones de la política. Esto les hace darse cuenta de que sus propias opiniones políticas no suelen ser más originales que las de otras personas y no tienen la menor probabilidad de ser más útiles.

El camino del autor de la ciencia física a la economía.

A algunos les interesará saber cómo fue que el autor llegó a desviarse tanto de los límites de su propio tema y a exponerse al abuso que pasa por argumento en los asuntos que afectan al bolsillo más que a la mente o al alma.

Al menos, en su defensa, puede alegar que, en consecuencia, él mismo ha visto cosas claras y ha visto cosas enteras que no podría haber visto de otro modo, aunque no consiga transmitir la visión a sus lectores.

En los últimos años del siglo pasado y en los primeros de éste, el descubrimiento de la radiactividad y su interpretación desde el punto de vista de los conocimientos existentes revelaron la existencia de reservas de energía potencial en los átomos de los elementos radiactivos del orden de un millón de veces superiores a las conocidas hasta entonces. Estas reservas eran y siguen siendo imposibles de aprovechar para cualquier fin físico práctico, y se liberan a un ritmo muy lento en un proceso puramente natural de transmutación de los elementos radiactivos en plomo y helio. No hay duda de su existencia en estos elementos, y se ha inferido legítimamente la existencia de depósitos similares en otros elementos, aunque todavía no se ha demostrado experimentalmente. Siguiendo el razonamiento muy conocido que se aplica en química, parece seguro que cualquier proceso de transmutación artificial sería capaz de liberar estas reservas y hacerlas disponibles como lo es ahora la energía del carbón y del combustible. Muchas deducciones puramente especulativas a lo largo de las mismas vastas líneas se han hecho desde entonces de la teoría de la relatividad, y es a la energía atómica, en primera instancia, a la que los físicos y astrónomos miran ahora para explicar el mantenimiento del calor del sol y las estrellas, y en general, la energía viva de la naturaleza, durante períodos cósmicos de tiempo. No es necesario entrar más en este campo, ya que pocos descubrimientos científicos han suscitado un interés más generalizado que la radiactividad, o han sido interpretados de forma más completa en beneficio del público no científico. Los nombres de Becquerel, M. y Mme. Curie, Rutherford, J. J. Thomson, Ramsay, Joly, Bragg y otros pioneros en este campo son palabras familiares.

Era natural pensar qué tipo de mundo sería si alguna vez se dispusiera de energía atómica. Para comparar ese mundo con el de hoy, era necesario contrastar este último con el mundo anterior a los albores de la historia y el arte de encender un fuego. Del mismo modo que los salvajes morían de frío en lo que ahora son minas de carbón, y perecían de hambre en los campos de maíz ahora energizados con los fertilizantes producidos en el Niágara, , así, al parecer, llevábamos una existencia petulante, luchando unos contra otros como bestias salvajes por una parte de los suministros de energía que la Naturaleza nos concedía con cierta mezquindad, mientras que a nuestro alrededor existían las potencialidades de una civilización que el mundo ni siquiera había imaginado posible entonces.

El papel de la energía en la historia de la humanidad.

De ese modo, empezó a tomar forma una cierta concepción del papel desempeñado por la energía en la historia humana, y el progreso en la esfera material apareció no tanto como un dominio sucesivo sobre los materiales empleados para la fabricación de armas -como la sucesión de edades de piedra, bronce y hierro, honrada por la tradición- sino más bien como un dominio sucesivo sobre las fuentes de energía de la Naturaleza, y su sometimiento para satisfacer las necesidades de la vida. El conjunto de los logros de nuestra civilización -en lo que se diferencia del progreso lento e incierto registrado por la historia- apareció como debido al dominio sobre la energía del fuego alcanzado con el advenimiento de la máquina de vapor. Si, por lo tanto, hay a mano no sólo en las estrellas remotas, sino a nuestros pies, una fuente ilimitada de energía del orden de un millón de veces más poderosa que cualquier otra conocida, ¡qué tremendas consecuencias sociales esperan al descubrimiento de la transmutación artificial!

Sin embargo, ¿cuán lejos está la sociedad humana de poder confiar con seguridad tales poderes? Si el descubrimiento se hiciera mañana, no hay nación que no se lanzara en cuerpo y alma a la tarea de aplicarlo a la guerra, tal como están haciendo ahora en el caso de las armas químicas recientemente desarrolladas para la guerra con gases venenosos. En *The World Set Free*, el Sr. H. G. Wells, justo antes del estallido de la Gran Guerra en 1914, se dedicó con su habitual brillantez y perspicacia a la cuestión, y describió tan vívidamente las probables consecuencias que sería superfluo para cualquiera con menos dotes seguir con el tema, al menos hasta que se acerque la realización práctica del inquietante sueño. Porque éste es uno de los desarrollos más recientes de la ciencia pura, al que ya se ha hecho referencia como todavía inconmensurablemente más allá de la aplicación práctica. Puede que llegue pronto o puede que no llegue nunca. En la actualidad, apenas se sabe cómo empezar. Si se produjera en las condiciones económicas actuales, significaría la *reductio ad absurdum* de nuestra civilización científica, una rápida aniquilación en lugar de un colapso no demasiado prolongado.

"Si lo que nos dice es cierto", comentó un colega científico, uno de los Profesores de Ingeniería, a Rutherford en Montreal hace tanto como 1902, "entonces todos deberíamos, al parecer, dejar el trabajo que estamos haciendo y concentrar nuestra atención en la solución de este problema". Posiblemente muchos hayan pensado lo mismo desde entonces. Sin embargo, en la investigación científica, nada es menos probable que el descubridor descubra lo que se propone descubrir. La Salle se propuso descubrir China navegando desde Europa hacia el oeste. Lachine no está en China, sino en el centro de la provincia de Quebec, a un viaje en tranvía desde Montreal, en la gran ruta transcontinental moderna de la C.P.R. hacia Oriente. Pero el nombre todavía recuerda la burla con la que el intento pionero de La Salle fue recibido por sus contemporáneos. Los descubrimientos científicos podían registrar episodios tan extraños. Pasteur, estudiando la fermentación, descubrió la importante propiedad del isomerismo óptico -que se ha convertido casi en una ciencia en sí misma-, de paso en el camino hacia el reconocimiento del papel desempeñado por las bacterias. Pero lo más importante de su trabajo no fue ni la elaboración de la cerveza ni la sacarometría. Revolucionó la cirugía y a ella deben la vida millones de personas.

El descubrimiento científico es un crecimiento más que un viaje para planificar. El viaje puede ser hacia el oeste para descubrir el este, y es a través de la niebla y de la remontada para poner los lugares, en lugar de golpearlos fuera de un mapa. Que la transmutación sea un día posible y que la Era del Carbón y del Petróleo dé paso a la Era Atómica es algo que se puede esperar con confianza, pero cuándo, y si en el ciclo de esta civilización, nadie puede adivinarlo.

El verdadero capitalista una planta

Todavía faltaba un punto para explicar el fenomenal estallido de actividad que siguió en el mundo occidental a la invención de la máquina de vapor, ya que no podía atribuirse simplemente a la sustitución del trabajo animal por energía inanimada. Los antiguos utilizaban el viento en la navegación y recurrían a la fuerza del agua de forma rudimentaria. El profundo cambio que se produjo entonces pareció deberse más bien al hecho de que, por primera vez en la historia, los hombres empezaron a aprovechar un gran capital de energía y dejaron de depender por completo de *los ingresos* de la luz solar. Todas las necesidades de los hombres precientíficos se satisfacían con la energía solar de su propia época. Los alimentos que comían, la ropa que vestían y la leña que quemaban podían considerarse, en cuanto al contenido energético que les da valor de uso, como almacenes de luz solar. Pero al quemar carbón se libera una reserva de luz solar que llegó a la Tierra hace millones de años. En la medida en que se puede utilizar para los fines de la vida, la escala de la vida puede ser, en *casi cualquier medida necesaria*, aumentada, a pesar de la devoción a las ideas primitivas de los pueblos de Kirkcaldy y Judea.

Luego vino la extraña reflexión sobre el combustible considerado como un almacén de capital, a partir de cuyo *consumo* se ha construido toda nuestra civilización, en la medida en que es moderna.

No se puede quemar y seguir teniéndolo, y una vez quemado no hay forma, termodinámicamente, de extraerle un interés perenne. Tales misterios figuran entre las leyes inexorables de la economía más que de la física. Con la doctrina de la evolución, el verdadero Adán resulta haber sido un animal, y con la doctrina de la energía el verdadero capitalista resulta ser una planta. La flamante era por la que hemos pasado no se debe a nuestros propios méritos, sino a que hemos heredado acumulaciones de energía solar de la era carbonífera, de modo que la vida por una vez ha podido vivir más allá de sus ingresos. De haberlo sabido, ¡habría sido una época más feliz! Así, si la energía atómica llegara a explotarse, se produciría un estallido de actividad humana tal que los triunfos de nuestra época parecerían chabacanos, y la lucha de la humanidad primitiva por la energía, el recuerdo fantástico de un sueño horrible.

¿Está maldita la ciencia?

Pero, ¿qué se gana con ampliar una escala? ¿Satisfaría a algún alma humana una reproducción ampliada de la época actual? Preguntas incómodas que exigen una respuesta. Con toda esta nueva riqueza, la pobreza de nuestros antepasados no ha sido abolida, sino que ha regresado de forma monstruosa. Un ejército creciente de desempleados, sin medios adecuados de subsistencia, acecha a un mundo capaz de producir mucho más de lo que consume, de modo que en cierto sentido, nuevo en la historia, los pobres se han convertido en serviles de los ricos incluso para obtener permiso para ganarse la vida. ¿Está maldita la ciencia? ¿Cuál es el genio maligno que pervierte incluso la realización de nuestras esperanzas y trabajos más sanos, y hace que el progreso se parezca más a una escalada de pesadilla entre pendientes resbaladizas de inclinación cada vez mayor, que a la marcha en masa de la humanidad a lo largo de un amplio camino elevado, hecho recto y liso por el aumento del conocimiento, el orden y la ley? Es ocioso aspirar a una civilización más peligrosamente exaltada hasta que algo de la definición y certeza de la economía de un motor de combustible pueda extenderse a la economía de los hombres. De modo que la necesidad imperiosa no es de cada vez más y más poder físico, sino de saber cómo asegurar los frutos de lo que ya poseemos. Los fuertes de siguen saqueando a los débiles, tanto a las naciones como a los individuos, mientras que el crecimiento del conocimiento haría que el mundo entero fuera más bondadoso. Pero eso no puede ocurrir hasta que comprendamos lo que está mal, ni mientras atribuyamos a un sistema económico poderes misteriosos de los que un físico se reiría.

Ciencias Aplicadas y Raíces

Así pues, cuando volvemos al presente desde, por así decirlo, una anticipación telescópica de un futuro muy remoto, las voces del mercado llegan de algún modo a oídos que oyen con diferencia. Los hombres de ciencia son temperamentalmente inadecuados para las tareas de gobierno, pero podrían hacer valiosas contribuciones técnicas en los problemas más amplios del transporte, la mejor utilización de nuestros recursos naturales, la formación más eficiente de la mano de obra. El nitrógeno del aire podría unirse al espíritu de la cascada para fertilizar nuestro suelo en tiempos de paz, de modo que pudiéramos criar más hombres, y de nuevo, para fabricar explosivos de alta potencia en tiempos de guerra para volar el excedente, una verdadera *condición sine qua non* de la civilización moderna. O, de nuevo, en la agricultura, la ciencia podría ayudar a criar mejores variedades de trigo, a fabricar un Burgoyne's Fife que supere al tradicional Square Head's Master y resista mejor el clima. En el desarrollo del Imperio, también, con su riqueza de posesiones tropicales inhabitables por el hombre blanco, la ciencia es la única que puede esperar hacer frente al azote de la malaria y aliviar los estragos de la enfermedad del sueño, y si nuestros funcionarios fueran patólogos, en lugar de mórbidos estudiantes de la patología de la naturaleza humana, se podría lograr mucho. Por otra parte, la psicología, la más joven de las ciencias, podría servir para sacar a la humanidad del atolladero en que la ha sumido el crecimiento demasiado rápido del conocimiento. Mientras que, como la resaca de la vida, rompiendo los obstáculos que impiden su flujo, una incesante advertencia bulle religiosamente sobre el espíritu científico y su búsqueda de la verdad por sí misma, sin la cual no puede haber esperanza de regeneración para la sociedad.

Ciencia y Gobierno

¿Estamos más cerca de la raíz del asunto? Este libro no aborda ninguna de estas cuestiones. No niega su alcance y posibilidades en estos días de educación universal y crecimiento de los intereses intelectuales , si la civilización perdura. Se ocupa más bien de la diferencia que supone lo conocido visto desde un punto de vista nuevo. La contribución de un científico físico desde el punto de partida de la ciencia física, no tiene nada que ver con la tecnología o la ingeniería, con la psicología o la inculcación del espíritu científico, ¡sino con el problema del gobierno en su forma más elevada! Así como en biología el materialismo se ha mostrado fructífero y el vitalismo estéril en la conquista de nuevos conocimientos, no porque los organismos sean meras máquinas, sino porque, sean lo que sean, obedecen a las leyes constatables de la física y de la química, así en las tareas de gobierno parece que puede resultar una gran clarificación aplicar a su elucidación concepciones físicas comunes que son una verdad de Perogrullo en el mundo inanimado.

El tema, en diversas fases de desarrollo, ya ha sido objeto de numerosas conferencias y debates públicos y de dos panfletos. [10] La validez del argumento y las deducciones que de él se desprenden, aunque suficientemente desafiantes, nunca han sido puestas en tela de juicio públicamente. Pero algunos han deseado un tratamiento más completo y menos elíptico.

El intento de resolver este problema llevó al autor mucho más lejos en el tema de lo que nunca esperó poder penetrar, y finalmente, en su propia estimación, a la solución definitiva de la paradoja económica de la época. Se encontró más bien como Saulo de Tarso convertido en San Pablo, comenzando a perseguir a los economistas y terminando, si no convirtiéndose en uno de ellos -puede que no sean tan indulgentes como los primeros cristianos-, con la esperanza de una reconciliación final. Al menos, ahora siente un respeto más vivo por las sutiles trampas en las que abunda el tema y la imposibilidad de evitarlas todas sin una brújula marinera como la ley de conservación del físico. Detrás y al margen del ajetreo de los miembros individuales de la comunidad, cada uno ocupado en sus propios asuntos, existe una ciencia casi desconocida de la economía nacional, tan alejada de la controversia desinteresada como las proposiciones de la geometría, y tan simple, relativamente, como las leyes de los gases que obedecen todos los gases en común, en contraste con la infinita complejidad de las leyes que regulan el comportamiento de sus moléculas componentes. Al menos en este campo vital, en esta época ya no debería haber lugar para las disputas.

En repetidas ocasiones se ha instado a los hombres de ciencia a cooperar en la búsqueda de la solución de los problemas que amenazan nuestra época. Esta es una contribución individual y no autorizada a un tema que suele ser tabú para ellos. No debe tomarse como representativa más que de los estudios originales del autor sobre el tema. Sería una lástima que se tomara como un reflejo de la reputación de visión y nobleza de pensamiento que la ciencia contemporánea ha heredado como resultado del trabajo de sus primeros pioneros, después de que estuvieran muertos.

---

[10] *Economía cartesiana: The Bearing of Physical Sciences on State Stewardship*, 1922, y *The Inversion of Science and a Scheme of Scientific Reformation*, 1924. Hendersons.

CAPÍTULO II

DESCUBRIMIENTOS DE LA VIDA

Descubrimiento, subconsciente y consciente

La nota clave de la época es el descubrimiento, y la vida misma es un descubrimiento. Una vez hecho, innumerables generaciones pueden utilizarlo y vivir de él sin tener conciencia de su naturaleza, sin cambiar su modo de vida y, de hecho, considerándolo la única manera posible de vivir. Otro descubrimiento los desplaza, y una nueva especie con nuevas funciones surge en el esquema de la evolución. Como ocurre con el origen de las especies, lo mismo ocurre con la economía de la vida de las sociedades modernas, aunque el primer proceso es infinitamente lento, mientras que el segundo es ahora alarmante por su rapidez.

"Nadie puede aumentar su estatura con el pensamiento", y el origen de las especies en la comunidad refleja el crecimiento subconsciente, aparentemente irracional, del organismo individual. Es inherente e independiente de la voluntad. Los individuos nacen en el misterio, se desarrollan con fidelidad borreguil hasta convertirse en adultos, respiran, hacen circular su sangre, digieren sus alimentos y segregan las complejas enzimas y hormonas, cuya naturaleza exacta desconcierta a los químicos más expertos, independientemente de su facultad de razonamiento y normalmente en total ignorancia de los principios más simples de las ciencias de las que son tan asombrosos ejemplos. El origen de las especies es igualmente desconcertante.

Los hombres crecieron aparentemente a partir de los órdenes inferiores de los animales de forma totalmente inconsciente y sólo recientemente informados del hecho.

En cambio, si consideramos los sucesivos pasos de descubrimiento e invención por los que la era científica se ha desarrollado a partir de su precursora, parece totalmente diferente.

La evolución de la máquina de vapor y del automóvil a partir de la diligencia, con innumerables inventores reflexionando sobre cada pequeño paso y unos pocos triunfando, parece tan distinta como bien podría serlo de la forma en que, por ejemplo, los anfibios invadieron por primera vez y llevaron la vida a la tierra firme.

Sin embargo, si adoptamos una perspectiva más amplia, más paralela a la que, después de todo, en esta época lejana, debe ser la de un biólogo que intenta explicar el origen de las especies, ¿existe realmente una diferencia tan grande? ¿Se veía James Watt a sí mismo, como lo han visto sus biógrafos, extendiendo la mano hacia la poderosa palanca que iba a elevar la civilización? ¿Es el hombre corriente consciente de la dirección en la que avanza? Puede que sea profundamente consciente del *malestar* en la constitución social, posiblemente como muchos eslabones perdidos en la evolución de las especies se sintieron fuera de sintonía con su entorno antes de desaparecer. Durante todo un siglo después de los descubrimientos que iban a cambiar la vida económica del mundo , los más elocuentes no sólo permanecieron casi inconscientes, sino que negaron que se hubiera producido cambio alguno.

Es probable que los biólogos modernos ya no sostengan las primeras teorías más burdas sobre el origen de las especies, según las cuales éste se debe a las diferencias infinitesimales que se producen entre los individuos de una especie, en virtud de la operación puramente impersonal y externa de la ley de la supervivencia de los más aptos, que conduce al origen de nuevas especies mediante un proceso de selección natural. Es evidente que hasta que no dispongamos de una teoría inteligible del crecimiento individual normal, difícilmente podremos esperar una que explique las grandes y aparentemente discontinuas desviaciones de lo normal que han dado lugar a nuevas especies. La selección puede favorecer los nuevos crecimientos, pero no explicarlos. Paralelamente a este punto de vista anterior, y como reflejo obvio del mismo, tenemos la teoría de que el progreso humano, desde el salvaje primitivo hasta las razas altamente intelectuales y poderosas de hoy en día, ha sido una secuencia de pasos infinitamente pequeños forzados a la atención de la humanidad por una necesidad externa, y que es algo así como pura casualidad cuál de entre las masas da el primer paso y hace así el descubrimiento. Tal visión del progreso humano y del genio no es ciertamente cierta para los descubrimientos científicos de la era actual, es contraria a la experiencia de todo maestro, no podría aplicarse al arte, la literatura o la música, y probablemente no es cierta para el progreso humano en absoluto.

El descubridor, aunque no sepa cómo hace un descubrimiento, sabe que estos filósofos saben menos. Se resiente amargamente de la opinión que el público en general tiene de los descubrimientos, que son los frutos normales del progreso, mientras que el progreso es, por el contrario, el fruto del descubrimiento, y el descubrimiento no es un acontecimiento normal sino excepcional. Sin duda, los descubridores anónimos de las artes de fundir el bronce y templar el acero no se sintieron mejor utilizados. A la espera de una explicación más completa del origen de las especies, podemos extender nuestras simpatías a los monos más parecidos al hombre.

Si mantenemos nuestra atención en los hechos llanos del caso, en lugar de en las teorías que parecen borrar los hechos, encontramos tanto en la historia biológica como en la humana, no continuidad sino una sucesión de grandes descubrimientos -ya sean hechos gradual o lentamente, ya sea por el poder del crecimiento inherente o de la razón- que, una vez hechos, alteran abruptamente toda la tendencia futura y el modo de existencia. Mirando hacia atrás a través los ojos de los historiadores y economistas que nunca han hecho un descubrimiento, o de los biólogos que aún no han originado una nueva especie, todos los pasos son arrastrados, los interludios aburridos y sin incidentes se desvanecen, y aunque el registro es de un progreso continuo y constante, la realidad fue una serie irregular de sorpresas. Mirando hacia adelante, el descubrimiento tiene mucho más el carácter de un crecimiento subconsciente similar al que originó las especies, y tan independiente de la conciencia de la sociedad como la digestión lo es de la voluntad. Salte o no la Naturaleza, la vida lo hace indudablemente.

El flujo ininterrumpido de energía del mundo inanimado a la vida

La clorofila, si no fue el primer descubrimiento de la vida, debió ser uno muy temprano. Es dudoso que la vida que conocemos hoy en día y que ha sido estudiada científicamente sobreviviera si ese descubrimiento fuera eliminado. Porque esta materia colorante verde de la vegetación es la puerta por la que la energía entra en el mundo viviente. El reino vegetal sigue teniendo la única llave de acceso a la fuente original de energía natural, la luz solar, y todo lo vivo obtiene del reino vegetal los medios para vivir a través de la clorofila, un colorante que actúa como transformador de la energía solar.

Se sabe desde hace casi un siglo, pero a menudo se olvidan las implicaciones de este conocimiento, que, con pocas excepciones y económicamente sin importancia, toda la energía que hace del mundo un negocio en marcha procede del sol. La energía interna del organismo vivo no la crea el organismo ni la proporciona la Providencia o la usura. Llega a través de los cuerpos de las plantas, y de los animales que a su vez se alimentan de plantas, desde el sol en forma de radiación.

El uso interno y externo de la energía

Es conveniente y práctico hacer una distinción entre la energía interna de la vida, que mantiene el metabolismo, y la energía externa que un animal o una planta pueden utilizar para realizar un trabajo en su entorno, la planta para vencer la resistencia al crecimiento de sus raíces y la extensión de sus ramas, y el animal en la locomoción y otros movimientos. En el caso del ganado de tiro y de los hombres, una gran proporción de la energía total de los alimentos consumidos puede destinarse a la realización de trabajo externo. Gran parte de esta energía puede utilizarse simplemente para vencer una resistencia muerta, transformándose en calor, como demostraron por primera vez los experimentos clásicos del Conde Rumford en 1798, sobre la ebullición continua del agua durante la perforación de cañones por maquinaria accionada por caballos, y como, de hecho, descubrieron la mayoría de los pueblos primitivos, antes del contacto con la civilización, y utilizaron para encender fuego. Pero cuando el trabajo se realiza contra una resistencia activa, como al levantar pesos contra la gravedad, puede almacenarse o acumularse como trabajo en forma potencial, recuperable de nuevo, como trabajo, por ejemplo, dejando caer el peso. Del mismo modo que hay que dar cuerda a un reloj y dotarlo de un depósito de energía disponible antes de que funcione, hay que dar cuerda a un hombre antes de que pueda dar cuerda a un reloj, y la economía de la vida se ocupa principalmente de las formas en que la Naturaleza da cuerda al hombre. Hay que evitar la tendencia natural de la energía a degradarse en una fase hasta convertirse en calor sin valor, para que al final haya algo útil que mostrar, es decir, algo que, a voluntad, pueda convertirse de nuevo en trabajo y utilizarse en la vida.

Ahora bien, en lo que respecta a la energía interna de la vida, aunque no existen barreras teóricas que impidan una síntesis artificial de los alimentos que la suministran -a partir de materiales y fuerzas totalmente inanimados como, por ejemplo, el grafito y el agua, y la energía de un molino de viento-, en la práctica, todo sigue viniendo a través de la planta. La gran extensión de nuestro suministro de alimentos, que en este país nos permite ahora alimentar a una población al menos cinco veces mayor que en la era pre-científica, ha sido *indirectamente* efectuada por los motores primarios puramente inanimados utilizados tanto en el transporte de los productos de países lejanos, como en el desplazamiento del trabajo humano y animal, en el sentido técnico de trabajo físico, en la granja. También se han aprovechado las fuentes de energía hidráulica que se desperdician y se ha almacenado parte de su energía mediante procesos químicos para producir fertilizantes que aumentan la productividad del suelo. Algunos de ellos aportan a la planta nitrógeno ya energizado, que ésta no puede producir por sí misma, sino que depende de parásitos bacterianos o del escaso suministro natural del aire producido por la acción de los relámpagos y los rayos de radio.

Aquí, como a menudo, seguimos un único hilo, porque es continuo: el flujo de energía en la naturaleza y cómo la vida hace uso de ella. Esto no significa que otros factores carezcan de importancia o sean insignificantes, sino simplemente que, si seguimos este hilo ininterrumpido, surgen ciertas conclusiones físicas que son independientes de todas las demás consideraciones y a las que la vida siempre debe ajustarse. En el caso que nos ocupa, por ejemplo, una parte importante y creciente del mérito del aumento del suministro de alimentos se debe al trabajo de los biólogos en la obtención de nuevas variedades de trigo.

Posiblemente las razas futuras de hombres puedan alimentar sus fuegos internos de la misma manera que nosotros realizamos el trabajo externo, con energía inanimada. Pero mientras no se hagan descubrimientos completamente nuevos, la agricultura sigue siendo la industria clave de la vida. Todo lo que la ciencia ha podido hacer ha sido de ayuda indirecta. Fundamentalmente permanece sin cambios, como la recolección de la luz solar por la agencia de la clorofila y su transformación en la energía química de los alimentos, ya sea directamente o a través de la agencia de transformación intermedia de los animales. La depresión que se ha producido en este país es de importancia local más que mundial. No es en este campo, sino únicamente en lo que concierne a la energía externa de la vida, donde la ciencia pasa ahora tan ampliamente por alto la vida y recurre directamente a la energía puramente inanimada, tal como se encuentra en la naturaleza, sin necesidad de hacerla pasar por los cuerpos vivos. Es cierto que los hombres siguen siendo necesarios, aunque cada año menos, ya que las tareas rutinarias son realizadas cada vez más automáticamente por máquinas. Pero la función ha cambiado. El trabajador contribuye ahora sólo con una parte insignificante del trabajo que requiere su propio cuerpo. Está ahí más bien para aportar inteligencia. De obrero ha pasado a ser director de un proceso artificial, sorteando la tendencia natural de la energía a malgastarse por diligencia más que por fuerza.

Los orígenes de la energía disponible

La doctrina de la energía enseña que, aunque la energía se conserva en todos los procesos y nunca se crea ni se destruye, tiene una tendencia natural a pasar enseguida a la forma inútil e indisponible, que es el fin último de toda energía cinética, a saber, el calor de la misma temperatura que el entorno. La vida no es en absoluto el único proceso de importancia económica en el que se evita esta tendencia, pero es con mucho el más importante. En este sentido, las máquinas no son más que imitaciones de la vida, pues todas poseen alguna réplica de una inteligencia para realizar un ciclo artificial de operaciones elegidas en primera instancia por el cerebro del diseñador.

Hoy en día, el proceso de mayor importancia económica mediante el cual los ingresos de la energía solar se transforman en una forma útil o "disponible" sin la intervención de la vida es el que origina la energía hidráulica. Una ínfima fracción de la energía que cae sobre el océano escapa a la degradación total en calor inútil y evapora el agua. Por un proceso natural -muy similar, sin embargo, al que se hace artificialmente en la máquina de vapor- el vapor de agua asciende y sufre "enfriamiento adiabático y expansión". Realiza así un trabajo útil sobre sí mismo al ascender contra la gravedad. Se enfría a medida que asciende, hasta que se condensa de nuevo en forma de lluvia, se acumula en los ríos, que impulsan ruedas hidráulicas y turbinas en su curso hacia el océano. La energía eólica, que antiguamente era de mayor importancia económica en la navegación, y en la irrigación y recuperación de tierras por medio de molinos de viento, se encuentra en una categoría precisamente análoga.

Se trata, sin embargo, de una parte relativamente muy insignificante de la renta solar, que escapa a la vigilancia de la vida en primera instancia que así le ofrece una segunda oportunidad. El origen de la energía del petróleo es dudoso, y volveremos a referirnos a él. La energía mareomotriz se encuentra en la categoría excepcional de no derivarse de la radiación. Se obtiene de la energía de la revolución de la luna alrededor de la tierra y de la rotación de la tierra sobre su eje. Por esta razón, el periodo del día y del mes lunar aumentan lentamente a lo largo de periodos de tiempo seculares, y al final el día terrestre debe llegar a ser igual al año terrestre, del mismo modo que ya el día lunar es igual al mes lunar.

La energía de los volcanes y de las fuentes termales procede del calor interno de la tierra, pero su origen es dudoso en el mismo sentido que el origen de la energía del petróleo, y a esto volveremos a referirnos más adelante.

La fisicoquímica del metabolismo

Pasemos ahora a las principales fuentes de energía de la naturaleza que la acción de la vida pone a disposición de la vida. La parte del ingreso solar que incide sobre objetos opacos se transforma instantáneamente en calor, y rápidamente después que, por conducción, en calor de temperatura uniforme con el entorno. En esta forma consiste en la energía del movimiento de las moléculas últimas de las que está hecha la materia. Como energía cinética, todavía existe en cantidad no disminuida, pero es inútil. Los movimientos en cuestión están distribuidos en todas direcciones, o perfectamente descoordinados, mientras que la energía mecánica es esencialmente energía dirigida en una dirección definida del espacio. Es imposible coordinar de nuevo la dirección, sin realizar más trabajo del que se gana, aunque, mientras el calor tenga una temperatura superior a la de su entorno, puede aprovecharse su tendencia natural a fluir hacia objetos más fríos, para reconvertir una pequeña parte de él de nuevo en energía mecánica.

Pero cuando la energía solar incide sobre la clorofila de la vegetación no se transforma en calor, sino en energía química. Probablemente pocos de los que han experimentado el fresco alivio de los rayos del sol al entrar en un denso bosque se dan cuenta de que se debe a algo más que a la mera sombra. El bosque es una de las unidades de la casa transformadora primaria de la Naturaleza, que en eficiencia y escala hace que todas las obras de los hombres parezcan insignificantes. La luz del sol ya no se degrada en calor luchando contra una resistencia opaca, sino que, aunque sólo en pequeña medida, se transforma en un almacén de energía potencial en la madera, recuperable de nuevo cuando ésta se quema.

En algún proceso totalmente misterioso, pero aún así puramente físico, la clorofila reúne la energía de las ondas de luz y el dióxido de carbono material y la humedad del aire, produciendo a partir de ellos oxígeno y los hidratos de carbono-formaldehído, y las muchas variedades de azúcar, dextrina o gomas, almidón y celulosa, enumerados en orden de complejidad molecular creciente. Como nombre indica, todos están compuestos de carbono y agua. Antiguamente se consideraba que se trataba de una síntesis química efectuada por el propio organismo vivo y dependiente de él. Pero ahora se sabe que se debe a un proceso que los químicos llaman catálisis, en el que una reacción que puede tener lugar sin desobedecer las leyes de la energía, pero que sin embargo no se produce, puede tener lugar en presencia de una cantidad ínfima de una sustancia, llamada catalizador, que no reacciona por sí misma, aparentemente, y que permanece inalterada. Buchner, en 1897, descubrió que un extracto de levadura, en el que se había borrado todo rastro de las células vivas de la levadura, seguía fermentando el azúcar en alcohol como la planta viva. La acción se debe a un catalizador, o enzima, como se denomina generalmente en bioquímica, *secretado por el organismo*, pero que no está organizado ni vivo. Las sustancias puramente minerales, como el platino finamente dividido y otros metales, poseen poderes similares en las reacciones inorgánicas. Aunque la acción de la clorofila es probablemente catalítica, es decir, su presencia permite que reaccionen otras sustancias que no reaccionan en su ausencia, en este caso existe la característica adicional, que da al proceso su importancia sobresaliente, de que la reacción química no puede tener lugar en absoluto si no es con el suministro continuo de energía proporcionado por la luz. La clorofila, de hecho, efectúa la unión de energía y materia. Es un catalizador fotoquímicamente activo, segregado por la planta viva, pero en sí mismo es simplemente una sustancia, ni organizada ni viva.

Cuando se quema combustible o se consumen alimentos en el metabolismo, la reacción que tiene lugar es justo la inversa de la producida por la clorofila en la luz solar. El oxígeno del aire quema los hidratos de carbono y los convierte en dióxido de carbono y agua, emitiendo energía en forma de calor. Para que el dióxido de carbono y el agua se conviertan de nuevo en hidratos de carbono y oxígeno, la energía emitida durante la combustión debe volver a quemarse. Esto es lo que consigue la planta. La energía del sol, en presencia de la clorofila, vuelve a entrar en los productos muertos de la combustión y el metabolismo, el oxígeno se libera en el aire y los compuestos de carbono y agua formados se almacenan en los tejidos de la planta.

Un mundo que se originó como se supone que lo hizo el nuestro, como un planeta desprendido del sol progenitor, durante su evolución a partir de una nebulosa, puede considerarse que fue bien "quemado" en primera instancia. En el momento en que fue una morada adecuada para la vida, todo el carbono, se debe suponer, existiría combinado con oxígeno. Esto plantea la cuestión del origen de la vida desde un nuevo ángulo. ¿Cómo puede surgir la clorofila si no es por la vida, y cómo podría mantenerse la vida si no es por la clorofila? Porque la clorofila es un compuesto de carbono extremadamente complicado, considerado provisionalmente por los químicos como compuesto de 55 átomos de carbono, 72 de hidrógeno, 4 de nitrógeno, 5 de oxígeno y uno del metal magnesio. Todavía no se ha fabricado artificialmente, y la naturaleza de su estructura molecular, que es siempre un paso previo necesario en cualquier síntesis artificial, sigue siendo objeto de dudas considerables. Difícilmente se puede considerar que este compuesto concreto exista de forma natural sin vida y, sin embargo, su existencia, tal como la conocemos, es esencial para el proceso de la vida. Se conocen variedades marrones del mismo, como en las algas pardas, que, químicamente, son indistinguibles de las verdes.

Podemos suponer que la vida comenzó con catalizadores fotoquímicamente activos más simples que la clorofila, y posiblemente incluso utilizó en un primer momento sustancias puramente minerales como catalizadores. Pero hasta donde hemos rastreado el origen de la vida, ya está haciendo uso de una sustancia extremadamente compleja y peculiar con el fin de obtener la energía que necesita de la luz solar por lo que es esencialmente un muy notable y, de hecho, casi único tipo de acción. El conjunto de la química y la bioquímica apenas tiene parangón. Ciertamente, ningún producto químico se fabrica industrialmente mediante un proceso análogo a los métodos naturales de fabricación del almidón y la celulosa.

Oímos hablar tan a menudo de los triunfos prácticos de la química, que puede sorprender al lector que ningún químico tenga todavía la teoría más rudimentaria de por qué se produce un cambio químico. La afirmación de que los productos de la combustión se desintegran en carbohidratos y oxígeno, por la energía de la luz solar, en presencia de un catalizador fotoquímicamente activo, la clorofila, es una descripción, no una explicación.

Sin embargo, hemos llegado a *sospechar* que antes de que pueda producirse *cualquier* cambio químico, debe ocurrir algún proceso preliminar de "activación", como se denomina, de las moléculas que reaccionan, y que la radiación, en general, es el agente que transforma la molécula normal químicamente inactiva en una que reaccionará con otra, cuando se cruce en su camino. La radiación solar se encuentra en medio de la larga gama de radiaciones, que se extiende desde las ondas utilizadas en la transmisión inalámbrica, en el lado largo de la longitud de onda, hasta los rayos X de Röntgen y los *rayos Y* del radio, en el lado corto. Solemos olvidar que todas las sustancias conocidas son calientes, en el sentido de que un cuerpo frío es aquel que carece por completo de energía calorífica, es decir, aquel que se encuentra en el inalcanzable cero absoluto de temperatura, -273° C. Todos, como el sol, irradian energía. La cantidad a temperatura ordinaria es muy pequeña, y la longitud de onda de los rayos está en el lado largo de la región de la luz visible. Es decir, la radiación es de rayos de calor oscuro hasta que alcanzamos la temperatura del calor rojo visible. Pero siempre está ocurriendo, y algunas teorías modernas del cambio químico apelan a esta radiación de calor oscuro como el agente activador que precede incluso a las reacciones químicas más comunes y espontáneas. Si este punto de vista resulta fundado, toda reacción química se convierte en análoga a la efectuada por la planta. Todo el tema es en sí mismo una ilustración de cómo la vida llega intuitivamente a descubrimientos, que la razón sólo hace mucho después y con la mayor dificultad.

Carbón y petróleo

Según los geólogos, la vida se originó en el mar y desde allí invadió la tierra. Mucho antes de que la evolución animal hubiera llegado muy lejos, la vegetación floreció en abundancia en forma de gigantescos helechos arborescentes, cuyos restos fosilizados nos proporcionan el carbón actual. En esta era carbonífera, la temperatura debió de ser más alta y la cantidad de dióxido de carbono y vapor de agua en el aire más elevada que en la actualidad. En estas condiciones se formaron y acumularon las inmensas reservas de energía de las que depende casi por completo la civilización moderna. Esta acumulación es enteramente obra de la vida. Por lo que se sabe, hoy en día no ocurre nada parecido, y el desarrollo humano, tal como lo conocemos, depende enteramente de una concatenación favorable de acontecimientos biológicos y geológicos ocurridos hace siglos. El origen de los aceites minerales es incierto. Consisten esencialmente en compuestos de carbono e hidrógeno, o hidrocarburos. Existen, a grandes rasgos, dos orígenes probables, pudiendo haber operado ambos. Por la frecuente presencia de restos de organismos marinos en el aceite natural, se ha conjeturado que puede ser el resultado de la descomposición, y posterior transformación bajo calor y presión, de los restos de peces, que en épocas anteriores pueden haber habitado los mares en mayor abundancia que ahora. Sin insistir especialmente en su origen animal, es bastante concebible que restos vegetales, como el carbón, encontraran en la tierra condiciones favorables para ser convertidos en petróleo. Un proceso técnico moderno, aún en fase experimental, conocido como la "berginización" del carbón, transforma el carbón en polvo, mezclado con alquitrán, en petróleo calentándolo con hidrógeno a gran presión hasta alcanzar una temperatura elevada.

Por otra parte, los trabajos de Moissan sobre los carburos metálicos, que se producen a la temperatura del horno eléctrico calentando metales o sus óxidos con carbono, sugieren un origen puramente inorgánico. Así, el carburo de calcio, obtenido calentando cal y coque, es universalmente conocido como la fuente, cuando se pone en contacto con el agua, del hidrocarburo gaseoso acetileno. Otros carburos metálicos dan otros hidrocarburos de la misma manera, y del carburo de uranio se ha obtenido una mezcla de hidrocarburos líquidos, muy similar en carácter y constitución al petróleo natural. Es casi seguro que, en las profundidades del interior de la Tierra, existen condiciones de alta temperatura y alta presión, que causarían la formación de tales carburos a partir de sus elementos componentes si estuvieran presentes. De ser así, puede inferirse legítimamente la producción de petróleo por la subsiguiente infiltración de agua.

Energía solar y atómica

El punto tiene cierto interés ya que, según la primera teoría, el origen de la energía del petróleo es la luz solar, y según la segunda, el calor interno de la tierra. Según los puntos de vista más antiguos, esto se consideraba parte del legado original de calor solar cuando la tierra fue expulsada de un sol todavía gaseoso. Pero según la visión moderna, desarrollada por Joly, el calor interno de la Tierra se mantiene continuamente por el proceso de radiactividad. Si es así, el petróleo, según la segunda teoría de su origen, obtiene su energía del átomo. Su uso representa así un primer paso en la emancipación de la vida de la dependencia total de los suministros solares. Lo mismo puede decirse de los pequeños usos del calor interno de la Tierra que el hombre probablemente ha practicado siempre, del mismo modo que los maoríes de Whakarewarewa utilizan hoy en día las aguas termales para todas sus necesidades domésticas. El pueblo islandés de incluso cultiva con su ayuda hortalizas que, de otro modo, el clima no permitiría. La industria del bórax de Toscana, donde el vapor de *los suffioni* se utiliza para evaporar el agua de las fuentes termales que contienen bórax, es otro ejemplo.

De hecho, durante la guerra, debido a la escasez de carbón en Italia, se estudió la posibilidad de utilizar esta energía a gran escala. Incluso se ha sugerido, de forma no del todo quimérica, que si el carbón fallara, el calor interno de la tierra podría aprovecharse a gran escala perforando pozos suficientemente profundos y haciendo circular agua a presión a través de ellos, convirtiéndola así en vapor.

En cuanto a la energía del propio sol, parece haber pocas razones para dudar de que también se deba a la energía atómica. Es cierto que la radiactividad y los procesos conocidos de desintegración atómica son demasiado especiales y limitados para proporcionar tan inmensos suministros. Por otra parte, la teoría de la relatividad ha introducido una nueva concepción en cuanto a la relación entre energía y materia, que aunque todavía carece por completo de verificación experimental, se considera la única explicación probable del mantenimiento a lo largo de épocas cósmicas de la pródiga evolución de la energía procedente del sol y las estrellas. Esta teoría combina las leyes de conservación de la energía y de la materia en una sola, en el sentido de que la materia sólo se conserva cuando su energía no cambia y que la energía sólo se conserva si la masa no cambia. Toda pérdida de energía de un sistema va acompañada de una pérdida real de masa, aunque sea infinitesimal y aún no pueda comprobarse experimentalmente. Una aniquilación de la materia, si pudiera producirse, daría lugar a la aparición de una energía igual al doble de la masa perdida moviéndose con la velocidad de la luz. La pérdida de masa es demasiado pequeña, en relación con la energía desarrollada, para que se haya puesto en evidencia, hasta ahora, incluso en los cambios más energéticos conocidos. Se supone que la energía cósmica puede ser la consecuencia de un lento proceso de aniquilación material.

Las pruebas de la espectroscopia estelar demuestran que las estrellas comienzan su carrera incandescente como hidrógeno y helio, y que sólo más tarde hacen su aparición los elementos más pesados. Se deduce que los elementos más pesados se forman por condensación a partir de los más ligeros. Si tomamos un caso, desde el punto de vista de las opiniones modernas sobre la estructura atómica, y suponemos que el hidrógeno gaseoso sufre, en la economía estelar, una condensación en helio, de modo que cuatro átomos del primero se unen para formar un átomo del segundo, el proceso por sí solo explicaría en gran medida el origen de la energía cósmica. Porque al condensarse así en helio, los cuatro átomos de hidrógeno experimentarían una pérdida de masa de unas tres partes por cada cuatrocientos, siendo el peso atómico del hidrógeno de 1,0075, en tanto que el del helio es de 4,000. El cosmogonista moderno recurre a una fuente como ésta. Las *primeras* etapas en la evolución de los elementos - como la última etapa, la ruptura de los elementos más complejos en radiactividad - puede esperarse que produzcan más que requieran energía.

La civilización busca controlar el Flujo de Energía desde más cerca de su Fuente

Habiendo tratado brevemente las fuentes de energía en la naturaleza y cómo, en primer lugar, se ponen a disposición de la vida, los pasos siguientes no presentan ninguna novedad. Todo el reino animal se distingue del vegetal por su total incapacidad para utilizar la energía natural inanimada en su metabolismo interno. En primer lugar, ésta debe almacenarse en los tejidos de las plantas, de las que se alimentan los herbívoros. Los carnívoros están un paso más lejos de la fuente original, y los omnívoros, como los hombres, tienen dos cuerdas en su arco. De la caza y la persecución, el hombre evolucionó cada vez más hacia la domesticación de los animales, no sólo para alimentarse, sino también para obtener lana, cuero y las materias primas del vestido. En épocas más asentadas, la misma tendencia condujo a la agricultura y al cultivo consciente de plantas naturales tanto para alimento como para materias primas. Desde el punto de vista energético, el progreso puede considerarse como un dominio y control sucesivos de las fuentes de energía cada vez más cerca de la fuente original.

Podemos intentar traducir los hechos más destacados de esta investigación de la siguiente manera.

El diagrama representa el flujo de energía en la naturaleza de izquierda a derecha. La línea que va de la energía solar al hombre es la línea que la vida ha desarrollado intuitivamente por la propiedad inherente a su propio crecimiento. Las líneas que apuntan de derecha a izquierda indican las direcciones en las que el hombre ha tendido la mano conscientemente para aumentar y controlar los suministros, y la tendencia del progreso a cortocircuitar cada vez más la vida fuera del sistema económico.

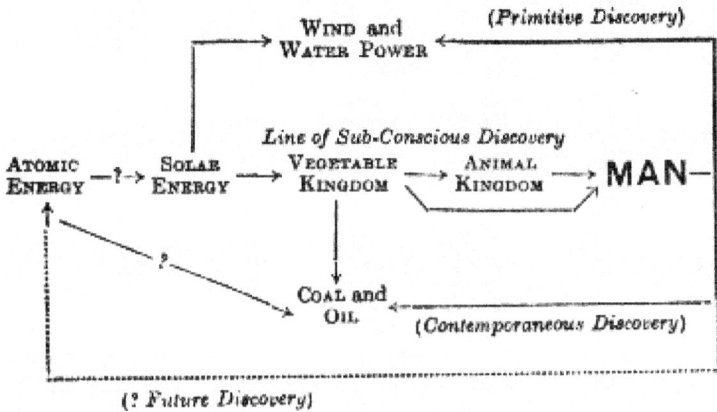

CAPÍTULO III

LA BASE DE LA ECONOMÍA NACIONAL

La lucha por la energía.

Aunque no se comprendía hace un siglo, y aunque todavía no se comprendan en general las aplicaciones del conocimiento a la economía de la vida, la vida en su aspecto físico es fundamentalmente una lucha por la energía, en la que descubrimiento tras descubrimiento lleva a la vida a nuevas relaciones con la fuente original. El desarrollo evolutivo ha sido parasitario, surgiendo organismos cada vez más elevados y obteniendo los suministros necesarios de energía alimentándose de los inferiores. Pero con el hombre y el desarrollo de la razón consciente, ese proceso en lo que respecta a la energía se está invirtiendo. Poco a poco, el andamiaje sobre el que ascendió se va descartando, y cada vez se remonta más conscientemente a las fuentes originales de energía para su vida. En la etapa actual, en el siglo XX, la mayor parte del trabajo externo de la vida puede realizarse mejor mediante maquinaria alimentada con combustible. En este sentido, el desarrollo sigue siendo rápido, aunque probablemente ya haya pasado su período más activo. Mientras los suministros de combustible se mantengan, no hay literalmente ningún límite a la producción de productos básicos necesarios para la vida que se pueden hacer de esta manera, como se aludió en el primer capítulo, si las restricciones financieras fueran inoperantes, como lo fueron durante la guerra. Si se dispone de abundante madera y materias primas similares, esta clase de artículos manufacturados abarca la mayoría de los accesorios y artículos de lujo necesarios para vivir, desde casas y muebles hasta automóviles y aparatos inalámbricos. Comprende prácticamente todas las herramientas, edificios e instalaciones necesarias para la producción, el transporte y la comunicación. A estos *agentes de producción* se les aplica el camaleónico término *Capital*.

En cuanto a los alimentos y las materias primas de origen biológico, la ampliación de la , aunque prácticamente enorme y apenas menos importante que en las demás categorías, sólo se ve favorecida indirectamente por el nuevo paso. En esencia, los alimentos siguen produciéndose íntegramente mediante el proceso agrícola original. Lo mismo ocurre con las materias primas de origen vegetal y animal, aunque muchas de ellas pueden ser sustituidas por sucedáneos artificiales de uno u otro tipo, si los productos naturales son imposibles de obtener.

Las grandes enseñanzas de la termodinámica

Repasemos brevemente las grandes generalizaciones de principios del siglo pasado en materia de energía, que se aplican no sólo a las máquinas, sino con igual rigor a los seres vivos y a la vida de las comunidades. Suelen denominarse Primera y Segunda Leyes de la Termodinámica, nombre que recuerda su origen. Fueron reconocidas, en primer lugar, para las relaciones entre calor y trabajo, o entre energía térmica y mecánica. Pero los principios son de aplicación universal entre el calor y cualquier forma de energía. El lenguaje tarda mucho en adelantarse a las ideas, y las ideas preceden en el tiempo a las denominaciones lingüísticas. Las definiciones formales de las leyes de la termodinámica serían totalmente incapaces de transmitir una idea de su carácter a quienes no la tuvieran ya, mientras que los enunciados descriptivos carecen de la precisión y universalidad de la idea general. Esas leyes son esencialmente, en primer lugar, expresiones de la experiencia, comprobadas después de su aprehensión a fondo y exhaustivamente por la experimentación en campos nuevos y aún no probados, pero no son tales que puedan deducirse todavía sin más de los primeros principios.

La imposibilidad de las máquinas de movimiento perpetuo o los hombres

La Primera Ley es fácil de entender y no es más que un enunciado de la ley de conservación de la energía. Niega la posibilidad de una máquina de movimiento perpetuo, en la que cualquier fuerza motriz - máquina, sistema molecular u hombre - pueda seguir produciendo trabajo a partir de la nada, sin que se suministre una cantidad equivalente de energía. Un automóvil que funcionara sin gasolina o un hombre que viviera sin alimentos serían ejemplos de ello. Las formas que adopta la energía física son numerosas, pero todas ellas pueden convertirse en energía térmica y medirse como tal, del mismo modo que cualquier cuenta, a efectos de cálculo, puede transformarse en £ esterlinas, sea cual sea la moneda original. Así, la unidad científica de la energía térmica es la caloría.[11] La caloría es la cantidad de calor necesaria para elevar un kilogramo de agua 1° centígrado (o 1 libra de agua 1,023° Fahrenheit). La unidad británica de trabajo o energía mecánica es el pie-libra, y la unidad métrica el kilogramo-metro. Representan el trabajo realizado para elevar el peso la distancia especificada, o la energía cinética que posee ese peso cuando ha caído libremente por gravedad desde esa distancia. La unidad de potencia, conocida como caballo-potencia, es la potencia necesaria para levantar 550 lb. un pie en *un segundo*, o 1 lb. 550 pies en un segundo, o 1 lb. un pie en 1/550 de segundo. El caballo-potencia-hora es el trabajo realizado por un caballo-potencia en una hora, y es aproximadamente dos millones de pies-libra. Si el trabajo se realiza contra una resistencia muerta y se convierte completamente en calor, sin que se almacene en forma potencial, como en el levantamiento de un peso, se producen 653,6 calorías a partir de un caballo de potencia cada hora. O un caballo de fuerza-hora equivale a 653,6 calorías. De forma similar, es posible evaluar la energía de los alimentos necesarios para mantener a un hombre adulto medio durante un año. Se trata de alrededor de un millón de calorías.

Esta cantidad de calor se desprende si el alimento se quema. Consumido por un hombre, una pequeña parte puede ser emitida como trabajo en el trabajo y la locomoción, pero la mayor parte aparece siempre como calor corporal. Como mecanismo de trabajo, un hombre puede ser muy eficiente desde el punto de vista de la parte del valor energético de sus alimentos que aparece como trabajo.

A veces supera el 30%, y las mejores máquinas de vapor rara vez se acercan a este rendimiento.

---

[11] Cuando se escribe con *c* minúscula se indica una unidad mil veces menor.

La Primera Ley, como ley de conservación de la energía, es esencialmente cuantitativa. No expresa nada en cuanto a la calidad o utilidad de los distintos tipos de energía. En sí misma no afirma ni niega la posibilidad física de comer pastel y seguir teniéndolo, ya que en lugar de la energía de los alimentos, cuando se comen, tenemos un equivalente de energía calorífica.

Este es el ámbito de la Segunda Ley, que tiene en cuenta la dirección natural en la que la energía tiende a transformarse, de energía-alimento a energía-calor residual por consumo o descomposición, no de energía-calor residual a energía-alimento, lo que sería un proceso no natural . Un proceso antinatural en este sentido no es necesariamente imposible físicamente, pero siempre es económicamente imposible como medio de ahorrar trabajo, es decir, de utilizar la misma energía dos veces o, más en general, de llegar a un *perpetuum mobile* empleando la misma energía una y otra vez indefinidamente.

En su significado práctico, la energía en sí no tiene importancia. Lo único importante es el flujo de energía de una forma a otra y de un lugar a otro. Este flujo siempre se produce en una dirección natural, y sólo puede invertirse su dirección haciendo que fluya más energía corriente abajo, por así decirlo, de la que fluye corriente arriba. Como sugiere esta analogía, un flujo de energía tiene algunas de las características de un río y, de hecho, las leyes de la termodinámica se elaboraron originalmente sobre la base de la visión entonces predominante del calor como un fluido real. Cuando, más tarde, se generalizó la visión cinética -según la cual el calor se debe a la energía descoordinada de agitación de las moléculas individuales de la materia-, la segunda ley de la termodinámica se hizo menos fácil de deducir a partir de los primeros principios, en lugar de serlo más.

Procesos físicos ilustrativos

Es fácil imaginar un proceso en el que las pesas, por ejemplo, se hacen subir contra la gravedad por la caída de pesas más pesadas. Justo en la época en que se generalizó el uso de la máquina de vapor, se descubrió un método de realizar el trabajo humano mucho más eficaz que cualquier otro. Se utilizó en la construcción de algunas fortificaciones de París y, de no haber sido por la máquina de vapor, probablemente se habría generalizado. El obrero trabaja subiendo un tramo de escaleras y bajando por una cuerda, a la que está atada la carga que tiene que levantar, y que es sólo un poco menor que su propio peso.

De este modo puede hacer mucho más trabajo que con una carretilla o con cualquiera de los métodos antiguos.

La facilidad con la que todas las demás formas de energía tienden a pasar a energía térmica es paralela a la dificultad de invertir el proceso. El calor tiende a fluir de una región de mayor temperatura a otra de menor, del mismo modo que el agua tiende a fluir cuesta abajo. Invertir el proceso es como hacer que el agua corra cuesta arriba - un proceso artificial que requiere, *además de* un aparato mecánico, respectivamente una bomba o una planta de refrigeración, *el gasto de trabajo*. Es fácil entender por qué hay que trabajar para bombear agua cuesta arriba, ya que el trabajo se recupera cuando el agua bombeada cuesta arriba se deja fluir cuesta abajo. Pero en una forma modificada lo mismo es cierto de un flujo de calor. Una máquina de movimiento perpetuo del segundo tipo, como se la denomina, no contravendría la Primera Ley de conservación, pero sí la Segunda Ley de utilidad. Una máquina de este tipo equivaldría a un hombre que comiera alimentos y los convirtiera en dióxido de carbono, agua y calor, y luego devolviera la energía calorífica obtenida al dióxido de carbono y al agua y volviera a fabricar los alimentos. La planta hace esto, no con la energía calorífica gastada, sino con la energía fresca de la radiación, y el calor radiante de un cuerpo a alta temperatura, aunque similar en nombre a la energía calorífica, es una forma de energía de muy alta calidad y muy disponible, en el extremo opuesto de la escala a la energía calorífica de baja temperatura en la que se degrada naturalmente.

En la máquina de vapor, la tendencia natural del calor a pasar de una temperatura más alta a una más baja se utiliza para realizar el proceso antinatural de convertir el calor en trabajo. Cualquier proceso natural -ya sea el flujo de agua cuesta abajo, el flujo de calor de un cuerpo caliente a otro más frío, o el flujo de un gas de una presión más alta a una más baja- puede, al menos en teoría, ser dirigido y realizado de tal manera que convierta al menos una parte del flujo de energía en energía mecánica o trabajo. Pero el grado de conversión varía según el tipo de energía. Aparte de las pérdidas incidentales, debidas a las imperfecciones de cualquier mecanismo real (fricción, resistencia, etc.) y que pueden reducirse indefinidamente con dispositivos mejores y más "ideales", algunos flujos de energía son completamente convertibles en trabajo y otros sólo parcialmente. Si no fuera por las pérdidas incidentales mencionadas, un motor eléctrico convertirá completamente la energía eléctrica que recibe en energía mecánica , e incluso en la práctica se pueden alcanzar rendimientos muy elevados, superiores al 90%. Pero un flujo de calor nunca puede, ni siquiera en circunstancias "ideales", convertirse en trabajo más que parcialmente.

Sin tener en cuenta, como antes, todas las pérdidas incidentales debidas a imperfecciones mecánicas prácticas, la proporción máxima de cualquier flujo de calor capaz de convertirse en trabajo se establece por la Segunda Ley en su forma cuantitativa como sigue. [12]

En el flujo de calor de una temperatura más alta, T1° A., a una temperatura más baja, T2° A., de cada T1 unidades de calor T2 unidades no son convertibles, y deben permanecer inalteradas como calor cualquiera que sea el proceso considerado; pero existe la *oportunidad* o *posibilidad* -nunca fácil, y a menudo prácticamente imposible, de realizar- de convertir T1 - T2 unidades como máximo en energía mecánica mediante aparatos mecánicos y de otro tipo adecuados. Así, en la práctica, una máquina de vapor, que se alimenta con vapor vivo a 200° C. (473° A.) y que expulsa el vapor al condensador a 40° C. (313° A.), no puede -aparte de todas las pérdidas debidas a la fricción y otras resistencias e imperfecciones- convertir nunca en trabajo más de 160/473, o aproximadamente un tercio, de la energía térmica con la que se alimenta. El motor de combustión interna, en el que la energía calorífica es suministrada por la explosión de mezclas gaseosas, a temperaturas cercanas al calor blanco (2.000° A.), es térmicamente mucho más "eficiente" que cualquier máquina de vapor.

Como ejemplo de un proceso práctico en el que se invierte el flujo natural de energía -para algún fin práctico especial- podemos tomar la refrigeración, que esencialmente consiste en bombear calor de un cuerpo frío a otro más caliente, estando este último normalmente a la temperatura del aire circundante. En este proceso es tan necesario el trabajo como en el bombeo de agua desde un pozo hasta el nivel del suelo. En la práctica, la refrigeración se efectúa utilizando primero el trabajo que hay que realizar, para comprimir un gas mediante el cual este trabajo se convierte en calor (la dirección natural del flujo de energía), de modo que el gas se calienta. El gas comprimido caliente se

---

[12] Nota sobre la escala de temperatura absoluta: El Cero Real o Absoluto de temperatura, expresado en la escala Centígrada, es de -273 °C. Es decir, a esta temperatura la materia no poseería energía calorífica alguna. La Escala Absoluta de Temperatura se deriva de la escala Centígrada simplemente añadiendo 273°. Así, 15° C. son 288° A.

enfría hasta alcanzar la temperatura del entorno (de nuevo, la dirección natural del flujo de energía).

A continuación, se permite que el gas comprimido se expanda y realice trabajo, lo que constituye la inversión del primer proceso. El gas se enfría por debajo de la temperatura del entorno porque el trabajo que se le hace realizar se toma de él a expensas de su energía calorífica. De esta manera, paradójicamente, el trabajo se convierte primero en calor para tener la oportunidad, en una etapa posterior, de convertir el calor en trabajo. Pero a menos que el trabajo se gaste primero en comprimir el gas, en contra de su tendencia natural a expandirse, no podríamos más tarde hacer uso de esta tendencia natural de los gases a expandirse para superar la desinclinación natural del calor a convertirse en trabajo.

Aunque el calor no es un fluido material, la Segunda Ley es por tanto lo que sería si lo fuera, y si la temperatura del calor sobre su entorno correspondiera a la altura del fluido sobre el nivel. Sacar agua de un pozo requiere trabajo, y refrigerar una sustancia también. La tarea de convertir en trabajo el calor-energía residual de temperatura uniforme es como intentar obtener agua-energía del océano. El cero absoluto del nivel del agua sería el centro de la tierra, y el cero absoluto de la temperatura o del nivel del calor sería -273°C. Pero las salidas al centro de la tierra y los condensadores al cero absoluto no son posibles, y en cada caso el nivel cero práctico está muy por encima, siendo el nivel del mar en un caso y la temperatura de la tierra en el otro.

La riqueza como forma o producto de la energía
Su producibilidad ilimitada

Llegamos así a la conclusión de que cualquier tipo de movimiento perpetuo es imposible.

Un flujo continuo de energía fresca es necesario para el funcionamiento continuo de cualquier sistema de trabajo, ya sea animado o inanimado. La vida es cíclica en cuanto a las sustancias materiales consumidas, y los mismos materiales se utilizan una y otra vez en el metabolismo. Pero en lo que respecta a la energía, es unidireccional, y ni siquiera es concebible un uso cíclico continuo de la energía. Si disponemos de energía, podemos mantener la vida y producir todos los requisitos materiales necesarios. Por ello, el flujo de energía debe ser la principal preocupación de la economía. En un mundo que dispone de suministros adecuados de energía, de conocimientos científicos e inventos para utilizarla, y de mano de obra capaz y dispuesta a realizar las tareas y servicios necesarios, la pobreza y la indigencia son instituciones puramente artificiales, debidas a la ignorancia de los principios de gobierno, fomentadas activamente, si no deliberadamente, con fines de clase por convenciones legales que confunden riqueza con deuda. Bajo cualquier sistema científico de gobierno, desaparecerían como la viruela y la malaria, por medio de medidas preventivas más que curativas.

Por supuesto, quienes han estudiado el tema comprenden perfectamente que la riqueza consumible no es como el oro, la plata, el radio u otros elementos que sólo existen en pequeñas cantidades en la tierra y que aún no pueden fabricarse artificialmente. El atractivo de tales sustancias como medidas de riqueza, sobre las que basar el valor monetario, reside, por supuesto, en el poder sobre el deudor que ponen en manos del acreedor. El dinero, de hecho, se convierte en un monopolio, y este monopolio es el verdadero gobierno. La riqueza, en el sentido de los requisitos de la vida, puede ahora hacerse como se requiera, y no tiene relación alguna con tan ingeniosos dispositivos financieros. Su estudio ha sido tristemente descuidado por el economista.

Aunque, para todo el mundo excepto para un ingeniero o un físico, la energía parece ser un elemento bastante menor en la producción de riqueza, si nos ocupamos de lo que se gasta en el proceso de creación de riqueza, es el elemento más grande e importante.

Así, en el coste de mantenimiento de un coche, la gasolina es una partida menor. Hasta hace poco, los neumáticos costaban más. Sin embargo, si perseguimos los neumáticos hasta su origen, descubriremos que gran parte de su coste se debe al gasto de energía. Requieren un flujo de energía solar de un clima particular, trabajo físico en las plantaciones de caucho, carbón para los ferrocarriles y barcos que transportan las materias primas desde los trópicos, así como para las fábricas donde se convierten en neumáticos. Estos ferrocarriles y barcos, y todos los edificios y equipos necesarios para su fabricación, así como los materiales que utilizan -el hierro y los metales y el carbón que hay que extraer- son el resultado del gasto de energía física. Los ejércitos de personas que estas industrias mantienen tienen que ser abastecidos con alimentos, ropa y casas, y la energía bajo la dirección humana inteligente es el primer requisito para el suministro de *todas* esas cosas.

Pobreza y desempleo
Una monstruosa contradicción

Mucho de esto, por supuesto, si no sus implicaciones, es bien entendido para ser aplicado por el especialista, aunque usualmente la fuente de la riqueza no se remonta tan lejos como la energía física de la luz solar. Pero largas épocas de penuria y sometimiento, a una u otra forma de dominación perjudicial, han acostumbrado a la gente a considerar la riqueza como algo que, como el oro, es esencialmente limitado en cantidad, de modo que, si algunos obtienen mucho, otros deben quedarse cortos para compensar el saldo, en lugar de una cantidad que los avances científicos han hecho capaz de una expansión casi indefinida. Ninguno de los problemas reales del mundo se centra hoy en día en la mera provisión de riqueza. Las dificultades surgen más bien en deshacerse incluso de una pequeña parte de lo que se puede fabricar, sin luchar por el privilegio de fabricarlo o venderlo. Pero para las personas que no piensan en la riqueza en términos de energía y esfuerzo humano, sino en términos de dinero, no parece haber nada incongruente en la continuación del agudo sufrimiento económico en el que se ha sumido Europa , ni ninguna prueba de fracaso en la función más elemental del gobierno en el espectáculo del desempleo y la pobreza *al mismo tiempo.*

El cambio del trabajo a la diligencia

La discusión elemental de los principios de la termodinámica que se ha intentado no será del todo superflua si llama la atención sobre lo que es probablemente la confusión más prevalente en todo el pensamiento sociológico en la actualidad, entre lo que aquí se denomina trabajo o energía en el sentido puramente físico y lo que pasa por ello en el lenguaje común. Un trabajador manual suministra de su propio cuerpo la energía del trabajo físico que realiza. Parte de su alimento se destina a producirlo. Es un motor autónomo. Pero un hombre que trabaja con una máquina puede "trabajar duro" en el sentido ordinario sin realizar ningún trabajo físico real.

Su función real ha cambiado. Su acción es lo que en física se conoce con suficiente expresividad como "gatillo-acción". En la acción de un gatillo se libera una cantidad de energía que no tiene relación con el trabajo de apretar el gatillo, y en el funcionamiento de cualquier aparato accionado por energía es lo mismo. Una mujer que se queja de que el trabajo de una mujer nunca se hace quiere decir que en las operaciones domésticas de cocinar, limpiar y, en general, satisfacer las necesidades de un hogar, hay una fuga continua de su atención y actividades mentales, y que las múltiples tareas de la gestión del hogar son interminables. No suele quejarse del trabajo físico y el esfuerzo que suponen estas tareas, sino de la larga y fatigosa ronda de vigilancia perpetua que exigen. En particular, en este campo, tal vez, todavía tenemos una combinación de cierto trabajo físico con la atención mental continua, y aunque los dispositivos de ahorro de trabajo han hecho mucho para aliviar la pesadez de la administración de la casa, en el ámbito doméstico, como también en los servicios de transporte y muchos otros, tenemos buenos ejemplos de tareas que requieren tanto cuidado individual y el esfuerzo que ningún crecimiento de la ciencia es probable que suplante por completo. Mientras que en una fábrica, dedicada a una producción definitivamente rutinaria, sólo una parte muy pequeña e insignificante del trabajo físico real puede ser aportada por los trabajadores, y esta cantidad es susceptible de una reducción casi indefinida, a medida que las máquinas se vuelven más y más automáticas. La necesidad de prestar una atención constante al trabajo sigue existiendo, aunque se necesiten menos trabajadores. Para un hombre que podría ocuparse cómodamente de una docena de máquinas automáticas, es un mero aburrimiento verse limitado por las normas sindicales a ocuparse de una sola.

En este sentido, en lo que respecta a las industrias que supuestamente demandan un suministro de mano de obra barata sin educación y las ocupaciones de callejón sin salida que sacan a los niños de la escuela y no ofrecen ninguna posibilidad de un sustento razonable para un adulto, es una cuestión muy abierta si no son el resultado natural de que dicha mano de obra sea abundante. Al menos en Estados Unidos, se consideraba que la restricción de la inmigración amenazaba la existencia de algunas industrias que dependían del suministro continuo de mano de obra barata y mal pagada procedente de Europa. Pero la experiencia demostró que cuando se cortó el suministro, fue fácil readaptar las industrias afectadas a las nuevas condiciones. En general, cabe dudar de que cualquier ocupación, por mucho parezca exigir un tipo de trabajador tosco y animal -o los servicios de multitud de niños y jóvenes, como en el reparto de periódicos y suministros domésticos-, no podría realizarse mejor hoy en día si se eliminara por completo, mediante una organización empresarial adecuada y métodos más actualizados.

La función del trabajador, desde la introducción de la energía mecánica, ha cambiado totalmente en muchas industrias, y en ninguna el cambio es insignificante. Cada vez más, no trabaja en el sentido físico, sino que dirige una fuente inanimada de energía para que haga lo que, por sí sola, no podría hacer.

En muchas industrias, como en la producción en serie de automóviles, o de cualquier tipo de maquinaria que haya pasado por un rápido período de evolución y haya llegado a algo parecido a una forma final y permanente, la regla será una mayor producción con el empleo de cada vez menos manos, a medida que los procesos implicados se controlen cada vez más automáticamente. Sin embargo, ni siquiera en este caso es posible prescindir por completo del trabajador humano. Su tarea, físicamente más ligera, resulta mentalmente cada vez más monótona y poco interesante. Sin embargo, si nos fijamos en las múltiples necesidades del mundo, desde la gestión doméstica y el transporte de mercancías y pasajeros hasta la minería -la fuente, después de todo, de la nueva riqueza-, sigue habiendo suficiente trabajo duro en el sentido de diligencia continua, si no en el sentido científico, para ocupar permanentemente a una gran parte de la población mundial durante al menos una parte del día.

La ciencia, desplazando cada vez más el trabajo humano y animal, no desplaza al obrero, sino que tiende a transformar su función. Debe darle por una hora de atención lo que antes obtenía por doce horas de trabajo.

La minería, la construcción, la construcción y el mantenimiento de carreteras, el transporte y, por último, la agricultura, son procesos no naturales en el sentido termodinámico. En termodinámica, la distinción entre energía inútil y útil gira en torno a la dirección y la disipación de esta dirección. Una forma útil es aquella que tiene una dirección definida en la que tiende a fluir. Una forma inútil es aquella en la que la dirección es internamente "higgledy-piggledy", las partes más pequeñas posibles moviéndose perpetuamente, igual número en todas las direcciones posibles, al mismo tiempo. Un proceso antinatural consiste en dirigir un flujo de energía en su dirección natural, de tal manera que no pueda fluir así sin realizar alguna tarea útil y hacer algún trabajo necesario para vivir. Este es el tercer factor esencial en la creación de riqueza, la función que, antaño, solía denominarse "trabajo", pero que hoy en día sería mucho mejor denominar "diligencia". Pocas son las excepciones en una civilización digna de sí misma en las que no sería mejor que el mero trabajo físico pesado fuera realizado por la fuerza mecánica.

Curiosamente, el "jornalero agrícola" siempre ha sido mucho más un tierno diligente de las labores de plantas y animales que un verdadero jornalero en el sentido físico.

Durante la guerra se demostró que su trabajo es mucho más especializado e insustituible que el de muchos de los operarios empleados en los llamados oficios especializados de ingeniería. El cuidado de las máquinas podía ser realizado por mano de obra joven y no cualificada después de un aprendizaje muy corto, pero sólo bajo la presión de la necesidad militar más apremiante se reclutó en las filas a los granjeros cualificados.

Descubrimiento, energía natural y diligencia: los tres ingredientes de la riqueza

Así pues, cuando tratamos de los factores reales que subyacen a la producción de riqueza -sin tener en cuenta las cuestiones de derecho de propiedad, los derechos individuales de propiedad y las complicaciones introducidas por los sistemas monetarios- podemos resumirlos como Descubrimiento, Energía Natural y Diligencia Humana. El primero entra en escena en forma de aportaciones repentinas y más o menos espasmódicas que, una vez realizadas, alteran de forma permanente todo el curso futuro de la historia. Pero las dos últimas deben aportarse de manera continua e incesante mientras dure el tiempo. Bajo el término Diligencia, utilizado en lugar de Trabajo, deben incluirse no sólo los servicios de artesanos y obreros, sino también los de hombres de negocios, empleadores de mano de obra, gestores y calculistas cualificados, en la medida en que contribuyen esencialmente a la producción de riqueza y a su entrega en los momentos y lugares en que se requiere para su uso. En la medida en que estos "servicios" no aumentan ni la calidad ni la cantidad de la riqueza producida, sino simplemente su precio de venta, no constituyen en absoluto una adición a la riqueza nacional, ya que las ganancias de estos individuos se obtienen a expensas del resto de la comunidad. Aunque todavía parece tradicional y habitual considerar como productores a los amos o empleadores del trabajo, y a los asalariados como sus sirvientes contratados, cuando no meros bienes muebles del *empresario* especulador, en este libro se hace poca distinción entre los soldados rasos y los oficiales del ejército económico. Todos los grados de toda la organización que contribuyen con servicios manuales o cerebrales esenciales para el proceso de producción, desde el gerente hasta el obrero, son considerados igualmente productores.

Confusiones entre riqueza nacional e individual

Es difícil o imposible obtener un medio físico de medir la riqueza -como, por ejemplo, en las unidades de energía física y de vida humana -tiempo empleado en su producción- que sea capaz de aplicación común a todas las numerosas variedades de riqueza: pero esta dificultad no debe cegarnos ante los absurdos palpables en la economía convencional introducidos por medir siempre la riqueza por el valor de cambio o precio del dinero. Esto puede dar lugar fácilmente a que lo que sólo podría considerarse como una calamidad nacional parezca aumentar la riqueza nacional, o lo que es en todos los aspectos una bendición nacional parezca reducirla. Los intermediarios y especuladores innecesarios pueden aumentar mucho los precios de los productos básicos sin que aumente la riqueza nacional. Las combinaciones de productores y trusts para limitar la producción y elevar los precios pueden reducir la riqueza nacional y aumentar su valor monetario, al margen de los cambios en el nivel general de precios y en los costes de producción. Estos "servicios", que son propiamente medios de adquirir riqueza a expensas del resto de la comunidad en lugar de producirla, no son, por supuesto, ingredientes físicamente necesarios de la riqueza en absoluto.

El dilema económico

J. S. Mill, en sus *Principios de economía política*, aborda la cuestión de forma algo superficial. Establece una distinción entre la riqueza de un individuo y la de una nación, pero apenas aclara cuánto de lo que se considera riqueza en la economía convencional es a la vez una sustracción y una adición a la riqueza nacional. Así, en sus Observaciones preliminares, plantea la cuestión de si, en caso de que se pudiera monopolizar la atmósfera, no se produciría un aumento de la riqueza, y dice: "Aunque el aire no es riqueza, la humanidad es mucho más rica por obtenerlo *gratuitamente*, ya que el tiempo y el trabajo que de otro modo se requerirían para satisfacer la más apremiante de todas las necesidades pueden dedicarse a otros fines". En caso de monopolio, prosigue: "La posesión de ella, más allá de sus propias necesidades, sería, para su propietario, riqueza, y la riqueza general de la humanidad podría parecer a primera vista que se incrementaría por lo que sería una gran calamidad para ellos. El error consistiría en no considerar que, por muy rico que se hiciera el poseedor del aire a expensas del resto de la comunidad, todas las demás personas serían más pobres por todo lo que se verían obligadas a pagar por lo antes habían obtenido gratuitamente."

Uno podría anticipar de esto que él discutiría de manera similar los casos de la renta como efecto del monopolio natural de la tierra, y del interés y la ganancia -aparte de y en exceso del pago por el alquiler de la planta necesaria y por los servicios necesarios prestados en una capacidad gerencial y similares- pero dado que en estos casos la comunidad siempre ha sido obligada a pagar, el error, si es uno, está aparentemente justificado por la tradición.

Por otra parte, la humanidad también sería mucho más rica si pudiera obtener sus alimentos y combustible, al igual que su aire, *gratuitamente*, ya que el tiempo y el trabajo necesarios para satisfacer estas necesidades, las más apremiantes de todas, podrían dedicarse entonces a otras ocupaciones, posiblemente al ocio para perseguir valores de poca importancia en el mercado. En estas circunstancias habría una reducción de la riqueza de la humanidad por lo que sería una gran bendición para ellos. Simples contradicciones de este carácter pueden servir para mostrar que al intentar evitar las dificultades de su tema considerándolo meramente como una ciencia de los intercambios de mercado, el economista se ha empalado a sí mismo en los cuernos de un dilema muy incómodo. Cabe preguntarse si es la ciencia de la riqueza, o la falta de ella, lo que conduce a tan curiosas inversiones.

Economía Política y Economía Política

En estas consideraciones tenemos el quid del problema de por qué los descubrimientos e inventos, que son más allá de toda duda ganancias nacionales, conducen a profundos males en el organismo social y económico.

Sólo en las comunidades poco sofisticadas se produce directamente para el consumo y el uso. En las sociedades modernas, el producto no se produce para el consumo o el uso, sino para el intercambio o la venta. De hecho, el consumo se considera un mal necesario, y la acumulación de riqueza por parte de los individuos es el motivo principal.

Pero la riqueza individual, a diferencia de la riqueza nacional, puede ser simplemente deuda nacional, y de hecho ésta es mucho más fácil y segura de acumular que la riqueza real.

De este intercambio, y no de la producción *per se*, surgen las reivindicaciones de riqueza individual, y la riqueza, que en una sociedad no sofisticada debe ser la propiedad real de los bienes existentes, en las sociedades modernas se amplía a una reivindicación generalizada sobre la totalidad de la riqueza presente y futura de la comunidad. Estas reivindicaciones no sólo surgen de la participación positiva activa en el proceso de producción. Los servicios puramente imaginarios, como la pretensión de prestar dinero, pueden ser un derecho legal a la riqueza. Además, la participación puede ser negativa en lugar de positiva. Las pretensiones de riqueza de un individuo pueden surgir de no impedir la producción, de ayudarla en el sentido de abstenerse de obstaculizarla. Pero como ninguna nación puede vivir ni de los préstamos imaginarios , ni de los intereses de sus deudas, ni absteniéndose de obstaculizar la producción, un estudio que no libere desde el principio su concepción de la riqueza nacional de tal confusión no es propiamente economía política. Puede ser economía política para aquellos que desean una vida tranquila y vivir en buenos términos con sus vecinos, y si economía política ya no significa economía nacional, es hora de cambiar su nombre por el de economía política.

El efecto paralizante de las viejas convenciones

Nunca hubo una época en la historia tan dotada como la nuestra de todo lo que podría haber bastado para una civilización noble y duradera, mientras que es todavía a las civilizaciones antiguas a las que debemos ir si queremos encontrar pruebas de que el esfuerzo y la imaginación humanos se derrochan a escala nacional en algo que no tiene un propósito estrictamente utilitario. Las potencias más gigantescas esperan nuestras órdenes para proporcionarnos todo lo que necesitamos, pero nosotros llevamos una vida ajetreada e impulsada, preocupados en su mayor parte por la necesidad inmediata de mantener al lobo alejado de la puerta y destruir a nuestros rivales comerciales.

Al menos en lo que se refiere al presente inmediato y al futuro, no existe ningún requisito concebible que no pueda producirse en la tierra o extraerse de ella de acuerdo con las necesidades del mundo. Esta es una conclusión que va en contra de nuestros instintos de rebaño derivados de una era pre-científica y de la actual ilusión de pobreza cuidadosamente fomentada bajo el dominio del usurero. Corta el nudo gordiano de los peligros sociales, nacionales y raciales que acechan al futuro. Porque no hay cuestión política actual, por insoluble que pueda parecer a los instintos de rebaño de la humanidad, que no se vea fundamentalmente alterada por este descubrimiento. Si se comprendiera y se actuara en consecuencia, el mundo ganaría un respiro, en el que con más calma y científicamente podría hacer las provisiones y ajustes necesarios para el futuro.

El crecimiento demográfico deja de ser un problema

Esto no quiere decir que, bajo cualquier contingencia concebible, la solución científica de los problemas económicos de la vida traerá paz y seguridad permanentes a una población mundial en constante expansión. Pero la idea que hoy tenemos de países abarrotados, con poblaciones desbordantes y que amenazan el futuro inmediato con conflictos raciales a escala gigantesca, se deriva en realidad de las normas convencionales sobre el número de personas que un país dado es capaz de mantener. Por supuesto, si la expansión de los últimos tiempos continúa en una progresión geométrica sin freno, con el tiempo las limitaciones físicas del planeta se harán sentir. En la actualidad no hay más de un individuo por cada diez o quince acres de superficie habitable en la media de .

Se calcula que este país[13] tiene aproximadamente el doble de habitantes de los que puede alimentar económicamente según los estándares de la paz, por lo que tiene que importar al menos la mitad de los alimentos que consume. Pero las ideas sobre la emigración siguen siendo muy parecidas a las que existían cuando no había barcos de vapor rápidos ni lujosos hoteles flotantes. Aunque ocurriera lo peor y el resto del mundo nos boicoteara y se negara a comerciar con nosotros, la tarea de transportar a media población no es muy formidable. Sin embargo, no hay grandes probabilidades de que el aumento de la población continúe indefinidamente. Con el creciente conocimiento y práctica del control de la natalidad, lo contrario es más probable. Aunque los problemas raciales son formidables, no debe olvidarse que, antes de que cualquier otra raza pueda desafiar la supremacía de las

---

[13] Ver antes.

razas blancas, debe adoptar la ciencia y someterse a influencias iguales a las que ahora actúan en el mundo occidental, aunque es muy poco probable que copie todos nuestros errores.

Además, la gente tiende a imaginar que cualquier gran cambio en la política de un país puede infligir hoy en día a los trabajadores tantas penurias como las que causó originalmente la introducción de la maquinaria a principios del siglo pasado. Por poner un ejemplo, podría suponerse que, si este país decidiera en el futuro depender de sus propios recursos y menos de su comercio exterior, la agricultura se dispararía y las industrias de ingeniería se deprimirían. Esto probablemente no significaría, hoy en día, que una gran cantidad de trabajadores de las ciudades se vieran obligados a volver a la agricultura y a realizar trabajos no cualificados en la tierra. Lo más probable que los oficios de la ingeniería abastecieran mucho más que en la actualidad a las industrias agrícolas domésticas. La agricultura se industrializaría y, al igual que el transporte, probablemente dejaría de utilizar mano de obra animal, salvo a una escala comparativamente pequeña. De hecho, la tendencia en este sentido es ya muy marcada.

En todos los departamentos de la industria, el efecto general del avance científico ha sido hacer a los hombres más adaptables y capaces de dedicarse a una mayor variedad de ocupaciones que antes. En los nuevos países, donde las condiciones son menos estereotipadas, la gente piensa mucho menos que en casa en un cambio total de oficio u ocupación. A medida que la producción de riqueza se convierte cada vez más en una ciencia acabada, se requieren cada vez menos cualificaciones personales muy especiales para su ejercicio. El hombre que antes se consideraba indispensable, por ejemplo, por ser capaz de juzgar la temperatura de los hornos con precisión a ojo, es sustituido por el pirómetro, aún más preciso. Un inventor, una vez que ha sido inducido a revelar su invento, se convierte en una cantidad totalmente insignificante, aunque, como precaución comercial, sería mejor cloroformarlo para que no invente algo que ocupe el lugar del primer invento . Desde el punto de vista administrativo general, no habría gran dificultad en cambiar de un tipo de producción a otro, aunque ello implique convertir un tipo de trabajador en otro. Hoy en día, el problema se parece más a convertir a los cocheros en conductores de automóviles que a los chóferes en fustigadores natos.

CAPÍTULO IV

LAS FALACIAS DE ECONOMISTAS ORTODOXOS

Riqueza y deuda

La riqueza es una cantidad física positiva, pero la deuda es una cantidad negativa. No tiene existencia concreta, y para el físico es una cantidad imaginaria. Si tratamos con números, podemos darles cualquiera de los dos signos con gran propiedad; pero en física, que trata con cantidades reales, sólo podemos hacerlo con precaución. La cantidad física positiva, dos cerdos, es algo que cualquiera puede ver con sus propios ojos. Es imposible ver menos dos cerdos. La cantidad física mínima de cerdos es cero. Hay que dar por sentado que hay al menos dos cerdos más antes de que podamos, incluso para hacer cuentas, hacer uso de la cantidad imaginaria, menos dos cerdos.

Aunque podemos, con el mayor purismo matemático, deducir dos de uno y que nos quede menos uno, no podemos deducir dos cerdos de un cerdo y que nos quede menos un cerdo. De hecho, en las matemáticas puras, las cantidades negativas fueron reconocidas y justificadas por primera vez por los matemáticos hindúes por su analogía con la deuda.

El economista probablemente negaría que los cerdos fueran necesariamente riqueza en su sentido del término, por ejemplo, si corrieran salvajes y sin apropiación.

Es evidente que un comprador no va a dar nada a un vendedor por unos cerdos que éste *no ha llegado a vender*, y la cuestión parece una argucia sin sentido. Si los cerdos estuvieran sueltos en una finca privada, serían riqueza para el propietario de la finca, por lo que llegamos a la conclusión de que todo es una cuestión de propiedad privada. Lo que es riqueza después de ser apropiado no era riqueza antes. De modo que en una sociedad comunal, a diferencia de una individualista, no habría riqueza en el sentido del economista. Esto puede ser una distinción entre Riqueza y No-Riqueza en la mente del economista, al igual que Mill afirmó: "La distinción entre Capital y No-Capital no reside en la clase de mercancías, sino en la mente del capitalista, en su voluntad de emplearlas con un fin en lugar de otro."

Pero hay otras diferencias de mayor importancia. La carne de cerdo, por ejemplo, tiene un valor alimentario que puede medirse en calorías, independientemente de quién sea su propietario, a diferencia de una máquina, que no lo tiene.

La riqueza ha resultado ser una magnitud demasiado difícil y complicada para ser analizada por el economista moderno. Los primeros economistas intentaron, según su punto de vista, ocuparse de ella; pero la escuela moderna ha dado cada vez más por sentado su origen y se ha limitado al estudio de la deuda o, como veremos, a la crematística más que a la economía. Las deudas están sujetas a las leyes de las matemáticas más que a las de la física. A diferencia de la riqueza, que está sujeta a las leyes de la termodinámica, las deudas no se pudren con la vejez ni se consumen en el proceso de vivir. Al contrario, crecen a tanto por ciento anual, por las conocidas leyes matemáticas del interés simple y compuesto. El primero se aplica cuando el interés se paga periódicamente, el segundo cuando no se paga. Por razón suficiente, el proceso de interés compuesto es físicamente imposible, aunque el proceso de decrecimiento compuesto es físicamente bastante común. Porque el primero conduce con el paso del tiempo cada vez más rápidamente al infinito, que, como menos uno, no es una magnitud física sino matemática, mientras que el segundo conduce siempre más lentamente hacia el cero, que es, como hemos visto, el límite inferior de las magnitudes físicas.

Es esta confusión subyacente entre riqueza y deuda la que ha convertido la era científica en una tragedia. Está fundamentalmente arraigada en la mentalidad occidental y, si se pudiera enderezar, la civilización científica podría, por fin, tomar el camino correcto. La confusión es bastante obvia cuando se señala, y en estos días de conocimiento positivo sobre la naturaleza del mundo material y el hábito de pensamiento de sentido común que engendra, la tarea no debería presentar ninguna dificultad insuperable. Los historiadores del futuro -esperemos- más feliz que le espera a la humanidad probablemente encontrarán difícil de creer que en una era científica tal error pudiera haber ejercido el dominio sobre la mente humana que de hecho ejerce en esta tercera década del siglo XX.

Los orígenes de la confusión

La antigua jurisprudencia griega y romana no se ocupaba, por supuesto, de la naturaleza real de la riqueza, que entonces escapaba por completo al poder de comprensión de los mortales, ni siquiera de su objeto y finalidad primordiales en el mantenimiento de la vida, sino de los derechos de los individuos que poseían propiedades -que incluían a los esclavos y su trabajo- y de los deberes de los individuos que las poseían. Los sistemas jurídicos modernos que afectan a la propiedad no han seguido el ritmo de nuestro conocimiento de la riqueza y siguen basándose en gran medida en los códigos antiguos. Se ocupan principalmente de los títulos legales de la riqueza, por los que los individuos que no la poseen la adquieren como desean a través de estos títulos. Es natural que el hombre corriente, para quien el dinero o cualquier título similar de riqueza es, normalmente, completamente equivalente a la riqueza real, considere el dinero como riqueza. Que el derecho, que se ocupa del gobierno, siga siendo un mero reflejo de formas de vida anteriores y más primitivas es una grave contrapartida del valor social del conocimiento científico .

En cuanto a los economistas, han hecho esfuerzos espasmódicos para librar a sus sistemas de estas confusiones, hay que admitir que con cierto éxito, hasta que los rápidos desarrollos de las finanzas y la banca modernas y los cambios que se han producido en la propia naturaleza del dinero en los últimos años han traído de vuelta los demonios que habían exorcizado en parte con una fuerza siete veces mayor.

La definición de riqueza siempre ha sido la piedra de toque del pensamiento claro en materia económica, y tras siglos de esfuerzos esa definición sigue eludiéndonos. Aristóteles intentó cortar el nudo gordiano definiendo la riqueza como todas las cosas cuyo valor puede medirse en dinero, y los juristas romanos, a su manera práctica, siguieron su ejemplo definiendo la riqueza como lo que puede comprarse y venderse.

El dinero, sin embargo, no es más que una pretensión de riqueza, y definir la riqueza como aquello que puede ser reclamado por pretensiones de riqueza, o puede ser medido por las pretensiones legales numéricas de riqueza llamadas dinero, es simplemente como definir un fluido como aquello que puede llenar y ser medido por un agujero vacío, capaz de contener el fluido, llamado medida de fluido.

Tal lógica siempre ha ejercido, y probablemente siempre ejercerá, una poderosa atracción sobre el tipo de mente gobernante y legal, más preocupada por la propiedad de la riqueza que por los procesos que la hacen existir y que ella, a su vez, hace existir. Para el economista, en cambio, su fascinación era fatal. Resolvía por completo muchas pequeñas dificultades y aparentes incoherencias sobre la naturaleza real de la riqueza ignorarla y basarla, como hacían los juristas romanos, en el principio de la intercambiabilidad como único criterio. Sólo esa riqueza puede cambiarse por dinero. Sin embargo, podría haber sido evidente que un peso, aunque se mide por lo que va a tirar hacia arriba, no deja de ser un tirón hacia abajo. La idea de equilibrar una cosa con otra para medir su cantidad implica equiparar la cantidad medida con una cantidad igual *y opuesta*. La riqueza es la cantidad positiva que hay que medir y el dinero, como derecho a la riqueza, es una deuda, una cantidad de riqueza que *debe al propietario del dinero, pero que no le pertenece*. Pero la capacidad de medir el valor de cambio de la riqueza mediante el dinero se consideró lo único necesario para reducir la "economía" a una ciencia cuantitativa digna de figurar en el gran grupo matemático-físico de las ciencias exactas. Desgraciadamente, debido a la confusión inicial de signo, la redujo a la inutilidad absoluta que se observa en todas partes hoy en día, según la cual la sociedad no es administrada por y para los que crean riqueza y salud, sino por y para los que crean necesidad, y cada avance científico parece ser contrarrestado por un retroceso en la ciencia del gobierno.

Es difícil creer que los antiguos fueran realmente tan tontos como se les ha hecho parecer. De hecho, Xpñua, que suele traducirse como "riqueza", significaba en primer lugar *necesidad* o *demanda*, y por derivación pasó a significar cualquier cosa deseada o demandada. Si los antiguos estaban acostumbrados a la lógica, y se supone que era su punto fuerte, debían saber que aunque la *cosa* deseada puede ser la misma que *la cosa* poseída, la *carencia* de una cosa es lo contrario de la *posesión* de la misma. La crematística, la ciencia de las necesidades y demandas y de cómo se intercambian unas por otras, es un estudio muy distinto, más claramente denominado comercio. Pero la economía, en un sentido nacional, se ocupa de la riqueza como lo que producen los seres humanos para mantener sus vidas. De nuevo, contrastemos a Demóstenes y al obispo Berkeley. Uno dijo: "El crédito es el mayor capital de todos para la *adquisición* de riqueza", y el otro se pregunta "si el poder de dirigir la industria de otros (es decir, el crédito) no es verdadera riqueza".

En el siglo XVIII, la escuela francesa de filósofos conocida como los fisiócratas - "los economistas originales"- intentó basar la economía en la realidad física. En efecto, remontaron el origen de toda riqueza a la tierra y se acercaron a ella tanto como les permitía la ciencia de su época. Pero, incapaces de formular el valor de cambio real de la riqueza en términos de vida, adoptaron la definición legal en términos de dinero. Karl Marx, contrariamente a lo que se suele creer, no intentó demostrar que el origen de la riqueza fuera el trabajo humano, sino el valor de cambio o el precio monetario de la riqueza.

En cuanto a la riqueza, tenía toda la razón al afirmar: "Vemos, pues, que el trabajo no es la única fuente de riqueza material, de valores de uso producidos por el trabajo. Como dice William Petty, 'el trabajo es su padre y la tierra su madre'".[14] Fueron más bien los discípulos del profeta quienes se olvidaron por completo de la madre, hasta que la recalcitrancia del campesinado ruso les refrescó la memoria.

Pero los más ortodoxos de los seguidores de los fisiócratas, aunque al principio tenían cierto barniz del conocimiento natural de estos últimos, pronto perdieron por completo todo interés científico por la riqueza. Al igual que Adam Smith, han sido tutores y mentores de propietarios más que hombres de ciencia. Su atención fue desviada por las convenciones legales bajo las cuales se adquieren los títulos de propiedad de la riqueza, que tuvieron la osadía de describir como leyes económicas inexorables. Después de penosos esfuerzos por encontrar una definición para el supuesto objeto de sus estudios, parecen haber renunciado al intento. Es, por supuesto, lógicamente imposible definir el batiburrillo de riqueza y deuda, sus diversos factores parciales, ingredientes e incluso títulos legales de propiedad, comprendidos en todo lo que puede comprarse y venderse, desde la tierra, el trabajo, el ganado, el combustible y otras mercancías perecederas, las casas y posesiones permanentes, las fábricas, las herramientas y agentes de producción, la luz, el calor y la energía, hasta los descubrimientos, inventos, fondo de comercio de las empresas, habilidades y aptitudes personales, rentas, títulos de la Bolsa, deudas nacionales, billetes de

---

[14] *El Capital*, Libro I, cap. I, p. 10. I, p. 10.

banco, hipotecas y crédito. La riqueza como cantidad real -y, como tal, sujeta a las leyes de conservación- no lograron desentrañarla.

De la sartén al fuego

Hasta ese momento, la economía era un tema relativamente sencillo en comparación con lo que ha llegado a ser desde entonces con el desarrollo de las finanzas . J. S. Mill, siguiendo a Adam Smith, podía despreciar los errores vulgares del antiguo sistema mercantil, que consideraba la riqueza nacional como sinónimo de dinero y de metales de acuñación:

> "La creencia universal de una época de la humanidad... se convierte para una época posterior... en algo demasiado absurdo como para ser considerado una opinión seria.. Parece una de las burdas fantasías de la infancia, corregida al instante por una palabra de una persona adulta."

Pero, sin tener en cuenta el hecho de que, incluso en su época, el dinero ya no era necesariamente una especie ni estaba hecho de ningún metal precioso, sino que podía ser, como ahora principalmente es, un mero reconocimiento en papel de la deuda de la comunidad con el propietario de la ficha, cayó en un error mayor que el que atribuyó al Sistema Mercantil en su propia definición de la riqueza. [15]

> "El dinero, siendo el instrumento de un importante fin público, es considerado con razón como riqueza, pero todo lo demás que sirve a cualquier fin humano y que la Naturaleza no proporciona gratuitamente es también riqueza... Todo, por tanto, forma parte de la riqueza que tiene un poder de compra, por el que se daría a cambio cualquier cosa útil o agradable."

Esta es la confusión más completa entre riqueza y deuda que jamás haya cometido una mente ordinaria no entrenada, y el error vicia todo el razonamiento económico hasta el día de hoy.

---

[15] J. S. Mill, *Principios de economía política*, edición de 1909, p. 6.

Exultante, H. D. MacLeod se abalanzó sobre ella y, con la mayor dureza, la llevó hasta su conclusión lógica. [16] Se burla de los economistas anteriores por dudar en incluir el crédito de un comerciante (o su capacidad para endeudarse) como riqueza por temor a verse obligados a admitir que la riqueza puede crearse de la nada. Esto no le preocupaba. Define la economía pura como la ciencia que trata de los intercambios y nada más que de los intercambios. "El crédito de un comerciante es poder adquisitivo exactamente igual que el dinero". Por lo tanto, según Aristóteles y Mill, el Crédito es Riqueza. En la garra de este silogismo MacLeod se calienta a su tema, y procede a demostrar que la riqueza *puede* ser creada de la nada. Pero antes de citarlo, unas palabras de introducción y explicación pueden ser útiles.

En primer lugar, MacLeod, como abogado y experto jurídico en materia de crédito, utiliza el término *deuda* en su significado jurídico, como una cantidad adeudada por, digamos, A a B, y adeudada a B por A. En el uso ordinario, lo que el término sugiere es la posición del deudor y no la del acreedor. Poseer una deuda es que te la deban, de modo que la gente compra deudas como compra riqueza si puede obtener un beneficio del negocio. Ejercer o utilizar el propio crédito es endeudarse. Conceder o ampliar el crédito es poseer una deuda.

En segundo lugar, la confusión que se examina surge, en la medida en que se cuestiona la riqueza de los individuos, del hecho de que un individuo, independientemente de si tiene propiedades e incluso si no tiene ninguna, puede poseer crédito. Si se desconoce su condición de penuria, o si la gente confía en su capacidad para los negocios, puede endeudarse. Utilizando o gastando su crédito puede obtener riqueza, contrayendo al mismo tiempo una deuda equivalente. De modo que el cero de no riqueza no es, en su caso, el punto desde el que debe calcularse la riqueza personal de tal persona al contrastarla con una persona sin riqueza y sin crédito. Podemos contar su crédito, o su poder no ejercido de endeudarse, como parte de su riqueza personal, pero para ello debemos empezar a contar su riqueza desde debajo de cero, desde una cantidad negativa, es decir, la cantidad que debería si hubiera ejercido todo su crédito y gastado todo lo que posee y todo lo que debe. Del mismo modo, la altura de la tierra, que normalmente se calcula a partir del nivel del mar, podría, para algún propósito o estudio especial,

---

[16] H. D. MacLeod, *The Theory of Credit*, Longmans, Green & Co., 1893.

calcularse a partir del fondo del océano. Pero eso no facilitaría la recuperación de un Zuyder Zee o el drenaje y poblamiento de un pantano inhabitable. Citemos ahora algunos extractos *de la Teoría del Crédito* de MacLeod:

"¿Cómo se crea una deuda? Por el mero consentimiento de dos mentes. Por el mero *fiat* de la Voluntad Humana. Cuando dos personas han acordado crear una deuda, ¿de dónde procede? ¿Se extrae de los materiales del globo? No. Es un producto valioso creado a partir de la Nada Absoluta, y cuando se extingue es un producto valioso decretado en la Nada por el mero *fiat* de la Voluntad Humana. De ahí que veamos ahora que hay una tercera fuente de Riqueza además de la Tierra y la Mente Humana, a saber, la Voluntad Humana."

"Bienes, Bienes Muebles, Mercancías, RIQUEZA pueden crearse de la Nada Absoluta y DECREARSE de nuevo en la Nada Absoluta de donde proceden, total confusión de todos los filósofos materialistas desde Kapila hasta nuestros días y hasta la primera escuela de Economistas. La importancia superlativa de estas consideraciones aparecerá cuando lleguemos a exponer el mecanismo y los efectos prácticos del gran sistema de la Banca."

Y de este sistema hace más de TREINTA AÑOS ya pudo decir:

"En la actualidad, el crédito es la especie más gigantesca de propiedad en este país, y el comercio de deudas es, más allá de toda comparación, la rama más colosal del comercio. El tema del Crédito es una de las ramas más extensas e intrincadas del Derecho Mercantil. Los comerciantes que comercian con Deudas -es decir, los BANQUEROS- son ahora los Gobernantes y Reguladores del Comercio; casi controlan las fortunas de los Estados.

Del mismo modo que hay tiendas de pan, de muebles, de ropa y de cualquier otro tipo de propiedad, también hay tiendas -algunas de las estructuras más palaciegas de los tiempos modernos- con el propósito expreso de negociar con Deudas; y esas tiendas se llaman BANCOS.

"Y así como hay mercados de maíz y mercados de pescado, y muchas otras clases de mercados, también hay un mercado para comprar y vender Deudas Extranjeras, que se llama la Bolsa Real. Así, los Bancos no son más que tiendas de Deuda, y la Bolsa Real es el gran Mercado de Deuda de Europa."

Añade triunfalmente que "no hay nadie que haya tenido más concepción de los principios y el mecanismo del gran sistema del Crédito que la que tiene un topo de la constitución de Sirio."

Lo interesante de todo esto es que MacLeod - una autoridad reconocida en la teoría de la Banca y el Crédito - es simplemente más sincero que los economistas en su tratamiento de esta cuestión. Tiene toda la razón al llevar a su conclusión lógica la definición de riqueza adoptada por Mill y otros economistas, y al demostrar que si la riqueza es lo que se puede comprar y vender, se puede crear de la nada desafiando las leyes de la física. Es la definición de riqueza del economista la que falla y la que vicia la conclusión. Si razonáramos de forma similar en física, probablemente descubriríamos que las pesas poseen la propiedad de levitar.

Crédito

Por lo tanto, es de gran importancia obtener lo antes posible una concepción real del crédito, que siempre, en tiempos de dificultad como los actuales, aparece a la imaginación de los optimistas como investido de poderes casi mágicos. Hay mucho que decir a favor de estas creencias, que tienen algún fundamento en la Economía Nacional, a diferencia de la Economía Individual, en que - como veremos cuando se discuta lo que se denomina el principio de la Riqueza Virtual - una comunidad puede, y de hecho debe, actuar como si poseyera más riqueza de la que posee, por una cantidad igual al poder adquisitivo total de su dinero, ¡y no necesita pagar ningún interés por la deuda! Pero nuestro propósito actual es más bien evitar el aspecto nacional del dinero, en la medida de lo posible.

La propiedad de la riqueza es transferible con o sin el intercambio de una *contrapartida* económica inmediata. La posesión de bienes conlleva el poder de prestarlos a otros, así como de venderlos o consumirlos. Así, un comerciante con reputación de perspicaz para los negocios puede obtener riqueza de los propietarios a cuenta, y este poder de contraer una deuda es poder adquisitivo tan seguro como el dinero o la riqueza.

Pero no es riqueza en el sentido de una parte de la riqueza de la nación. El ejercicio de su poder de endeudarse cambia temporalmente la propiedad de la riqueza y no afecta a su totalidad. Incluso si el crédito de un comerciante se considera, mientras no se ejerce, como una parte de la riqueza individual del comerciante, está claro que debemos empezar a contar su riqueza no desde el cero de la no riqueza, sino desde una cantidad negativa.

El acreedor, o prestamista de la riqueza, puede volver a transferir su derecho al reembolso del deudor a un tercero a cambio de riqueza, en cuyo caso la transacción no difiere en nada de lo que sería si el deudor hubiera obtenido riqueza a crédito del tercero en primera instancia. Pero permite al acreedor original actuar como si, habiendo renunciado a la propiedad de su riqueza, siguiera teniéndola, siempre que pueda encontrar a otro dispuesto a renunciar temporalmente a su propiedad de la riqueza en condiciones similares. El dinero no sirve ni más ni menos que para efectuar la transferencia de la propiedad de la riqueza sin un *quid pro quo* en la riqueza.

La distinción entre el dinero y el crédito, como poder adquisitivo, es que el uso del primero no deja al usuario endeudado, mientras que el uso del segundo sí. En el caso del dinero, el comprador no tiene que volver a pagar por la riqueza adquirida, pero el vendedor que recibe el dinero transmite la ficha, como derecho legal a la riqueza a petición, indefinidamente, es decir, el derecho circula y no se cancela.

En el primer caso, un comerciante que utiliza su crédito personal contrae una deuda con un particular y le entrega una I O U o promesa de reembolso, que le es devuelta y destruida por él cuando la deuda es reembolsada. En el segundo caso, un comprador, que utiliza el dinero como poder adquisitivo, no es un prestatario que contrae una deuda, sino un acreedor al que se le devuelve en riqueza una deuda contraída con él por la comunidad en general, en la que el dinero circula como moneda de curso legal. El dinero, o I O U nacional, pasa a posesión de otro miembro de la comunidad y le confiere un derecho de reembolso similar, y así indefinidamente. A menos que sea convertible en moneda de oro y se convierta en moneda de oro y se funda en lingotes, y en esta forma de riqueza reembolse la deuda al propietario del dinero, el I O U nacional no se cancela.

Todo esto no tiene nada que ver con la cuestión totalmente diferente de si un prestatario utiliza la riqueza de forma más o menos ventajosa de lo que lo habría hecho el propietario original. La cuestión -y sería imposible exagerar su importancia- es que, si se sigue el proceso, se descubrirá que todas las formas de poder adquisitivo - distintas de la riqueza dada a cambio de riqueza mediante trueque, pero *incluido el* dinero excepto cuando, como se ha explicado, se destruye realmente y se convierte en lingotes- no son parte de la riqueza, sino meros dispositivos para transferir la propiedad de la misma, sin una *contrapartida* inmediata en riqueza, por el derecho a un reembolso futuro en riqueza.

Normalmente se intenta argumentar que hay "detrás" de la deuda algún equivalente de riqueza en posesión del deudor, al igual que en el caso del dinero de oro que puede fundirse y desmonetizarse.[17] Así, Irving Fisher,[18] hablando del crédito bancario, señala: "Cuando los no iniciados se enteran por primera vez de que el número de dólares que los tenedores de billetes y los depositantes tienen derecho a retirar de un banco supera el número de dólares en el banco, son propensos a llegar a la conclusión de que no hay nada detrás de los billetes o de las obligaciones de depósito. Sin embargo, detrás de todas estas obligaciones siempre hay, en el caso de un banco solvente, un valor completo; si no dólares reales, en todo caso *dólares de propiedad*."

Pero esto no es más que conferir a una propiedad dos propietarios mismo tiempo. Evidentemente, si una propiedad con dos propietarios puede considerarse como dos propiedades, entonces no hay nada destacable en el descubrimiento de MacLeod de que la riqueza puede crearse de la nada y decretarse en la nada por el mero *fiat* de la voluntad humana.[19] Pero, como Ruskin ha señalado sabiamente, "la raíz y la regla de toda economía es que lo que una persona tiene otra no puede tenerlo".

El crédito *significa* sin duda que el acreedor cede al prestatario el uso de la propiedad prestada. Es cierto que al conceder un crédito bancario el banco no cede nada, pero la comunidad sí, y el prestatario lo recibe.

---

[17] En esta ilustración, el oro de una moneda se considera propiedad del rey o de la nación que la emite hasta que se desfigura y se convierte en lingotes.

[18] *Poder adquisitivo del dinero*, 1922, p. 40.

[19] MacLeod cita al economista Say: "Los que consideran que el crédito es capital sostienen que la misma cosa puede estar en dos sitios a la vez", pero lo despacha despectivamente con la observación: "Say nunca pensó en los principios fundamentales de la economía". Este tipo de cosas parecen pasar por argumentos en economía, una prueba de hasta qué punto merece el título de ciencia.

Mill, por ilógico e incoherente que fuera en su nefasto intento de definir la riqueza, no se hacía ilusiones sobre la naturaleza del crédito. Para él, "la más mínima consideración" era suficiente para descartar la idea de que el prestamista y el prestatario pudieran disponer de la misma propiedad al mismo tiempo. Escribiendo en 1848, difícilmente podría ser citado como una autoridad en sistemas de crédito modernos, pero al menos era bastante moderno al afirmar que, como poder adquisitivo, en sus efectos sobre los precios, "el Dinero y el Crédito están exactamente a la par". En su definición de riqueza, el contexto no deja lugar a dudas de que estaba definiendo la riqueza nacional en contradicción con formas de riqueza individual , neutralizadas por la coexistencia de una deuda igual, como, por ejemplo, una hipoteca, que no es riqueza nacional en absoluto. Habiendo definido la riqueza como el poder de compra, y habiendo afirmado que el dinero y el crédito están a la par a este respecto, es evidente que era incoherente al considerar el crédito como, al igual que una hipoteca, una mera adición a las posesiones de un individuo a expensas de otro.

Pero no es necesario que aceptemos los absurdos créditos de MacLeod. Basta con reformular el de forma intachable. *Todo es poder adquisitivo que intercambiarse por riqueza.* El trabajo, el dinero, el crédito, la riqueza, todo puede intercambiarse por riqueza. Por lo tanto, todas estas cosas son poder adquisitivo. Por mucho que el silogismo ilumine la naturaleza del poder adquisitivo, deja la de la riqueza aún por definir, con la posibilidad de que, después de todo, las leyes de conservación de la materia y la energía sean ciertas. Es curioso que un químico tenga que corregir la lógica de un lógico.

Dado que el dinero y el crédito tienen el mismo poder adquisitivo, ¿cómo considerarse que el dinero forma parte de la riqueza si el crédito no lo es? La esencia del dinero, al igual que la del crédito, es que el propietario renuncia temporalmente a la posesión de la riqueza a la que tiene derecho a cambio de dinero, una señal, como el pagaré de un comerciante, pero emitida por la nación para significar que el propietario ha renunciado a la propiedad de la riqueza y tiene derecho a su reembolso a petición. Por lo tanto, el dinero, lejos de ser considerado correctamente como una parte de la riqueza nacional, es considerado correctamente como una parte de la deuda nacional, las reclamaciones de los individuos sobre la riqueza nacional, exactamente como Consols o Préstamo de Guerra, excepto que, al ser reembolsable en riqueza a la demanda en cada mercado, no tiene y no tiene por qué devengar intereses como una deuda reembolsable, si acaso, en el futuro.

Esta opinión no es nueva, sino que ha sido expresada por personas tan diferentes como Ruskin y MacLeod. El primero dijo: "Todo dinero, propiamente dicho, es un reconocimiento de deuda... una promesa documental ratificada y garantizada por la nación de encontrar cierta cantidad de mano de obra bajo demanda".[20] El segundo decía:[21] "La cantidad de dinero en un país es la cantidad de Deuda que habría si no hubiera dinero". "Cuando no hay Deuda no puede haber moneda". De nuevo habla del dinero como una deuda transferible contra la comunidad en general.

Pero el sentido común seguramente es suficiente para convencer al moderno de que un certificado que proclama varias medias verdades sobre Jorge V como Rey de toda Gran Bretaña, Defensor de la Fe y Emperador de la India, no tiene valor para él por este motivo, sino como prueba de que tiene derecho a la riqueza a cambio de él, al igual que un billete de tren, de aún menos valor artístico e informativo en sí mismo, es prueba de que el titular tiene derecho a hacer un viaje en tren.

Así, al considerar el dinero como riqueza nacional en lugar de deuda nacional, los economistas no han hecho más que trasladar a los tiempos modernos un hábito de pensamiento que surgió a través de la práctica ahora casi totalmente descartada de hacer los certificados de deuda de metales intrínsecamente valiosos. El papel y las formas de crédito del dinero son deudas absolutamente necesarias y beneficiosas, sobre las que no se pueden exigir intereses, pero no son riqueza.

Los expertos en esta cuestión han confundido al público en lugar de iluminarlo, y han caído en los mismos errores que debían evitar. La opinión de que el dinero moderno es una parte de la riqueza nacional es tan burda hoy en día como la opinión de que el dinero y los metales preciosos eran la única riqueza nacional real. El torbellino del tiempo ha traído sus venganzas, y la creencia universal de una época se está convirtiendo para una época posterior en algo demasiado absurdo para ser considerado como una opinión seria.

---

[20] Hasta esta última, *1862*.

[21] Loc. cit.

APERÇU del profesor Cannan
de la Ciencia de la Riqueza

Para tener una visión amplia y moderna de la posición a la que ha llegado la economía ortodoxa no podemos hacer nada mejor que recurrir a uno de los más destacados profesores de la materia en la actualidad. Al menos han aprendido a caminar con delicadeza y a luchar con timidez contra las definiciones. Puede ser instructivo intentar dar una condensación del primer capítulo de la *Riqueza* del profesor E. Cannan, "The Subject-Matter of Economics".[22]

Aprendemos que debe considerarse riqueza aquello que es habitual y conveniente para la ciencia de la riqueza considerar como tal. Al principio, los economistas entraban en polémicas sobre la riqueza nacional, pero el uso del término "político" no pretende limitar la ciencia a la riqueza de las naciones. Originalmente, riqueza significaba *bienestar*: el estado de estar bien , del mismo modo que *salud* significa el estado de estar sano. Las controversias del siglo XVIII y la constatación de que la riqueza consistía en otras cosas concretas además del oro y la plata hicieron que se perdiera de vista este significado de riqueza en favor del de posesiones materiales. Pero el economista se ocupa de los aumentos y disminuciones de cantidades, lo que implica el elemento del tiempo, y los buscadores de definiciones formales lo pasaron por alto. La pregunta: "¿Cuánto tienes al año?" no se le ocurre a un hombre de la clase más baja ni a un niño de cualquier clase, sino: "¿Cuánto tienes?". En la sociedad culta, sin embargo, la concepción de un recibo periódico se ha abierto paso y ha superado a la concepción de una cantidad realizada.

Los economistas, sin darse cuenta del cambio, llegaron a utilizar el término "riqueza" para referirse al producto anual de una nación. Al principio los fisiócratas lo hicieron con los ojos puestos en el agricultor, y negaron productividad a todo el trabajo no empleado inmediatamente en la tierra. Adam Smith amplió el "trabajo productivo" para incluir las mejoras permanentes, y Say a los "productos inmateriales", de modo que, a pesar de J. S. , que en este como en otros asuntos trató de remozar

---

[22] E. Cannan, *Riqueza*, 1924.

lo obsoleto, se consideró que el producto anual incluía tanto servicios como mercancías.

Pero para evitar la duplicación en el cálculo del producto anual, era necesario distinguir entre el producto bruto y el producto neto, entendiendo por este último los bienes y servicios que llegan realmente al consumidor, *más* los que se añaden a las existencias *menos* los que se deducen de ellas. Pero en realidad no hay forma de distinguir entre producto neto y producto bruto, y surgió la práctica de sustituir "producto neto" por "renta". Marshall, en su gran obra, definió la economía "como la forma en que el hombre obtiene sus ingresos y cómo los utiliza". En lugar de partir de la tierra y el trabajo y rastrear el producto, excluyendo las dobles contabilidades, nos fijamos en los resultados netos, tal y como muestran las rentas monetarias de los individuos. Pero los ingresos monetarios no incluyen el consumo de un agricultor de su propio producto o las tareas domésticas de una esposa, e incluso si podemos estimar el valor monetario de estos, la cuestión sigue siendo si los servicios de una madre a su hijo son económicos y deben evaluarse en el mismo valor monetario que los de una nodriza. Entonces es necesario "ir detrás" de la valoración monetaria y considerar la renta "real" como distinta de la renta monetaria, debido a las complicaciones introducidas por las variaciones del poder adquisitivo del dinero. Nos encontramos buscando a tientas una medida de los buenos efectos de las mercancías y los servicios sobre quienes los obtienen. De ahí que la práctica de los profesores de economía se oriente cada vez más desde los objetos externos y las acciones particulares hacia la consideración de la utilidad y la satisfacción. Las instituciones democráticas obligan ahora a tener en cuenta el dolor y el fastidioso trabajo que implica la creación de utilidad y a considerar también los intereses de las clases trabajadoras, sobre las que recae la mayor parte de este trabajo.

Los economistas más antiguos apenas pensaban en esto, y la idea de sacrificar deliberadamente la utilidad positiva al ocio apenas se les ocurría. Pero los economistas más recientes considerarían que la condición económica de un pueblo que trabaja diez horas al día es superior a la de un pueblo con las mismas satisfacciones positivas que trabaja dieciséis horas al día. De modo que nuestro tema se convierte en utilidad menos desutilidad, y la riqueza ha vuelto a su antiguo significado, *bienestar*. Pero esto plantea cuestiones que normalmente se consideran ajenas a la economía. Aunque no es posible una definición satisfactoria, en la práctica no existen grandes diferencias de opinión o de uso sobre lo que es y lo que no es objeto de la economía. Las cosas económicas pueden definirse mejor como económicas del mismo modo que las cosas azules pueden describirse mejor como azules. Pero, como segunda mejor descripción, debemos recurrir a "que tiene que ver con el lado más material de la felicidad humana".

La teoría de la riqueza con intereses

Ahora bien, todo esto, como revisión del progreso de las corrientes y remolinos del pensamiento económico, es extraordinariamente hábil y, por supuesto, para apreciarlo adecuadamente debe leerse el original. Pero también es excesivamente inteligente y político en el sentido moderno de ese término tan abusado. Conseguimos a la perfección dar carpetazo tranquilamente a las preguntas realmente incómodas de los poco sofisticados que tienen que trabajar para producir riqueza y que no sólo preguntan: "¿Cuánto tienes?", sino algo más crítica y agudamente que Marshall: "¿Cómo te las has arreglado para conseguirlo?". Tenemos al menos un elegante, aunque no reconocido e incierto, eco de las ideas de Ruskin, que se expresaba profundamente desinteresado por las conclusiones de la ciencia económica y más preocupado por los intercambios últimos denotados por la producción y el consumo, es decir, vida por riqueza y riqueza por vida. El cambio de punto de vista de un individuo que pasa de la infancia a la madurez y de la pobreza a la opulencia refleja perfectamente la historia de la economía hasta la fecha. Pero cabe preguntarse si se trata realmente de economía política, es decir, nacional. Los individuos crecen desde la juventud hasta la vejez y la muerte, pero las naciones deben tener una economía que les permita crecer y vivir.

De hecho, las clases más cultas y acomodadas suelen considerar ahora que la concepción física de la riqueza -es decir, los bienes reales, los alimentos, el combustible y similares- es una idea tosca y grosera que la civilización ha superado. Para ellos, civilización significa un estadio mucho más avanzado de la sociedad y del "progreso" en el que las personas ricas obtienen ocio sin ningún esfuerzo a perpetuidad como pago de intereses de alguna forma de deuda comunal.

La deuda puede ser una deuda simple como Consols, Préstamo de Guerra, etc., en cuyo caso obtienen su sustento sin ayudar en la producción de riqueza de los ingresos comunales de riqueza, como pago de una suma anual a cambio de no ser reembolsado su principal.

O puede derivarse como pago de alquiler por el uso de algún agente o accesorio esencial para la producción de riqueza que prestan a la comunidad. Están tan acostumbrados a vivir de los intereses de la deuda que no se dan cuenta suficientemente de lo absurdo que resulta que todo el mundo intente hacerlo.

Mientras que cuando nos ocupamos de la Riqueza de las Naciones y no de la de los Individuos -es decir, de la Economía Política en cualquier sentido real- no cabe duda de que, sean o no toscos y poco sofisticados los puntos de vista del trabajador manual, es decir, del "Trabajo", están en estricta consonancia con los hechos de la vida y con las leyes físicas que regulan la producción de la riqueza, como aquello que es necesario para mantener la vida de la nación. Como prueba de ello, basta señalar que una máquina de movimiento perpetuo es imposible. Un hombre con, digamos, 20.000 libras esterlinas invertidas al 5 por ciento disfruta perpetuamente sin trabajo de una renta de 1.000 libras esterlinas al año, y sus herederos y sucesores después de él. Consumiendo riqueza todos los días de su vida, siempre tendrán la misma cantidad que al principio. Esto no es física ni economía. Como todos los supuestos ejemplos de movimiento perpetuo, es un truco. Es, por supuesto, perfectamente posible que un individuo o una clase de individuos acomodados vivan de esta manera, y es un comentario muy amargo sobre la época que los triunfos de la ciencia física y mecánica estén tan anquilosados a causa de ello.

La cómoda visión de la "renta" y de los intereses de la riqueza puede proporcionar a los individuos una fuente de sustento. Su desarrollo puede llamarse Economía Individual, o Economía de una Clase, "el Arte de adquirir un Medio de Subsistencia tal como lo profesan los Tutores y Mentores de Propietarios". Pero no debería llamarse Economía Política, porque un sistema de Economía Política que no puede aplicarse bajo ninguna circunstancia concebible a una nación es una contradicción en los términos.

Tampoco es una ciencia, ya que uno de los principios fundamentales de las ciencias que han enriquecido -en lugar de empobrecer- al mundo, y han hecho posible que este país mantenga a unas cinco veces más personas que nunca antes en la historia del hombre, es la negación de la posibilidad de esquemas de movimiento perpetuo de todo tipo como un vulgar delirio.

El conflicto entre riqueza y ocio

Por lo tanto, es importante comenzar este tipo de estudios con un examen de los criterios físicos de la riqueza. Porque la riqueza, a diferencia de la deuda, se pudre si se acumula. El incremento no es una propiedad de la riqueza, sino de su uso en la producción.

La acumulación de riqueza como agentes de la producción produce trabajo, no ocio, pues cuanto más se haya acumulado de fábricas, tierras cultivadas y similares, mayor será el número de horas-hombre necesarias para utilizarlos y producir riqueza mediante su uso. Supongamos que, en una determinada etapa de la ciencia y la invención, el capital productivo acumulado de una nación requiriera un promedio de ocho horas diarias de trabajo por parte de los obreros, y que se duplicara. Para que la tierra no quede sin cultivar y las fábricas e instalaciones no se deprecien por desuso y negligencia, es preciso trabajarla. De modo que ahora todos deben trabajar dieciséis horas al día en lugar de ocho, y, si se triplica, veinticuatro horas. Más allá de esto es físicamente imposible ir. Cualquier aumento de la acumulación de los agentes de producción más allá de un límite definido es a expensas del ocio, no una adición al mismo. La gentileza *media* de la comunidad *disminuye* de este modo, y si una clase consigue llegar a ser perfectamente gentileza -sin necesidad de producir nada de lo que consume durante el resto de su vida- está perfectamente claro que la gentileza del resto debe reducirse en un grado mayor que el del aumento del capital acumulado. Hasta aquí, pues, la visión de la "renta" de la riqueza como el interés de la deuda comunal, y su conflicto fundamental con la visión *del* bienestar.

Otros puntos de vista

Sería ocioso negar que esta confusión entre riqueza y deuda se encuentra por todas partes en los escritos económicos de la actualidad, y no podría citarse mejor ejemplo que las obras del Sr. J. M. Keynes. Como uno de los escritores contemporáneos más originales y brillantes es, por ello, más fácil de condenar.

La mayoría son de una escuela más nebulosa, que lleva la cautela hasta la fatuidad.

El Sr. Keynes, sin embargo, está dando señales de un rápido despertar. Así, en su célebre *Consecuencias económicas de la paz,* parecía pensar seriamente que la ley del interés compuesto es la ley del incremento de la riqueza más que de la deuda, y al pronunciarse sobre la pasión del siglo pasado por acumular riqueza, que comparó con un pastel, dijo:

"Al escribir así, no menosprecio necesariamente las prácticas de aquella generación. En los recovecos inconscientes de su ser, la sociedad sabía de qué se trataba. El pastel era realmente muy pequeño en proporción a los apetitos de consumo, y nadie, si se compartiera entre todos, sería mucho mejor por el hecho de cortarlo. La sociedad estaba trabajando no por los pequeños placeres del día a día, sino por la futura seguridad y mejora de la raza, de hecho, por el "progreso". Si el pastel no se cortara, sino que se dejara crecer en la proporción geométrica predicha por Malthus para la población, pero no menos cierta para el interés compuesto, tal vez llegaría un día en que por fin habría suficiente para todos, y en que la posteridad podría disfrutar de *nuestro* trabajo. En ese día el exceso de trabajo, el hacinamiento y la subalimentación llegarían a su fin, y los hombres, seguros de las comodidades y necesidades del cuerpo, podrían proceder al ejercicio más noble de sus facultades. Una proporción geométrica podría cancelar a otra, y el siglo XIX pudo olvidar la fertilidad de la especie en una contemplación de las vertiginosas virtudes del interés compuesto."

En el primer párrafo, el Sr. Keynes habla sin duda de una acumulación, en progresión geométrica con el tiempo, de verdaderos agentes de producción que, aunque la Sociedad tuviera el apetito de un avestruz, no podría consumir. Se supone que la acumulación continúa hasta que hay suficiente para todos. Pero entonces -¡hey presto! - pasamos a la deuda y a los intereses que devengan quienes poseen esa riqueza prestándosela a quienes no la poseen. La seguridad y el ocio no son consecuencia de la acumulación, sino de la distribución, por la que los que trabajan productivamente la acumulación pagan una parte del producto a los que no lo hacen. De modo que, como resultado de esta confusión entre riqueza y deuda, se nos invita a contemplar un milenio en el que la gente viva de los intereses de su endeudamiento mutuo.

El pasaje también es notable al revelar el papel en el que el economista filosófico aparentemente se considera a sí mismo en relación con el mundo, no como un hombre científico que examina la causa y el efecto y obtiene mediante el conocimiento correcto y el razonamiento teórico un control de la forma en que funciona el sistema económico, sino como el paciente estudiante histórico y estadístico y registrador de sus misterios, atribuyendo gravemente la clave a la omnisciencia primordial del instinto de rebaño humano. Posiblemente también la piara de cerdos gadarenos, en los recovecos inconscientes de su ser, sabía de qué iba.

¿O es como ha dicho el Sr. W. Trotter en su obra *Herd Instincts in Peace and War*: "La supervivencia del carretero en el estribo de una locomotora exprés ha hecho de la historia moderna de las naciones una serie de aventuras sin aliento y de escapadas por los pelos"? De modo que al final de la segunda década del siglo XX el carro de la nación, que gracias a la comprensión de las leyes de la termodinámica y a las invenciones de la ciencia ha sido enjaezado al sol, está, en la mente de los vagoneros, respondiendo al látigo y al acicate de la usura y a los magníficos trucos de prestidigitación de la voluntad humana.

Sin embargo, en el caso del Sr. Keynes, hay indicios de un rápido avance, ya que en su última obra, *Tract on Monetary Reform*, se muestra extrañamente incoherente.

Así, en una página habla de los ahorros del siglo XIX, acumulados a un interés compuesto de , que han hecho posibles los triunfos materiales que ahora todos damos (tan por sentado), y tres páginas más adelante expone la necesidad de degradar la moneda para ayudar a los nuevos hombres y emanciparlos de la mano muerta y armar a la empresa *contra la* acumulación. En una página está demostrando la necesidad de que la nación ahorre 250 millones de libras esterlinas[23] al año para mantener nuestro nivel de vida a salvo de la depreciación, y en la otra está argumentando a favor de un impuesto sobre el capital como el método racional y deliberado de ajuste en una sociedad individualista que depende para su existencia de la moderación porque los poderes de la usura ininterrumpida son demasiado grandes.

El Sr. Stephen Leacock es un humorista profesional además de un economista profesional, y el lector debe juzgar en calidad de qué escribió estas palabras:

---

[23] £M significa a lo largo de £1.000.000.

"Nuestros estudios consisten únicamente en la larga prueba de la inutilidad de la búsqueda del conocimiento efectuada mediante la exposición de los errores del pasado. La Filosofía es la ciencia que prueba que no podemos saber nada del alma; la Medicina es la ciencia que nos dice que no sabemos nada del cuerpo; la Economía Política es la que nos enseña que no sabemos nada de las leyes de la riqueza; y la Teología es la historia crítica de aquellos errores de los que deducimos nuestra ignorancia de Dios.

"Cuando me siento a calentarme las manos, lo mejor que puedo, ante el pequeño montón de brasas que es ahora la Economía Política, no puedo menos que contrastar su moribundo resplandor con la vanagloriosa y triunfante ciencia que una vez fue."

El filósofo natural está tentado de responder con la paradoja de Poincaré:

"Desea que le cuente todo sobre estos complejos fenómenos. Si por mala suerte conociera las leyes que los rigen, no podría hacer nada. Me perdería en cálculos interminables y nunca podría responder a sus preguntas. Afortunadamente para ambos, ignoro por completo este asunto. Por lo tanto, puedo darle una respuesta de inmediato. Esto puede parecer extraño; pero hay algo más extraño aún, a saber, que mi respuesta será correcta."

Poincaré hablaba de las direcciones de las velocidades y de las magnitudes de la energía poseída por las moléculas individuales que componen la comunidad de un gas -cada individuo en incesante colisión con otros millones de veces por segundo, en cada una de las cuales cambia la distribución de velocidades y energías- en contraste con la simplicidad del problema en cuanto que afecta a la energía del gas en su conjunto y a las leyes que obedece bajo cada posible cambio de las condiciones. Así, en economía, si primero intentamos seguir los cambios en la distribución de la riqueza producidos por la circulación de trozos de papel o de oro o por su depósito en los bancos, nos encontraremos indefensos, perdidos en cálculos interminables, y nunca seremos capaces de dar una respuesta a las cuestiones más simples que afectan al bienestar de la comunidad en su conjunto. Pero cuando consideramos primero esta última cuestión , y estudiamos las leyes físicas que regulan la producción de riqueza en lugar de su adquisición y distribución, aunque no podamos dar respuesta inmediatamente a todos los problemas sin resolver de la economía nacional, podemos responder a algunos casi de inmediato. Es extraño, pero en la medida en que los problemas implican cuestiones de realidad física podemos estar seguros de que la respuesta será correcta.

Así, de forma perfectamente general y sin concesiones, obtenemos la respuesta a la pregunta de si es posible consumir riqueza y seguir teniéndola, y puestos por algunos a "acumular" a interés compuesto, y si la Sociedad decimonónica, en los recovecos inconscientes de su ser, sabía realmente de qué iba. Nos incumbe más bien poner el dedo de la ciencia sobre los errores precisos del pasado.

CAPÍTULO V

ANTIORTODOXOS Y VISIONES POPULARES

La negación de la existencia de una riqueza absoluta

Los economistas suelen negar la existencia de la riqueza absoluta. MacLeod, simplemente más franco que el resto, dice: "No existe la Riqueza Absoluta, nada que en su propia naturaleza y en todas las circunstancias y en todos los lugares y en todos los tiempos sea Riqueza. Es necesario que alguien *que no sea su propietario* la desee y la exija y esté dispuesto a dar algo por ella". De este modo, ignora por completo el objeto primordial de poseer y adquirir riqueza, a saber, el consumo o uso.

Cita a una autoridad antigua en favor de esta opinión, y cita al desconocido escritor griego de Eryxias, que puso en boca de Sócrates esta gema imitada de la sabiduría antigua: "Si alguien pudiera vivir sin carne ni bebida, no serían riqueza para porque no las querría". Si la materia no cayera no tendría peso.

Pero todos los economistas estipulan que la necesidad o la demanda son esenciales para la riqueza en su sentido de cosas valiosas o deseables, aunque Sidgwick[24] ha señalado que si la riqueza se define como poseer valor, sería más lógico definir primero el valor. Sin rodeos, la posición que adoptan es que no puede haber comida sin hambre, ni

---

[24] Principios de Economía Política, *1883*.

bebida sin sed. Tales consideraciones puramente subjetivas están, por supuesto, en la raíz del comercio, ya sea entre individuos o entre naciones, pero están totalmente en desacuerdo con la economía nacional en lo que se refiere al aspecto más material de la felicidad humana. No son más que una supervivencia viciosa de la filosofía precientífica, que negaba la existencia, aparte de la percepción, incluso del mundo físico, puntos de vista peculiarmente fuera de lugar en cuestiones económicas, a menos que se consideren objeto de fe religiosa en lugar de sentido común.

En efecto, las necesidades y deseos humanos, que cambian de instante en instante con cada cambio de apetito, gusto, moda y circunstancia, constituyen la medida de la riqueza, de modo que una necesidad mayor y más urgente la *aumenta*, mientras que la abundancia y la saciedad la *disminuyen*. Estamos, de hecho, utilizando un patrón de medida variable e imponiendo a la cantidad medida las variaciones del patrón. Es un alivio recurrir a otro tipo de economista.

Ruskin

Ruskin, en solitaria y pintoresca protesta contra las alucinaciones de su época, abogó en vano por una economía basada en la vida. Hostil en espíritu a la ciencia, o más bien a la búsqueda crematística de la ciencia que profanaba el campo y condenaba a los trabajadores a unas condiciones de existencia bestiales, y gran defensor de la causa de los valores espirituales y estéticos más elevados contra la embestida de un materialismo sórdido, sin embargo, es a la ciencia materialista a la que debemos dirigirnos si necesitamos la teoría y la justificación de su filosofía.

Pero incluso Ruskin sufrió mucho bajo el error que intentaba extirpar.

Para él, la riqueza seguía estando inseparablemente unida a las bajas pasiones y avaricias de la lucha por la existencia, y no se daba cuenta de que las ciencias materialistas ya habían roto ese vínculo. Se quejaba tanto de las aplicaciones benéficas y humanas de la ciencia como de su desenfrenada búsqueda del dinero, de los ferrocarriles y del aprovechamiento de la energía hidráulica, así como de la imprudente emisión de humos nocivos que producen la niebla de Glasgow o la desolación de Black Country.

Tal vez, aun así, la ciencia no pueda impedir por completo que se sacrifiquen algunas bellezas naturales e incluso servicios cívicos.

Pero las formas más groseras de su abuso que caracterizaron a la revolución industrial no se debieron a la ciencia, sino a que los estudiantes históricos de los sistemas mundiales de comercio declararon científicamente que los señuelos del interés privado y la ganancia sin licencia eran sustitutos seguros y satisfactorios de las formas y principios más tradicionales de gobierno.

Fue típico del siglo XIX que las formas más groseras de contaminación atmosférica fueran pronto abolidas por los inspectores de álcalis y fábricas que educaban a los fabricantes en usos de sus deletéreos productos de desecho más rentables que la devastación del campo. Así, el antiguo proceso alcalino de Le Blanc arrojaba al aire, al principio con absoluta temeridad, gas ácido clorhídrico. Impedidos, los fabricantes encontraron en él un subproducto valiosísimo, pero por el que no habrían podido sobrevivir tanto tiempo a la competencia del más nuevo y elegante amoniaco-sosa. El problema del humo, desde el punto de vista industrial, es muy similar, y pocas son las industrias en las que no sería más rentable consumir humo que enviarlo a contaminar el aire. Pero en las ciudades una fuente tan importante de este flagrante mal es la chimenea doméstica abierta y, hasta ahora, no se ha encontrado ninguna solución completa y satisfactoria al problema técnico. Sin embargo, no hay ninguna razón válida para que las industrias científicas no se lleven a cabo teniendo plenamente en cuenta las comodidades de la vida. La pequeña minoría de industrias ofensivas podría, en el peor de los casos, limitarse a localidades definidas donde las molestias sean mínimas.

Una oposición mucho más real entre las pretensiones de la ciencia y la belleza natural y las comodidades nacionales surge en el uso de la energía hidráulica. Las cascadas y las cataratas espumosas se encuentran entre las mejores obras de la naturaleza, pero debe confesarse, desde el punto de vista científico, que representan un derroche pródigo de energía viva que la humanidad actual no puede permitirse. Ruskin era especialmente hostil al aprovechamiento de la energía hidráulica. Sin embargo, si se hubiera dado cuenta de la identidad esencial de la corriente vitalizadora con la que fluye a través de lo que él denominaba las venas púrpuras de la riqueza -las criaturas humanas llenas de aliento, de ojos brillantes y felices que él estimaba por encima del oro-, posiblemente (¿quién sabe?) él mismo podría haber sido el primero en abrir más las compuertas y drenar incluso un Niágara si con ello podía enriquecer la vida humana.

La peculiar posición mundial de este país en el siglo XIX, como el primero en desarrollar el uso del poder, y sus circunstancias temporales, en el sentido de que le resultaba más barato exportar sus productos a cambio, en una pequeña parte, de la mayor parte de sus alimentos -aunque probablemente mucho más a cambio de reclamaciones sobre el papel de la riqueza futura-, fueron sin duda la causa del eclipse de la economía política y del auge de lo que Ruskin denominó economía mercantil o crématica. Sólo él, en , parece haber apreciado la distinción. Su actitud patriarcal hacia sus semejantes menos afortunados y su religiosidad oracular son nauseabundas para muchos en estos días, hartos hasta la muerte tanto de la caridad del cristiano como de la benevolencia del judío, y que sólo necesitan permiso para seguir adelante con la administración doméstica de la nación sin su interferencia; pero al ver la realidad bajo la apariencia, Ruskin fue un verdadero científico, no menos que un verdadero artista.

La economía de la vida como producto del consumo de riqueza

En su obra *Unto this Last*, publicada por primera vez en 1862, Ruskin mostró una profunda percepción de la naturaleza de lo que pasa por riqueza, si no de la riqueza en sí misma. Su teoría de la relatividad de la riqueza individual - "El arte de enriquecerse, en el sentido del economista mercantil ordinario, es por tanto igual y necesariamente el arte de mantener pobre al prójimo"- es de una importancia fundamental para la consideración de los obstáculos que impiden la reforma. Sus dictados de que no hay más riqueza que la vida, y que la riqueza de una nación debe estimarse por lo que *consume*, son menos heterodoxos que antaño, aunque sólo sea por la pura imposibilidad de encontrar cualquier uso concebible para la riqueza que la ciencia proporciona tan prodigiosamente, excepto consumirla, si no para el enriquecimiento, sí para la destrucción de la vida. El consumo absoluto -es decir, no para la producción futura- es, como él decía, el fin, la corona y la perfección de la producción, no algo que deba reducirse al mínimo como un derroche inevitable, como aparece en chrematistics. Incluso la propia palabra "economía" debería significar propiamente la provisión eficiente y abundante de las necesidades de la vida, no el consumo parsimonioso de las mismas. Es significativo que sólo con el enriquecimiento casi ilimitado de la vida material por los descubrimientos científicos la palabra haya adquirido este siniestro significado.

La descripción de Ruskin del paraíso de los cremáticos - "el capital no produce nada más que capital, el bulbo se convierte en bulbo, nunca en tulipán, la semilla se convierte en semilla, nunca en pan"- apenas se adelanta a los tiempos. Su imagen de la economía política de Europa, dedicada enteramente a la multiplicación de bulbos, e incapaz de concebir algo como un tulipán - "No, podrían haber sido bulbos hervidos, bulbos de vidrio, gotas del Príncipe Rupert, consumadas en polvo (bueno, si fuera pólvora de vidrio y no pólvora de cañón)"- para cualquier fin o significado en la acumulación, recibió su reivindicación en los campos azotados de Flandes. La próxima era podría incluso erigir un monumento a Ruskin allí, con sus palabras. Pero todavía no hay campos arrasados en América que marquen el fin y el significado de la acumulación de capital, y queda por ver si América va a mantener viva en el futuro la desacreditada economía política de Europa, para que una vez más pueda llegar a su inevitable fin en el Nuevo Mundo.

El siglo que ha pasado ha sido testigo de una alteración constante en el significado de la palabra "riqueza", que ha pasado de su significado original, *bienestar*, como los requisitos que permiten y facultan la vida, a deuda, el derecho del acreedor a exigir riqueza y el deber del deudor de suministrarla. Hace unos ciento cincuenta años, Adam Smith describió un rudo estado de la sociedad anterior a la extensión del comercio y la mejora de las manufacturas, en el que el único uso de una gran renta era mantener a tanta gente como pudiera mantener. "Una hospitalidad en la que no hay lujo, y una liberalidad en la que no hay ostentación, ocasionan, en esta situación de cosas, los principales gastos de los ricos y grandes". Los tiempos actuales tienen el mismo carácter con respecto al final del siglo XVIII al que se refería su sistema de economía, como lo tenían a su vez con respecto a la condición anterior que él describía. Lamentó "el progreso de las enormes deudas que en la actualidad oprimen, y a la larga probablemente arruinarán, a todas las grandes naciones de Europa", cuando en este país la Deuda Nacional ascendía a £M130 (1775), al comienzo de una nueva guerra que implicaba una deuda adicional de más de £M100. Señaló que "cuando las deudas nacionales se han acumulado hasta cierto punto, apenas hay un solo caso en que se hayan pagado justa y completamente." En aquella época, la deuda total representaba menos de la mitad de los intereses anuales actuales. El mundo ha experimentado diferentes formas de distribuir sus ingresos, pero, en última instancia, el principio de que el único uso para un ingreso grande o pequeño es el mantenimiento de tantas personas como pueda mantener es, y siempre ha sido, tan cierto, en términos de *riqueza*, como lo fue en la sociedad más primitiva.

Las palabras iniciales de *El Capital* de Marx, citadas de una obra anterior publicada en 1859, dan su idea de la riqueza: "La riqueza de aquellas sociedades en las que prevalece el modo de producción capitalista se presenta como una inmensa acumulación de mercancías, siendo su unidad la mercancía individual". Pero Ruskin, en la obra citada (1862), era consciente del significado totalmente diferente que la palabra "riqueza" implicaba en la mente del dueño de la propiedad: "La economía mercantil significa la acumulación, en manos de individuos, de derechos legales o morales sobre el trabajo de otros, o de poder sobre el mismo; cada uno de estos derechos implica precisamente tanta pobreza o deuda por un lado como riqueza o derecho por el otro".

En las primeras fases de la guerra, el entonces Ministro de Hacienda desaconsejó cierta política financiera porque con ella se destruiría la mitad de la riqueza del país. Ni siquiera en la guerra se podría destruir tan fácilmente una inmensa acumulación de mercancías. Desde entonces hemos aprendido a considerar incluso nuestra riqueza individual real como nuestros ingresos anuales, y, si no es ganada, dividirla por el tipo de interés actual, sea cual sea, para llegar a su valor de capital. [25] Todavía no hemos visto a un Ministro de Hacienda duplicar la riqueza de capital del país reanudando el tipo de interés de antes de la guerra sobre los valores del Gobierno.

Pero la idea de riqueza, aparte de un ingreso, casi ha desaparecido incluso en la economía individual. Las inmensas acumulaciones de mercancías implicadas por la existencia de 7.000 millones de libras esterlinas de derechos legales a la riqueza como Préstamo de Guerra, las vimos destruidas tan rápidamente como fueron producidas. Pero, por las inexorables leyes de la termodinámica, si no de la economía, las inmensas acumulaciones del siglo XIX en ferrocarriles, canales, fábricas y ciudades de chabolas, aunque no

---

[25] Así, cuando el tipo de interés de los títulos del Estado era del 3 por ciento [0,03], se obtenían unos ingresos de 100 libras al año por unas lingotes que valían 100 libras ÷ 0,03=3.333⅓ libras. Cuando el tipo de interés subió al 5 por ciento, las mismas Consols sólo alcanzaron las 100 libras ÷ 0,05=2.000 libras en el mercado.

caducaran, están todas en la misma amplia autopista hacia la destrucción. Pero las deudas ni caducan ni se desgastan; crecen.

La incapacidad de Ruskin para comprender la naturaleza de la riqueza absoluta

En *Unto this Last* el Prefacio afirma: "La verdadera esencia de estos documentos, su significado y objetivo central, es dar, como creo que por primera vez en inglés sencillo - a menudo se ha dado incidentalmente en buen griego por Platón y Jenofonte, y en buen latín por Cicerón y Horacio - una definición lógica de la RIQUEZA: tal definición es absolutamente necesaria para la base de la ciencia económica..." Cabe preguntarse si él o los antiguos lo consiguieron. No es injusto concluir que Ruskin nunca fue más allá de ver que lo que pasa por riqueza en la economía mercantil, o en la jurisprudencia, es *también* deuda. Según su propia analogía, ambas se mezclaban como los polos norte y sur de un imán. Nunca parece haberse divorciado del todo de una actitud mental patriarcal, todavía prevalente pero que se debilita hoy en día, en la que el uso de los ingresos es mantener un séquito de dependientes felices y agradecidos en lugar de un pueblo libre.

La realidad física de la riqueza, aparte de las reclamaciones legales, escapó a su análisis. Copia al obispo Berkeley en el aforismo: "La esencia de la riqueza consiste en el poder sobre la vida y el trabajo de los demás", una definición de la deuda, pero no de la riqueza. Mientras que la esencia de la riqueza no es el poder sobre los hombres, sino el poder sobre la Naturaleza. Incluso la esencia de la propiedad de la riqueza no es el poder sobre los hombres, sino más bien sobre los frutos de su diligencia pasada en la incorporación de la energía de la Naturaleza o su sustitución útil por cosas en cuya fabricación se ha invertido trabajo. El poder sobre los hombres es la esencia de la deuda, no de la riqueza. *La no* propiedad y *no* posesión de la riqueza debida a un individuo por otro o por la comunidad da a ese individuo poder sobre el otro o sobre la comunidad *hasta que la deuda sea pagada*. Cuando se paga, el no propietario se convierte en propietario. Ahora posee la riqueza, pero pierde el poder sobre los hombres. Teníamos reyes de naciones y capitanes de industria. Los capitanes y los reyes se marchan, y nos dejan emperadores de la deuda, gobernantes y reguladores del comercio, controladores de las fortunas de los Estados, para quienes el único mundo es demasiado pequeño, y el universo entero capaz de calmar sólo por un momento una sed infinita.

Antes de dejar a Ruskin, es interesante recordar una observación incidental en una nota a pie de página del libro citado, parte de la cual ya ha sido citada, que muestra lo adelantado y, sin embargo, lo atrasado que estaba respecto a su propia época: "Todo dinero, propiamente dicho, es un reconocimiento de deuda... La última y mejor definición del dinero es que es una promesa documental ratificada y garantizada por la nación de encontrar una cierta cantidad de trabajo bajo demanda. El trabajo de un hombre durante un día es mejor patrón de valor que una medida de cualquier producto, porque ningún producto mantiene nunca una tasa constante de productibilidad." Que todo el dinero, propiamente dicho -todo el dinero genuino- es un reconocimiento de deuda, una promesa documental de la nación de proporcionar cierta cantidad a la demanda, ya no es la opinión de unos pocos estudiantes, sino que desde la guerra -que vio multiplicarse el dinero sin minas de oro, como la ciencia multiplica la productibilidad- se ha hecho evidente para todos.

Pero, ¿cuál es la cantidad prometida? ¿Es "el trabajo de un hombre durante un día" una medida consistente de productibilidad - en una época cultivando la tierra de donde vino, en otra observando diligentemente cómo un Niágara enjaezado o una turbina de vapor dan energía a una comunidad? ¿Acaso tales puntos de vista, como los del marxista, de que el origen de la riqueza es el trabajo humano, no firman, sellan y entregan al trabajo a la esclavitud, por la que la máquina compite con él y multiplica las deudas de la comunidad en lugar de su riqueza o su salud? Este parece ser el pivote sobre el que girará todo el curso futuro de la historia, y decidirá si la ciencia es todavía una bendición o una maldición. En pocas palabras, ¿el aumento de productividad debido a la ciencia estará disponible para la redención o simplemente para la multiplicación de la deuda? Tendremos que volver sobre esta cuestión.

Tanto Ruskin, que consideraba el trabajo humano como una medida coherente de la productibilidad, como Marx, que sostenía que el valor de las mercancías, producidas para el intercambio, viene determinado por el tiempo de trabajo socialmente necesario para su producción, no tuvieron suficientemente en cuenta los efectos de la ciencia en la sustitución del poder animado por el inanimado. Ambos parecen haber tenido la sospecha de que la ciencia se ocupaba de cosas que resultarían molestas para su filosofía. De hecho, en ninguna parte de *El Capital* Marx se excede probablemente tanto en el vituperio como en su descripción del fundador de la termodinámica como "un patán americano, el yanqui baronizado, Benjamin Thompson (*alias* Conde

Rumford)...". Curiosamente, esto es sólo por atreverse a recomendar, en sus *Ensayos políticos, económicos y filosóficos*, "recetas de todo tipo para sustituir por algún succedáneo la comida ordinaria del trabajador", y no su más famosa receta para sustituir al propio trabajador. Porque del trabajo de este "patán americano" surgió realmente la moderna máquina de 10.000 caballos de fuerza, cada caballo de fuerza igual al de 10 hombres, trabajando no 8 ni 10, sino 24 horas al día, y cada máquina reemplazando incansablemente el trabajo físico de una comunidad de 30.000 trabajadores. ¡Qué baratas se habrían vuelto las cosas si Marx hubiera tenido razón! Tampoco sirve de mucho a sus seguidores actuales replicar que la máquina es el producto del trabajo humano, así como el carbón que le da energía. Podemos conceder la máquina, si nos conceden la ciencia y la invención, y, en los mismos términos, podemos conceder el carbón en lo que se refiere a su extracción. Pero el poder no está ni en la máquina ni en la minería; su origen es más antiguo. El odiado capitalista era en este caso el árbol que almacenaba pacientemente la energía del sol en la era carbonífera, millones de años antes de que existiera el hombre.

Las leyes físicas de la conservación pueden aplicarse a la concepción de la riqueza

Como dijo Ruskin, una definición lógica de la riqueza es absolutamente necesaria para la base de la economía si ésta ha de ser una ciencia. La doctrina de la energía y las leyes de la termodinámica lo permiten. En particular, el sentido común, eminentemente práctico, que subyace a la segunda ley es perfectamente aplicable. Ninguna ciencia exacta puede progresar mientras no haya establecido en su ámbito leyes de conservación y decidido cuáles son las cantidades reales que no cambian con el progreso del tiempo y las circunstancias. La ley de conservación se aplica a la concepción de la energía en sí, pero la segunda ley introduce lo que es, en la práctica, mucho más importante, un sentido de dirección, al distinguir entre categorías de energía útiles o disponibles e inútiles o no disponibles. La riqueza, como veremos más detenidamente en el próximo capítulo, es esencialmente el producto de la energía útil o disponible. Por cada más hay un menos, pero por cada menos no hay un más. Por cada aparición o producción de riqueza hay una desaparición de energía disponible, pero por cada desaparición de energía disponible no hay en absoluto una producción de riqueza, sino que la oportunidad de utilizarla pasa igual, se utilice o no. Podría pensarse que la idea de conservación, aunque útil y necesaria para la formulación original de las leyes de la energía, era, sin embargo, de la naturaleza de un andamiaje que podría abandonarse cuando el edificio estuviera terminado. A menudo se insiste en este punto de vista con respecto a la energía potencial. En cada golpe de péndulo se produce una conversión de energía cinética en energía potencial, y a veces se dice que la concepción de la energía potencial es un mero medio de salvar la cara de la ley de la conservación. Sin embargo, hay algo físico y real que demuestra la desaparición de la energía cinética de la oscilación completa en la altura a la que se eleva la varilla contra la gravedad, y la opinión más correcta es que el término energía potencial encubre una ignorancia en cuanto a la naturaleza de la acción que actúa -en este caso la gravitación- más que la creación de una existencia imaginaria.

Esto es, por lo demás, particularmente demostrable en lo que se refiere a la existencia continuada de la energía después de haber pasado a la forma inútil, como calor de temperatura uniforme con el entorno. A simple vista, hemos llegado a un límite en el progreso del cambio, y todo parece estar en reposo. Pero bajo el microscopio no existe el reposo. Cada partícula suspendida en un fluido, si es lo suficientemente pequeña, se encuentra animada por el vivaz movimiento browniano, y cuanto más diminuta es, más intensa es su perenne agitación. La energía que antes movía las masas está allí en cantidad no disminuida, pero está agitando las moléculas individuales de la materia, y las partículas microscópicas que flotan en un fluido sirven como indicadores del bombardeo perenne al que están sometidas. En el caso de las partículas más grandes, estos efectos casi se anulan y permanecen en reposo aparente, pero por debajo de un cierto tamaño, las desigualdades del bombardeo en diferentes direcciones se hacen sentir de inmediato: las partículas ligeras y sensibles son empujadas primero en una dirección y luego en otra, y nunca permanecen en reposo ni por un instante. La energía es eterna, pero la energía útil, tal como la conocemos hasta ahora, es un flujo eterno en una dirección.

Puede parecer muy lejano pasar de estos temas a la economía, pero hasta que ésta no pueda basarse en los principios de conservación de las ciencias materialistas, y todos los trucos de prestidigitación queden al descubierto, no podrá decirse que tenga ninguna base adecuada. La economía no se ocupa de la energía, sino enteramente del flujo de energía útil y disponible y sus transformaciones en formas inútiles, y de la riqueza física como producto del control y dirección de este flujo. La ciencia física se une aquí al sentido común de la humanidad de que la riqueza nunca puede hacerse con un movimiento de varita.

La confusa aspiración de las comunidades modernas

Antes de intentar resolver el problema de la naturaleza de la riqueza, consideremos algunas de las consecuencias más sorprendentes de confundir riqueza y deuda, que se han hecho evidentes en el presente siglo. Sin duda, un cambio tan fundamental en el modo de vida de la mayor parte del globo habitable no podía producirse sin graves trastornos, pero los argumentos ingenuos y superficiales por los que todo un mundo se ha lanzado locamente a perseguir su propia sombra son difíciles de examinar seriamente.

En primer lugar, tenemos los instintos intuitivos profundos de la humanidad. Si nos remitimos al cuadro que figura al final del segundo capítulo, veremos que en él se intenta contrastar la manera en que los hombres obtienen energía, intuitivamente y mediante el uso de la razón. El curso principal de la evolución intuitiva natural hasta el hombre, a través del reino animal y vegetal, ha sido parasitario en lo que respecta a los medios de vida. Al principio, los hombres salieron de las condiciones animales de existencia sólo depredando unos de otros, como nosotros seguimos depredando del reino animal y vegetal para nuestra energía interna. Pero en un principio esta dependencia se refería tanto a la energía necesaria para el trabajo externo como a la necesaria para el metabolismo. Con el creciente progreso intelectual, se ha ido emancipando cada vez más de esta dependencia, en lo que se refiere al trabajo externo, y con el tiempo es posible que se extienda incluso al metabolismo.

Es posible que incluso el vegetarianismo se convierta algún día en una reliquia de la barbarie.

Antes de la era científica, todas las formas de gobierno reflejaban naturalmente esta dependencia física, y siempre ha existido una clase relativamente pequeña y lujosa que vivía de los frutos del trabajo de muchos, aunque los servicios, reales o nominales, con los que justificaban su dominio han cambiado con cada cambio de condiciones.

Las civilizaciones griega y romana se basaban en la esclavitud humana como condición indispensable . Los judíos se dedicaron a resistirla desde el exterior, pero ello no les impidió desarrollarla en el interior, mientras que entre los mahometanos aún pervive. Bajo el cristianismo, salvo por un breve período en América, la esclavitud desapareció, pero su lugar fue ocupado en diversas épocas por alguna forma de servidumbre económica o feudal, que siempre ha sido sedicentemente inculcada, y virtualmente, si no abiertamente, defendida como necesaria para la preservación de la cultura y el ocio para perseguir los valores superiores. Bajo la ciencia, con gran parte de la pesada carga de la vida retirada de las espaldas de los hombres y el ganado de tiro y colocada sobre hombros más amplios, la dependencia del reino animal y vegetal para el suministro interno de energía persiste, pero la dependencia de la vida para el trabajo externo desaparece cada vez más. Tal vez, hasta ahora, sólo se ha dado un paso en el camino hacia la libertad económica, pero la tragedia es que incluso este paso la humanidad lo frustra.

Hemos visto cuán distantes han estado las clases educadas, especialmente en este país, de la gran marcha revolucionaria de la ciencia. Una democracia, por otra parte, es demasiado propensa a "poner su hueso de los deseos donde debería estar su espina dorsal". El resultado ha sido una interpretación de las condiciones sociales de la época en términos de una filosofía heredada de servidumbre de clase y una loca irrupción democrática en las clases poseedoras sin cambiar un ápice su carácter esencialmente parasitario.

Dado que antiguamente la propiedad de la tierra -que, con la luz del sol que cae sobre ella, proporciona un ingreso de riqueza- aseguraba, en forma de renta, una parte de la cosecha anual sin trabajo ni servicio, sobre la que una clase culta y acomodada podía establecerse permanentemente, la época parece haber concebido la absurda noción de que el dinero, que puede comprar tierra, debe por tanto tener el mismo poder productor de ingresos. Es fácil comprender la física de la siembra y la cosecha y, en general, el origen del incremento de un campo de maíz, un gallinero o una pocilga. Las plantas o los animales están recogiendo sediciosamente la energía solar y, por maravilloso que sea el proceso desde el punto de vista biológico, no hay ningún misterio físico en la aparición del jamón, los huevos y las tostadas en la mesa del desayuno. Concedidas, en primer lugar, la tierra y el sol en propiedad o posesión de un conjunto de personas, y, en segundo lugar, la industria humana proporcionada por otro conjunto de personas, los medios de subsistencia del señor, si no son visibles, no están muy bien disimulados. De la contemplación de este modo de vida gentil, honrado por la tradición y la historia, pasemos algo bruscamente al pasaporte moderno a la gentilidad, la propiedad de, digamos, 20.000 libras esterlinas, una bola de oro de unas 9 pulgadas de diámetro. Como posesión, obedece a las leyes de conservación de la materia y la energía. Como dinero en su sentido original, algo que se intercambia por riqueza, no posee poderes de autorreproducción. Como depósito o almacén utilizado para comprar bienes, disminuiría en cantidad, como el jabón cuando te lavas con él. Pero *prestado* a otra persona , y enterrado fuera de la vista en las bóvedas de algún banco, como una semilla en la tierra o un ave poniendo huevos, reproduce su especie. Si la tasa es del 5% anual, se convierte en capaz de mantener en gentilidad y movimiento perpetuo a toda una familia y a sus herederos y sucesores con 1.000 libras esterlinas al año. *Puede* comprar una granja o alguna otra fuente de ingresos, y el trabajo del granjero y sus jornaleros, de cuyo incremento ellos y nuestra familia juntos pueden mantenerse para siempre. Se eleva por encima de las leyes de la física y ahora da energía incluso a un propietario completamente ocioso.

Si su propietario tiene ingresos independientes suficientes para prescindir de él, puede prestar el , de modo que la tasa de incremento cambia de simple a compuesta. Los ingresos de la hipotética granja se venden ahora hipotéticamente por más oro y más granjas. En 1070[26] años de nuestra bola de oro de 9 pulgadas, dispuesta de esta manera, surgirían reclamaciones legales a una bola de oro igual en tamaño a la tierra, y pesando cuatro veces más.

O, si queremos obtener lo mejor de ambos mundos posibles, mantengamos a nuestra familia elegida en el estado de la gentilidad algo cutre y el movimiento perpetuo disminuido posible con 500 libras al año, "guardando" la mitad de los ingresos para "acumular." Después de soportar esto durante cuatro siglos, nuestra familia estaría en condiciones de abastecer a una población mundial de 2.000.000.000 de almas cada una con el mismo capital con el que empezó.

Esta es la célebre falacia del interés compuesto, y ya hemos indicado brevemente su origen, y aún tenemos que elaborar más su naturaleza, en lo que se refiere a la economía técnica ortodoxa. Pero su origen es más general. La sociedad, "en los recovecos inconscientes de su ser", recuerda el día en que no había ni economía ni ciencia, ni

---

[26] En la edición original se decía erróneamente que eran seiscientos años. Para que esto fuera cierto, el tipo de interés tendría que ser aproximadamente del 9% en lugar del 5%.

siquiera religiones del tipo moderno del sábado y el domingo. Más antigua que éstas, e infinitamente más poderosa en su dominio sobre la mente del hombre, aún persiste, como una religión de pleno derecho del día de la semana, la adoración del becerro de oro. Eso, al menos, ha sobrevivido, aunque religiones más hermosas han ido y venido, y el tiempo ha sido testigo del paso "de toda la desvanecida jerarquía del Olimpo".

CAPÍTULO VI

LAS DOS CATEGORÍAS DE RIQUEZA

Naturaleza y definición de la riqueza absoluta

Veamos, desde el punto de vista de los conocimientos modernos, si es posible arrojar luz sobre la difícil y controvertida cuestión de la verdadera naturaleza de la riqueza, más que sobre los modos particulares en que puede medirse su cantidad o su valor. Las necesidades físicas o materiales del cuerpo deben satisfacerse antes de que se planteen otras necesidades de la vida, ya sean sexuales, intelectuales, estéticas o espirituales. Una definición de riqueza debe basarse en la naturaleza de la riqueza física o material, en el sentido de los requisitos físicos que facultan y permiten la vida humana, es decir, que proporcionan a los seres humanos los medios para vivir y, como consecuencia *posterior* de la vida, para amar, pensar y perseguir el bien, la belleza y la verdad. Los requisitos que hacen posible la vida, en este sentido, constituyen una breve definición de riqueza. Los criterios puramente físicos de la riqueza exigen una consideración previa a los criterios económicos más especiales.

Estos requisitos capacitadores se derivan del flujo de energía disponible en la Naturaleza y son producidos por él, y representan giros o deducciones de este flujo, en el sentido de que para la producción de todas las formas de riqueza se requiere energía disponible del flujo natural, y o bien entra en la riqueza producida o se gasta en producirla, es decir, se convierte en calor residual.

El término *disponible* en esta definición tiene el mismo significado que en la segunda ley de la termodinámica, que divide la energía en dos categorías, la energía útil, disponible o "libre", y la energía inútil, no disponible o "ligada", esta última también designada *entropía*. Pero el significado de no es esencialmente diferente de su significado ordinario, sino más preciso. Sólo está disponible la energía que tiende a transformarse en otras formas. Con la energía no disponible se ha alcanzado la última forma de transformación natural y desaparece la tendencia a sufrir transformaciones. No debe suponerse, por supuesto, que la transformación inversa sea imposible, pero es prácticamente imposible, porque requiere el gasto o la degradación de una mayor cantidad de energía disponible en no disponible de la que se gana en el proceso inverso. La concepción termodinámica de la disponibilidad no tiene, por supuesto, nada que la limite especialmente a la vida o a la vida humana. La riqueza como forma, producto o resultado de un giro sobre el flujo de energía disponible consiste en las formas, productos o resultados especiales que potencian y permiten la vida humana.

Una deuda de vida saldada en Life

En el flujo continuo de energía disponible encontramos la necesidad primaria absoluta de la vida humana, sin la cual muere, y es esta necesidad la que satisface la riqueza. La absurda idea de que no existe la Riqueza Absoluta, sino que debe haber alguien, no el propietario, que la desee y la exija y esté dispuesto a renunciar a algo por su posesión, es una visión mercantil conveniente en las ciudades que viven de los productos del campo circundante, pero no puede aplicarse a las naciones.

La crematística, la ciencia de los deseos y de su intercambio, es una ciencia muy útil para los individuos, pero en el mejor de los casos es sólo una parte de la economía.

Así, el aire es la necesidad más obvia de la vida, y se argumenta que, como es imposible poseerlo, no es riqueza. Pero si lo licuas y lo metes en una botella, se puede poseer, es deseado y demandado -mucho en una universidad moderna, al menos- y entonces se convierte en riqueza y en un artículo de comercio habitual.

Una opinión más cierta es que la naturaleza gaseosa del aire y la universalidad del suministro permiten a las personas abastecerse normalmente sin el gasto de esfuerzo en la obtención, mientras que para obtenerlo líquido se requiere mucho trabajo en el sentido físico, así como diligencia en el sentido humano.

Así, en el caso de los alimentos y el combustible -que, ni más ni menos que el aire, y por idéntica razón, son necesarios para suplir la carencia de energía , sin la cual la vida muere-, es cierto que la gente los quiere y los exige y está dispuesta a renunciar a algo a cambio de ellos. Pero es aún más cierto que la gente tiene que renunciar a parte de su vida para producirlos. La ciencia física, a diferencia de la física, no alberga esperanza alguna de que la riqueza se produzca sin el gasto de horas-ser humano, así como de la energía disponible. Si los nuevos descubrimientos proporcionaran tal cantidad de alimentos que el maíz sólo sirviera para alimentar al ganado, y tal cantidad de energía que el carbón y el petróleo sólo sirvieran para hacer hollín, éstos perderían valor, y posiblemente incluso serían desplazados por completo, pero sólo porque las necesidades de la vida podrían ser mejor satisfechas por otras formas de riqueza, que a su vez son producto de la energía disponible y del tiempo humano. La ciencia puede multiplicar la eficacia del tiempo humano, pero no suprime la necesidad de emplearlo en la producción.

Se ha afirmado que la riqueza no sólo debe ser útil, sino también útilmente utilizada. Se trata de un punto de vista más metafísico que científico. Acertada o erróneamente, la mente científica ha decidido aceptar la teoría de la conservación de las realidades físicas, al margen por completo de la facultad de aprehensión. Señala el registro geológico de las rocas como prueba de que las rocas estaban ahí antes de que - aplicando la prueba johnsoniana de la realidad- hubiera pies para patearlas. La energía almacenada en el maíz y su poder para alimentar la vida son realidades físicas totalmente independientes de la consideración de si el destino futuro del maíz será pudrirse o comerse. El maíz que se pudre y no se come no es riqueza, pero tampoco lo es cuando se come y no se pudre.

Es cierto que estas concepciones de la naturaleza de la Riqueza Absoluta como realidad física definida no nos llevan muy lejos en economía, porque no conducen a un método preciso de medición relativa, mientras que el valor de cambio o el precio del dinero sí lo hacen. Pero al menos nos permiten ofrecer una negación tajante del origen físico de la riqueza como algo capaz de ser creado de la nada por la voluntad humana.

Cuando tratamos de medir el valor relativo de los diferentes tipos de riqueza, o de los diferentes factores parciales o ingredientes que entran en su constitución, es evidente que la consideración más importante y menos arbitraria es lo que ha costado producir la riqueza de la vida humana pasada. Pero en esto el valor del tiempo de un hombre difiere mucho del de otro. Del mismo modo que las sustancias se estiman en proporción a su rareza, si son necesarias para vivir, y se valoran por término medio en proporción al tiempo que hay que emplear en encontrarlas o ganarlas, así la habilidad o destreza rara y excepcional se estima por encima de la media, pero sólo si conduce (en tiempo presente) al negocio de vivir. Pero ya se ha señalado en que, a medida que avanzan los conocimientos y los procesos industriales se vuelven menos empíricos y más científicos, se requiere cada vez menos habilidad excepcional para manejarlos. El pirómetro óptico sustituye al hombre que puede juzgar con precisión la temperatura de un horno con la vista, y los procesos metalúrgicos basados en la regla del pulgar, que sólo pueden ser operados por obreros nacidos y criados en la industria, tienden a ser sustituidos por métodos más científicos y menos inciertos que no requieren habilidades excepcionales. Del mismo modo, en los negocios y en la banca, si se previeran de antemano las necesidades nacionales y se diseñara un sistema monetario que funcionara automáticamente, como se pretendía que lo hiciera, las cualificaciones especiales, seguras de obtener una alta recompensa cuando todo es incierto, especulativo y empírico, dejarían de hacerlo. Los principales factores que se oponen a la reforma y al progreso y se esfuerzan por mantener las cosas como están no son ni mucho menos la inercia y la ignorancia, sino el propio interés individual bien informado.

Se ha hablado mucho de la importancia del genio y del tipo mente esencialmente creativa, y podría pensarse que en la industria y los negocios siempre habría premios relucientes para los cerebros que idean nuevos métodos. Pero en esto tenemos la vieja herejía de que la riqueza puede ser creada de la nada por la mente o la voluntad humanas. El hombre que compone una obra musical es más raro que el que sabe cantar o tocarla brillantemente.

Tales cualificaciones, comparadas con la creación, son mecánicas, pero son las más apreciadas y recompensadas, porque es la ejecución y no la composición lo que satisface las necesidades de la vida. Lo mismo ocurre con la explotación de las invenciones a diferencia del genio inventivo.

Valor o precio

El precio-dinero o valor de cambio de la riqueza integra un conjunto de consideraciones arbitrarias, como el estado de las leyes relativas a la tierra y la propiedad, la incidencia de los impuestos, la protección frente a la competencia, los trusts, las combinaciones y los monopolios, la tasa de crecimiento o decrecimiento de una comunidad, de una localidad, etc., casi *ad infinitum*. El precio del dinero integra el conjunto de una multitud de factores complejos, muchos de ellos en sí mismos demasiado difíciles de rastrear. Sin embargo, es el único dato cuantitativo sobre la riqueza que se puede afirmar con seguridad y que, por lo general, se puede determinar. En este trabajo no se intentará analizarlo.

"Nos perderíamos en cálculos interminables". Desde el punto de vista de la economía nacional, al tratar de las relaciones entre el dinero y la riqueza, el precio monetario medio de la riqueza, o nivel de precios, es un hecho de la mayor importancia, con absoluta independencia de cómo se componga y de si es justo o injusto.

Pero antes quizá convenga profundizar un poco más en la cuestión de la verdadera naturaleza de la riqueza desde el punto de vista físico.

Trabajo y riqueza

La vida misma, en el metabolismo, consume continuamente un flujo de energía disponible -es decir, la convierte en energía inútil- y una forma o categoría de riqueza de necesidad consiste en los alimentos que proporcionan este flujo. La vida también requiere medios para conservar su energía vital y protegerla del rigor del clima: ropa, casas y combustible, medios para la locomoción, el transporte y las formas externas de trabajo, y medios para producir las herramientas, la planta, el equipo y otros requisitos accesorios incidentales al propósito de producir los suministros primarios. El único criterio que distingue esta variada colección de requisitos es que todos ellos requieren y resultan de corrientes de aire sobre el flujo de energía natural disponible.

Por lo general, pero no invariable ni inevitablemente, la producción de cualquier forma o categoría de riqueza exige también el gasto de tiempo y esfuerzo humanos. En un estado de naturaleza, sin embargo, especialmente en los trópicos, donde las necesidades humanas son pocas y el sol abundante, hay una suficiencia de la energía disponible de la naturaleza ya disponible para los propósitos de la vida humana, para una población muy limitada, sin la contribución de ningún factor humano a su producción. Apenas se necesita combustible y ropa, y los alimentos en forma de frutas tropicales están a mano, de modo que una población muy escasa y poco ambiciosa puede mantenerse permanentemente en una condición de *dolce far niente* casi completa. Este hecho por sí solo contradice la doctrina marxiana -que, como ya se ha dicho, no es la de Marx- de que toda la riqueza se origina en el trabajo humano. Del mismo modo, una cantidad ocasional de metales preciosos puede ser encontrada nativa sin esfuerzo humano, aunque en promedio se necesita un gasto muy grande de esfuerzo para ganarlos.

Pero en las formas civilizadas de comunidades son necesarias formas intensivas de producción para mantener, en general, a un mayor número de personas en una escala de vida y un plano de civilización superiores a los que serían posibles en un estado de naturaleza. En tales circunstancias, el factor humano se convierte en esencial para la producción de riqueza, y adopta la forma de inventos y descubrimientos iniciales, que en lo sucesivo se aplicarán continuamente con el esfuerzo humano. Al principio, el esfuerzo consiste en gran parte en trabajo físico real suministrado por el cuerpo del trabajador como complemento del flujo natural de energía; pero, a medida que avanza la civilización, consiste cada vez más en diligencia, pura y simple, en guiar formas no humanas de energía hacia fines humanos. Desde el punto de vista energético, la contribución humana es siempre de naturaleza de transformación más que de creación de energía, haciéndose, a medida que avanza la civilización, cada vez más directa, con la sustitución del proceso metabólico intuitivo por otros a los que se llega por la razón.

Un modelo eléctrico del sistema productivo

Una analogía que puede resultar útil es la de la dinamo o máquina dinamoeléctrica, considerada como un transformador de energía mecánica en energía eléctrica.

Esto se consigue conduciendo conductores eléctricos a través de las líneas de un campo magnético -o un flujo magnético-, un movimiento al que se resisten activamente. La energía así utilizada reaparece en forma de flujo de energía eléctrica a lo largo de los conductores, en ángulo recto con las líneas magnéticas y con la dirección del movimiento. Existen imanes naturales como la piedra lodestone, y a partir de ellos se pueden producir imanes permanentes de acero en cantidades indefinidas. En las primeras formas de máquinas magneto-eléctricas se utilizaban imanes naturales o imanes permanentes de acero para producir el flujo magnético, y la transformación de la energía mecánica en eléctrica no implicaba ningún gasto de energía para producir o mantener el flujo magnético; pero en la forma intensiva moderna de máquina dinamo-eléctrica una parte de la energía eléctrica *producida* se gasta en magnetizar un electroimán de hierro dulce, por lo que, a partir de una máquina de dimensiones dadas, se hace posible un rendimiento muy superior. Es significativo que la energía mecánica produce no sólo la parte útil de la energía eléctrica generada, sino también la parte del producto que tiene que gastarse en magnetizar el hierro, y que esta última parte no aparece en el producto final, sino que se degrada inmediatamente en calor inútil al vencer la resistencia muerta al flujo de la corriente a través de los conductores de cobre enrollados alrededor de los imanes. Además, teóricamente, esta pérdida no es esencial. Si se dispusiera de un conductor mejor que el cobre, una parte menor del producto tendría que convertirse en calor inútil y, si existiera un conductor infinitamente bueno, no se perdería nada. Algunos conductores cercanos al cero absoluto de temperatura son prácticamente perfectos. Una vez iniciada una corriente en un anillo de cobre a muy baja temperatura, continuará circulando durante horas antes de que su energía original se convierta totalmente en calor.

Así que podemos concebir la producción de riqueza como una transformación de la energía disponible de la Naturaleza en un flujo disponible para el propósito de la vida humana - una parte de ella realmente en la energía de la vida humana. En el estado natural no es necesario el gasto de energía humana. En la producción intensiva sí lo es, pero la energía así utilizada se deduce del producto, no se añade a él. Produce sus resultados útiles de forma indirecta y se desperdicia sin aparecer ni incorporarse al producto final. Su función es cambiar la calidad de la energía natural disponible en la forma disponible para las necesidades de la vida, y la ganancia en calidad es una consecuencia de una reducción en la cantidad. Es, por supuesto, muy útil para intentar comprender cualquier proceso tener un modelo físico concreto, por crudo que sea, en la mente, y la analogía sugerida parece cubrir correctamente las características esenciales tanto de los procesos primitivos como de los modernos y de los posibles procesos eventuales de producción de riqueza. Incluso el desplazamiento constante del trabajo humano en la producción en masa, a medida que el proceso se hace cada vez más automático y autorregulado, encuentra su analogía en la reducción de la reluctancia magnética del circuito empleando mejor hierro y de la resistencia eléctrica del circuito campo-imán empleando mejores conductores o conductores a menor temperatura.

Las dos categorías termodinámicas de la riqueza

En nuestro examen de las leyes de la energía, nos ha parecido útil distinguir entre el gasto de energía para vencer una oposición activa, en el que hay algo útil, en energía, que mostrar por el gasto al final del proceso, y el gasto de energía para vencer una resistencia muerta, en el que la energía gastada sufre una conversión inmediata en calor y no hay nada útil, en energía, que mostrar por el gasto al final del proceso. La idea extendida a la riqueza nos permite distinguir enseguida las dos categorías principales de riqueza según la forma en que se ha gastado la energía. En la primera categoría se encuentran las mercancías que retienen parte de la energía gastada en su producción, como una reserva interna, que, en el consumo de estas mercancías, se libera para servir a los fines de la vida. En la segunda categoría, la energía se gasta en vencer la resistencia muerta, en cambiar la forma o la naturaleza de los materiales con los que se trabaja, y no permanece en los materiales como algo esencial para su uso.

Riqueza perecedera y permanente

Las mercancías, en general, pertenecen a ambas categorías, y estas categorías se distinguen por las cualidades *opuestas* de perecedero relativo y permanencia.

Las mercancías de la primera categoría son valiosas como almacenes de energía. En ellas, los materiales de los que están hechas sirven de contenedor para un depósito de energía disponible. Al funcionar como riqueza se consumen totalmente o se destruyen como riqueza, y este carácter perecedero es esencial para su función. La energía no tiene valor en sí misma y sólo tiene valor el flujo de energía de una cosa a otra y de un lugar a otro. La contrapartida material de la tendencia de la energía a fluir es la tendencia de los materiales a cambiar. La capacidad de pudrirse, descomponerse, incendiarse o deteriorarse lentamente es una cualidad *esencial* de esta categoría de riqueza. Comprende los alimentos, el combustible, los explosivos, algunas formas de fertilizantes y materiales similares, que realmente cumplen el propósito que les da el título de riqueza sólo al sufrir una conversión total en materia y energía de desecho. Mientras que en la segunda categoría, la cualidad esencial es la permanencia y no la perecibilidad. Comprende la ropa, las casas y su equipamiento y mobiliario, en general las "posesiones", así como las herramientas, las instalaciones, las carreteras, los vehículos, los barcos y otros requisitos accesorios necesarios para la producción y el suministro de riqueza.

Agentes de capital de la producción

A diferencia de la primera categoría, aunque la destrucción durante el uso no puede evitarse por completo, no es esencial para su función, sino una desventaja. Más bien se les exige que resistan el desgaste y que duren *el mayor tiempo posible*, por lo que a menudo se fabrican con sustancias muy refractarias y resistentes, que obligan a gastar mucha energía en su transformación en riqueza. En la medida en que la energía empleada en ellos permanece en los materiales en forma potencial, su durabilidad y su valor como riqueza se ven afectados *negativamente*. Así pues, las dos categorías termodinámicas de riqueza se distinguen por caracteres claramente opuestos.

La construcción de una casa no puede llevarse a cabo sin almacenar parte de la energía gastada en erigirla, y la presencia de esta reserva de energía potencial hace que la casa vuelva a derrumbarse con el tiempo. En cambio, la casa sólo es rica mientras se mantiene en pie. Lo mismo ocurre con el hierro. El hierro encierra en sí mismo una gran parte de la energía liberada en la combustión del combustible utilizado para fundirlo a partir de sus minerales, cuya posesión hace que se oxide, es decir, que vuelva a su estado inicial exidificado. Pero mientras que el almacenamiento de energía es *esencial* para el carbón como riqueza, es un *defecto inevitable* en el caso del hierro.

Para hacer funcionar una locomotora es necesario consumir carbón, pero la combustión del hierro, aunque no pueda evitarse por completo, no supone ninguna ventaja, sino una pérdida inútil. Si, con las mismas cualidades deseables de ingeniería, el hierro tuviera la durabilidad del oro o del platino, sería aún más valioso como riqueza. Pero el maíz o la carne de vacuno con la durabilidad de los metales nobles o las piedras preciosas no serían riqueza en absoluto.

En ingeniería, el término *potencia* significa, a diferencia de *energía* o *trabajo*, el ritmo al que se gasta la energía o se realiza el trabajo, y una cantidad de potencia se convierte en una cantidad de energía multiplicándola por una duración de tiempo. Del mismo modo, desde el punto de vista físico, la vida tiene las dimensiones de la potencia y se expresa en términos energéticos multiplicándola por la duración de tiempo a la que se refiere.

Así, ya hemos visto que un millón de calorías -cantidad de energía- bastan para mantener las necesidades alimentarias de un hombre medio durante un año.

Ahora bien, aunque la doctrina de que toda riqueza es producto del trabajo humano no es cierta, que toda riqueza es producto del trabajo, en el sentido físico del gasto de energía disponible, es a efectos prácticos absolutamente cierta, y casi la única definición general y satisfactoria de riqueza que puede formularse. El dinero, el crédito y otros derechos legales sobre la riqueza son deudas y no riqueza. El trabajo y los inventos no son riqueza, aunque sean factores esenciales en su producción. La definición física de riqueza es una forma o producto de energía o trabajo que permite o potencia la vida.

Podrían encontrarse excepciones en lo que respecta a la segunda categoría de riqueza, pero no invalidan la regla de que, por término medio, se requiere un gasto definido de trabajo y tiempo para la producción de una cantidad determinada de cualquier tipo de riqueza. El hallazgo ocasional de una pepita de oro por accidente sin ninguna búsqueda especial puede citarse como una excepción, como el hallazgo ocasional de frutos silvestres es una excepción a la regla de que el trabajo humano es necesario para la producción de riqueza. Pero en la economía nacional, que se ocupa principalmente de promedios y no de acontecimientos excepcionales, pueden ignorarse por completo.

El gasto de energía es necesario para la producción de toda riqueza, pero la regeneración de la energía gastada en una forma disponible para las necesidades de la vida sólo tiene lugar en el caso de la primera categoría. En aras de la brevedad, las dos categorías pueden distinguirse como Riqueza I y Riqueza II. Podemos denotar, a la manera de una ecuación química, la producción y el consumo de la Riqueza I como:

Materias primas + energía disponible = riqueza I.

Riqueza I = Energía Vital + Energía Residual y Materiales.

Para la Riqueza II, la producción se expresa mediante:

Materias primas + Energía disponible = Riqueza II + Energía residual.

pero no existe una ecuación correspondiente para el consumo. La degradación de la energía ya ha pasado a su última fase, *y en este sentido la Riqueza II ya está* "consumida".

Una ilustración de Química

Incluso en la ciencia pura, la distinción entre las dos razones diferentes por las que la producción de una sustancia requiere el gasto de energía no siempre se hace con mucha precisión. A veces hay que escalar una montaña, por así decirlo, para luego poder descender con la ayuda de la energía almacenada, como en el caso de la Riqueza I. Pero a menudo la escalada es necesaria porque no hay un camino llano, como en el caso de la Riqueza II. Así, en el proceso conocido como la fijación del nitrógeno atmosférico, por el cual el nitrógeno y el oxígeno del aire se combinan para dar óxidos de nitrógeno exponiéndolos a la temperatura muy alta del arco eléctrico, se requiere un gran gasto de energía. Este es el origen de la descripción de los valles suizos como glaciares en un extremo y ácido nítrico al 98% en el otro. Sin embargo, la energía gastada no se incorpora a los óxidos de nitrógeno, sino que se desperdicia en forma de calor, como en la producción de Riqueza II. El proceso es análogo a un viaje de un lugar a otro, prácticamente al mismo nivel, a través de una montaña muy alta, que requiere un gran esfuerzo y al final no produce más que calor residual, a menos que se encuentre una forma de evitarlo.

En este caso se encontró una solución, que fijó algo más que el nitrógeno: fijó la fecha de la Gran Guerra. Alemania, sin grandes fuentes naturales de energía y aislada de las fuentes externas de nitratos -que se envían desde el litoral peruano y constituyen la materia prima para la fabricación de todos los explosivos- por la superioridad de su armada, difícilmente podría haber hecho la guerra durante tres meses. El resultado fue el proceso Haber, en el que el nitrógeno se combina primero con hidrógeno para formar amoníaco, a alta presión pero a temperatura moderada, con la ayuda de un catalizador, y luego el amoníaco se oxida por la acción del aire y el agua a ácido nítrico con la ayuda de otro catalizador. Este proceso no requiere un gasto excesivo de energía.

Así, en general, para la Riqueza II (que incluye no sólo todas las posesiones permanentes, sino todos los agentes de producción) los nuevos procesos encuentran continuamente un camino más llano alrededor de las montañas intermedias, mientras que para la Riqueza I no existe esta posibilidad de mejora . Estos nuevos procesos deprecian el valor de todo el capital gastado en lo viejo, y tienden a destruirlo como riqueza haciéndolo obsoleto.

Reembolsos concedidos por Wealth

Puesto que ambas categorías de riqueza se parecen en la forma de su producción, pero son completamente diferentes en su carácter físico y en la forma en que, respectivamente, potencian y posibilitan la vida, la definición de riqueza se basa necesariamente en lo que se consume o gasta en su producción y no en lo que realmente es o en lo que, a su vez, produce. Desde el punto de vista físico, tanta energía viva y tanto tiempo humano se han gastado en su producción y representan un coste o una deuda contraída con la Naturaleza y con los hombres. Desde el punto de vista de la Naturaleza, es el sol el que se carga y la tierra la que se abona, de modo que desde el punto de vista de la humanidad la energía es un regalo. En condiciones naturales, toda la energía disponible se desperdicia, se utilice o no, y la riqueza es la parte que el hombre ha recuperado. El gasto de tiempo humano en salvar la energía es la única deuda real de los productos en el análisis final, cuando reducimos el punto de vista de la física al de la economía. Si el producto es útil y se utiliza, la deuda en horas-hombre se paga en horas-hombre, y la posibilidad física del mantenimiento y expansión de la vida depende de que el reembolso, por término medio, sea muy superior al gasto. Económicamente esto es un incremento, pero físicamente no lo es, como ya hemos visto por la analogía de una dinamo. En términos de la fuente real de vigor que da energía a la vida, el gasto se desperdicia al vencer la resistencia, y el incremento se deriva de la energía viva extraída del flujo natural.

Por lo que se refiere a la primera categoría de riqueza, para la que el uso significa consumo total, el reembolso es definido en cantidad, y tiene la naturaleza de una suma global de energía y horas de vida. En cambio, en la segunda categoría, en la que la destrucción no es esencial para el uso, el pago es un ingreso, no de energía ni de horas de vida, sino de horas de vida ahorradas que, de otro modo, habría que gastar, durante un período de tiempo bastante indefinido. Depende no sólo de la durabilidad relativa de la riqueza considerada, sino de factores puramente independientes que deciden si la riqueza se utiliza realmente o no, y esto implica el estado futuro del progreso y la invención y el estado del sentido común de la comunidad.

Este punto de vista pone de manifiesto la necesidad de gastar primero el tiempo y la energía, pase lo que pase con el producto, y el hecho de que, en cantidades reales, la riqueza se paga en el momento en que se produce. La capacidad de verter durante cinco años una marea creciente de municiones es prueba de la riqueza de una nación. Es concebible que *durante* su producción la nación haya tenido que escasear de otros artículos de primera necesidad; pero no hay ninguna razón física, una vez producidas, por la que deba hacerlo, ni para la creencia convencional de que porque se ha volado y desperdiciado tanto todo el mundo debe apretarse el cinturón y soportar un periodo de pobreza. Si se pagara la deuda nacional, algunos lo harían para que otros pudieran consumir, mientras que los acreedores nacionales prefieren un pequeño reembolso anual a no ser reembolsados. La noción popular de que porque una nación ha producido en la generación pasada es incapaz de hacerlo en la siguiente, que Dios y la usura proveen tanto y no más, y que si consumimos mucho un año debemos compensarlo consumiendo menos en el futuro, está en la inversión de la verdad. Contiene lo suficiente de la verdad que se aplica a los individuos -que la riqueza es una cantidad real, incapaz de generación y multiplicación espontáneas- para ser plausible; pero en términos nacionales es tan falaz como abstenerse de beber de un río porque el año pasado hizo calor y todo el mundo bebió mucho, o cerrar una central eléctrica hasta que se haya recuperado una carga pasada anormalmente alta.

El capital como forma de riqueza permanente

Esto es especialmente aplicable a la segunda categoría de riqueza, que incluye todos los agentes de producción, habitualmente denominados capital. Así, con la vaga idea de que la riqueza se "consume" en el uso, lo cual, como hemos visto, es esencial para la primera categoría, pero sólo accesorio y un defecto en el caso de la segunda, la gente concibe la producción de riqueza como algo que implica un consumo constante de máquinas, así como de carbón, petróleo y alimentos; mientras que, en realidad, este consumo *por el uso* no suele ser muy grave, y siempre está, en la medida de lo posible, previsto, o es susceptible de ser previsto. En una gran máquina para fabricar motores, es probable que las piezas de desgaste, los filos de las herramientas, se renueven muchas veces al día, si no en una hora. Las muñequillas y los cojinetes también se renuevan. Mucho más importante que el deterioro de los agentes de producción de capital, como las fábricas y las tierras cultivadas, es el abandono por *no* utilización y, en el caso de los primeros, los nuevos inventos que los sustituyen. Las otras pérdidas suelen ser de menor importancia. En su producción el proceso, en lo que se refiere a la degradación de la energía viva, ha ido una etapa más lejos que en la producción de riqueza consumible, y en este sentido *ya están* totalmente consumidas. Sólo son productivas por el uso, y si no se utilizan se convierten en simple deuda impagada.

Psicológicamente, el objetivo económico del individuo es, siempre ha sido, y probablemente siempre será, asegurarse unos ingresos permanentes independientes de cualquier esfuerzo posterior, a prueba del paso del tiempo y del azar de las circunstancias, para mantenerse a sí mismo en la vejez y a su familia después de él a perpetuidad. Se esfuerza por conseguirlo acumulando tantos bienes en el apogeo de su juventud que él y sus herederos puedan vivir a perpetuidad de los intereses de los mismos. La historia económica y social es el conflicto de esta aspiración humana con las leyes de la física, que hacen imposible tal *perpetuum mobile*, y reduce el problema meramente al método por el cual un individuo puede endeudar a otro individuo o a la comunidad e impedir el reembolso, de modo que el individuo o la comunidad deban compartir el producto de sus esfuerzos con su acreedor. Hemos examinado el proceso en el método tradicional de vivir de la propiedad de la tierra, y ahora tenemos que considerar el método moderno de vivir de los intereses del capital.

La segunda categoría de riqueza se divide naturalmente en posesiones personales, que son necesarias para el disfrute o consumo de la riqueza, y órganos de producción necesarios para su creación. Estos últimos, al ser esencialmente permanentes y no consumirse por el uso, sino ser realmente productivos por el uso, parecen a primera vista ofrecer a la humanidad una vía de escape de las leyes de la física y de la dependencia económica porque parecen pagar la deuda de tiempo contraída en su producción mediante un ingreso perenne de tiempo ahorrado por su uso.

El capital multiplica la eficiencia humana

La primera categoría de riqueza contiene, para compensar la deuda de tiempo contraída en su producción, una cantidad positiva definida de energía disponible para la vida, que se entrega como una suma global cuando se consume la riqueza. La segunda categoría paga la deuda de tiempo en su producción mediante el tiempo ahorrado por su uso, y que, de no ser por la existencia de la riqueza, tendría que ser gastado. Pero en el caso de los órganos de producción, el pago tiene el carácter de un ingreso de tiempo ahorrado durante un período indefinido, que continúa mientras la riqueza se utilice para facilitar la producción. De modo que, si el uso es *continuo*, como en la producción de riqueza perecedera, las horas empleadas en su obtención se ahorran una y otra vez. Este pago aparentemente interminable por un gasto definido de tiempo es, por supuesto, la base física del origen del interés, definido como el alquiler-pago por el uso de órganos de producción en la producción.

En realidad, ningún tipo de riqueza es absolutamente permanente y a prueba de , y la durabilidad varía desde la de posesiones relativamente efímeras como la ropa hasta la del diamante. En la práctica, además de la provisión de la primera categoría de riqueza consumible, una comunidad debe mantener en buen estado sus posesiones y órganos de producción. Pero esto no afecta a la naturaleza del problema, y en la práctica se acostumbra a suponer que una parte del tiempo ahorrado por el uso del capital se gasta como se requiere en su mantenimiento perpetuo, dejando aún un interés neto permanente.

Puede decirse de inmediato que nada impide que una clase dominante en posesión del poder político disponga las cosas de modo que pueda exigirse a perpetuidad un cierto tributo limitado a los productores reales de riqueza mediante el pago del alquiler por el uso del capital, del mismo modo que no hay imposibilidad física en vivir de la propiedad de la tierra en circunstancias políticas similares. Era imposible que el terrateniente se pusiera flagrantemente en contra de las leyes de la Naturaleza. El fracaso de la era capitalista se debe a que se malinterpretó la naturaleza del interés y del "capital", y a que la idea del interés perenne se extendió desde el pago por el uso de los órganos de producción en la producción de riqueza perecedera hasta el pago por el impago de cualquier tipo de deuda. Existen límites bien definidos para el posible interés que puede exigirse a una comunidad, que no puede sobrepasarse aumentando el capital.

El capital no puede multiplicar el tiempo humano

Porque el capital multiplica la eficiencia del gasto del tiempo humano, pero no multiplica el tiempo humano, aunque siempre intenta hacerlo alargando las horas de trabajo hasta y más allá del límite de la resistencia humana. Esta afirmación está históricamente justificada por un conocimiento muy ligero de la historia industrial de este país antes de las Leyes de Fábrica. El proceso está teniendo lugar ante nuestros ojos hoy en día en el Este, donde la legislatura de Hong-Kong ha aprobado recientemente una legislación que prohíbe el trabajo de los niños más de nueve horas al día de cada veinticuatro y seis días de cada siete. En China, que todavía no ha llegado a la fase de legislación que regule las horas de trabajo industrial, las condiciones se describen como muy similares y tan horribles como las que se daban en este país antes de la aprobación de las Leyes de Fábricas.

Independientemente de lo que se pueda pensar de la economía de Marx, que para el autor no parece menos metafísica y tan divorciada del conocimiento esencial de la física del sistema productivo como los sistemas de los más ortodoxos, nadie que haya leído *El Capital* puede dejar de estar impresionado por el caudal de erudición sociológica de ese volumen, en su mayor parte en voluminosas notas a pie de página. Escrito en la época en que la política *de laissez-faire* de los gobiernos dejaba sin control los males del sudor y la explotación de los trabajadores por el sistema industrial, constituye para todos los tiempos un registro de algunos de los abusos casi increíbles que acompañaron la historia anterior de la gran acumulación de capital en este país. Hoy en día, una opinión pública revuelta y el creciente poder económico de los sindicatos han corregido en cierta medida el equilibrio, pero en el Este y en otros países donde los sistemas capitalistas siguen sin control, los primeros efectos en la prolongación de las horas de trabajo, y en la utilización de mujeres y niños como el tipo de mano de obra más barata, son tan evidentes como lo eran en este país en el momento en que Marx escribió su "Biblia de las clases trabajadoras."

El capital aumenta el ocio o la riqueza

El uso del capital ahorra tiempo *o* aumenta la producción de riqueza, y en la medida en que su rendimiento se toma de una forma, tanto menos se dispone de la otra. Pero el límite de la producción de riqueza está fijado por el estado de los conocimientos científicos y técnicos y de la organización empresarial, y por el número de horas de trabajo posibles en el día. Una vez acumulado el capital necesario para permitir a los trabajadores emplear los métodos de producción dictados por el estado de desarrollo técnico, la acumulación ulterior es un puro despilfarro. Sólo puede utilizarse alargando las horas de trabajo, y sólo en la medida de la resistencia humana. La aparente productividad perpetua de la riqueza de capital y su superioridad sobre la riqueza consumible en este sentido lleva siempre a los codiciosos a exaltar la producción de capital como ahorro y la producción de riqueza consumible como extravagancia, mientras que la base física del interés perpetuo no está en la producción de capital, sino únicamente en su uso en la producción de la primera categoría de riqueza consumible. Su uso en la producción de riqueza perecedera es permanente, pero en la producción de riqueza permanente es efímero.

Porque las posesiones, como el capital, se acumulan. Una vez que una comunidad ha acumulado posesiones suficientes para permitirle consumir su riqueza de acuerdo con la escala de vida fijada por su tasa de consumo, más posesiones, como más capital, se convierten en una carga inútil y una carga para los poseedores. En resumen, ambas formas de riqueza permanente, por diferentes razones, sólo se acumulan hasta el punto en que se equilibran con la tasa de consumo de la riqueza perecedera.

Una analogía física sería un embalse en un suministro de agua. Al principio, cuando el embalse está vacío, el agua entra más deprisa de lo que sale, hasta que se acumula una cierta altura o altura de agua en el embalse, suficiente para expulsar el agua del embalse tan deprisa como entra, tras lo cual el agua del embalse permanece constante.

Así, con cada aumento del flujo de riqueza por el descubrimiento científico, al principio parte de la riqueza se acumula como nuevas posesiones y capital, pero la única condición permanente posible es cuando la tasa de entrada es igual a la de salida, o la tasa de consumo es igual a la de producción.

En el futuro, si alguna clase de la comunidad desea vivir del interés, debe alentar y no desalentar la producción de riqueza consumible, y desalentar la producción de capital excepto en lo necesario para producir riqueza perecedera.

La abstinencia a este respecto podría preservar el método de subsistencia, como el de la propiedad de la tierra, durante un período indefinido sin conflicto con la posibilidad física.

En la práctica, las sencillas consideraciones anteriores quedan invalidadas en la medida en que es posible exportar riqueza permanente a países extranjeros a cambio de riqueza consumible, pero a largo plazo, en todo el mundo, deben ser ciertas.

Esta es una consideración importante en lo que respecta a este país que, tradicionalmente como uno de los líderes en el uso de la fuerza mecánica, ha logrado en el pasado exportar cantidades considerables de permanente a cambio de riqueza perecedera. Pero esta situación no puede ser más que un tanto precaria, ya que a medida que el mundo se llena, los nuevos países no sólo fabrican cada vez más su propia maquinaria, sino que consumen cada vez más los alimentos que producen. A menos que nos las ingeniemos de nuevo para ponernos a la cabeza de las invenciones técnicas en el uso de la energía, está claro que la futura política definitiva de este país tendrá que dirigirse hacia la producción doméstica de riqueza consumible, es decir, tendrá que revivir su descuidada agricultura.

El límite en el que la acumulación de capital del capital pierde su objeto

Algunas de las conclusiones anteriores pueden quedar fuera de toda duda si se en términos algebraicos generales. Supongamos que mediante el gasto de una gran cantidad inicial de tiempo -equivalente, digamos, a T años de trabajo de toda la comunidad- en la acumulación del capital necesario se pueden poner en funcionamiento ciertos avances técnicos, que aumentarán permanentemente la eficiencia de la hora de trabajo en un factor X. Si la comunidad produce riqueza a partir de entonces al mismo ritmo que antes, lo hará en $1/X$ del tiempo, y ahorrará $[1 - 1/X]$ de su tiempo de trabajo anterior, es decir, ganará esta cantidad de ocio.

En cambio, si la comunidad trabaja el mismo tiempo que antes y produce X veces más riqueza que antes, su ganancia de riqueza será equivalente a $(X - 1)$ de su riqueza anterior. Si en el primer caso hay que emplear T años de trabajo para obtener el capital necesario para producir la misma riqueza que antes, para producir X veces la riqueza anterior, como en el segundo caso, será necesaria una abstinencia de consumo X veces mayor, o XT años de tiempo de trabajo.

Si la comunidad adopta un curso intermedio y decide abstenerse *durante YT* años, para poder producir Y veces su riqueza anterior, donde

Y es cualquier factor entre la unidad y *X*, ahora trabaja *Y/X* de su tiempo de trabajo anterior, ahorra [1 - *Y/X*] de él como ocio, y gana (*Y* - 1) de su riqueza anterior. Es evidente que si *Y* se hace igual a *X*, como en el segundo caso considerado, la comunidad tiene *X* veces más riqueza de la que tenía, pero ningún ocio adicional para disfrutarla, de modo que su abstinencia del consumo durante *XT* años no reduce sus horas de trabajo ni da lugar a ningún aumento de su gentilidad media. En este punto, un gasto aún mayor de horas de trabajo en la producción de capital conlleva también un aumento de la tarea diaria, y la comunidad en su conjunto se aleja aún más de su objetivo inicial de abstenerse del ocio para acumular capital.

La ganancia en ocio es [1 - *Y/X*], y aunque se hace fácilmente cero cuando *Y* = X, nunca puede hacerse unidad, sino que alcanza un máximo cuando *Y* es unidad y la comunidad se contenta con la misma riqueza que antes. Esta es la forma algebraica de decir lo que es -a pesar de las polémicas políticas- el sentido común más obvio. Por mucho que un individuo se las ingenie para, en posesión de agentes de producción -acumulados por el gasto de tiempo de trabajo pasado, propio o ajeno-, vivir sin más aportación de tiempo de trabajo presente, la comunidad de la que forma parte no puede hacerlo, sino que debe suministrar las horas de trabajo para hacer funcionar el capital que posee, aun cuando él lo haya proporcionado con su propia abstinencia.

De los dos factores necesarios para la producción de riqueza sólo proporciona uno.

Así, el principio, tan claro cuando consideramos el caso del estado medio de la comunidad en su conjunto, da lugar a problemas sociales bastante irresueltos, si no insolubles, cuando un conjunto de personas posee el capital y otro conjunto lo explota. No existe ningún método teórico conocido para equiparar la suma total de horas de trabajo pasadas invertidas en la provisión de capital con el gasto continuo de horas de trabajo presentes necesarias para hacerlo productivo, o para determinar cuál es, éticamente, la distribución justa del incremento.

CAPÍTULO VII

DINERO VIEJO Y DINERO NUEVO

El mecanismo de distribución de la riqueza entre los individuos para el consumo

El estudio de cómo se origina la riqueza y de sus diferentes categorías precede lógicamente al estudio de su consumo y utilización. La vida es, en el sentido físico de horas-ser humano, el producto de la riqueza, como la riqueza es el producto de la energía y del tiempo humano. Obviamente, estas consideraciones están en la base de cualquier investigación sobre economía política o nacional, y tienen prioridad sobre las cuestiones de propiedad, distribución e intercambio, que son de primera importancia para la economía individual. En las comunidades civilizadas, la producción de riqueza es más comunitaria que individual. El proceso está tan diferenciado que una vuelta a los métodos de producción individualistas primitivos significaría la muerte para la mayor parte de la comunidad. Los que sobrevivirían no serían en absoluto los que generalmente se consideran ricos como individuos, sino los agricultores y campesinos que realmente se dedican a la producción de alimentos. Si, a través del caos político, entraran en funcionamiento métodos individualistas en la producción de riqueza, sólo ellos podrían mantener indefinidamente un rudo tipo incivilizado de existencia.

Pero el uso y consumo de la riqueza, en la habilitación y potenciación de la vida, es individual y no comunitario. La vida de un hombre es su propio asunto personal e individual en un estado de libertad política, y reclama consideración previa incluso a la de la comunidad. La vida de la comunidad en su aspecto físico es el mero agregado de las vidas de sus miembros individuales, mientras que la riqueza de una comunidad no tiene relación necesaria con las demandas sobre su riqueza presente y futura que constituye la riqueza de los individuos que la componen. Es, en la frase de Ruskin, "la regla y la raíz de toda economía" que lo que una persona tiene, o reclama, muchos otros además de él han tenido, o tendrán, que esforzarse para conseguirlo.

El dinero es el instrumento que, consciente o intuitivamente, pone en práctica esta relación entre riqueza y vida, ya que permite a los individuos de una comunidad, personalmente y como individuos, apropiarse de los frutos de las actividades totales de la comunidad y poseer, utilizar y consumir, contribuyendo, si acaso, sólo a una parte limitada y especializada de la producción.

Los peligros del dinero

El dinero, o algún equivalente, es, en consecuencia, una necesidad en cualquier civilización o comunidad por encima de la etapa en la que cada uno produce todo lo que consume.

Pero, a pesar de todo, es una necesidad peligrosa, demasiado apta para engendrar en el cuerpo político enfermedades sociales lo suficientemente potentes como para derrumbar a las naciones más orgullosas. Sustituye el derecho natural inalienable del trabajador al producto de su trabajo por una vaga reivindicación generalizada sobre la totalidad de los frutos de los esfuerzos de la comunidad, una cantidad muy indefinida que abre la puerta a todo tipo de abusos. Desde el punto de vista moral, separa la concepción de la riqueza de la dignidad del trabajo, una conexión santificadora que el genio de Thomas Hood puso de manifiesto en los sencillos versos: "¡No es lino lo que estás gastando, sino vidas humanas! y en las palabras de Ruskin: "El lujo en la actualidad sólo puede ser disfrutado por los ignorantes; el hombre más cruel que vive no podría sentarse en su banquete a menos que se sentara con los ojos vendados".

La variación del poder adquisitivo del dinero expone a la comunidad a la injusticia al por mayor por un lado y a la ganancia inmerecida por el otro, con tanta seguridad como si un grupo hubiera sido despojado de sus pertenencias por el otro mediante el robo y la violencia. Pero peor que todo, allana el camino a la subyugación económica de la humanidad al poder monetario debido a la confusión en la mente de las personas entre dinero y riqueza. Al sustituir la "concepción de una cantidad realizada" por "una percepción periódica" de una infinidad de pagos de intereses futuros, intenta condenar a la esclavitud eterna a las generaciones que aún no han nacido. Es, pues, de la mayor importancia que todos aquellos que deseen comprender los problemas sociales comprendan y se hagan dueños del tema del dinero. Que nadie entiende todavía es una obviedad. Y mucho menos todos aquellos que han hecho un estudio especial de él -partiendo siempre de la inversión inicial de que el dinero es riqueza nacional en lugar de deuda- parecen capaces de responder inteligiblemente a las preguntas más sencillas sobre él que se le ocurriría hacer al más novato.

Las preguntas más sencillas sobre
El dinero moderno no tienen respuesta

¿Cómo se fabrica el dinero, por el Rey y la Real Casa de la Moneda, o por los bancos? ¿Cuánto dinero hay? ¿Interesa el dinero? ¿Cuál es precisamente la diferencia entre el dinero malo y el bueno, entre el emitido por el Rey y la Real Casa de la Moneda, por un falsificador o por los bancos? ¿Cuál es la cantidad correcta de dinero que se necesita para llevar a cabo los negocios de una nación, y por qué no puede imprimirse como se imprimen los billetes de tren, o como se imprimían los billetes de comida durante la guerra, sin una elaborada apoteosis mística del becerro de oro y sin inclinarse ante falacias vulgares sobre la fecundidad de la deuda ?

Hasta un niño puede entender la razón por la que el dinero se hizo de un metal valioso. Una transacción comercial en la que se intercambian lingotes de oro por mercancías es un simple trueque. Cuando pasamos de los lingotes a las monedas de oro y plata, que circulan prácticamente para siempre, de éstas a un papel moneda nacional, como el papel maché de Kubla Khan o los "billetes verdes" americanos, luego a los modernos billetes de banco y cheques que prácticamente han desplazado al dinero nacional, y después a las diversas formas de crédito bancario evasivo, "creado y decretado en la Nada Absoluta por el mero fiat de la Voluntad Humana", las preguntas más simples que se le ocurrirían a la mente de un niño parecen incapaces de una respuesta definitiva. Si antaño se consideraba un principio elemental de honradez y evidente que la moneda nacional debía tener el peso y la ley justos y ser emitida únicamente por una Casa de la Moneda debidamente autorizada, ¿cómo se salvaguardan adecuadamente los intereses nacionales vitales en la creación de dinero ahora que las grandes transacciones del mundo se realizan mediante cheques, billetes de banco y otras formas de crédito en papel que nunca han visto el interior de una Casa de la Moneda?

Es absolutamente inevitable, antes de seguir adelante, que el lector intente comprender el sistema monetario existente. En todas las ramificaciones de la evolución de la concepción del dinero es esencial no perder nunca de vista un hilo conductor. Es el mismo hilo que hay que seguir para pasar de la concepción común del dinero, tal como lo entiende cada *individuo*, a la concepción del dinero como instrumento *nacional* para efectuar la distribución y asignación de la riqueza de la comunidad, ya que la evolución histórica del dinero en la comunidad refleja la evolución en la mente de un aprendiz que intenta dominar el tema.

La evolución del dinero

La primera concepción o concepción individual del dinero es la de una moneda de oro o plata -de valor definido y valor intrínseco si se funde en lingotes y se desmonetiza- que se intercambia por bienes en general de igual valor, un simple trueque. La segunda concepción o concepción nacional del dinero es diferente porque el dinero de oro nunca se desmonetiza al fundirse cuando se utiliza como moneda interna. Circula indefinidamente. Una simple venta de bienes por una determinada pieza de dinero debe considerarse con respecto a la transacción previa en la que el vendedor adquirió la pieza de dinero dando algo a cambio primero y la transacción posterior en la que la transmite, comprando él mismo algo con ella. Entonces se ve que lo que realmente da valor a la moneda no es que esté hecha de oro o plata, sino que es pago legal de una deuda.

Un vendedor entrega al comprador la posesión de cierta riqueza y, para saldar la deuda, el comprador entrega al vendedor dinero como pago legal, y así le transfiere un derecho legal a cualquier cosa que pueda comprar de igual valor a la que ha vendido, siempre que quiera ejercerlo.

En el caso de un auténtico préstamo de dinero de prestamista a prestatario, o de acreedor a deudor, el prestatario que recibe el dinero contrae una deuda igual con el prestamista. En el caso de una venta de bienes a cambio de dinero, el comprador que recibe los bienes paga la deuda que contrae con dinero, y así confiere al vendedor a cambio de lo que ha entregado un crédito o derecho igual a ser reembolsado en riqueza a la vista.

En el primer caso, el prestatario da su promesa personal de reembolsar al acreedor; en el segundo, el comprador da dinero, que es la promesa generalizada de la nación de reembolsar al vendedor la riqueza que ha dado al comprador, cuando le plazca.

De este modo, llegamos a considerar el dinero - independientemente de que sea en especie o en papel- como un símbolo que certifica que su propietario es acreedor de la comunidad en general y tiene derecho a ser reembolsado en riqueza cuando se le pida.

La única diferencia entre la especie y el papel moneda es que en el primer caso el acreedor de la nación tiene en su mano no sólo la promesa de la nación de pagar a la demanda, sino también los medios para hacer cumplir la demanda, si la nación incumple,[27] fundiendo la moneda y destruyéndola como dinero, ganando así el oro del que está hecha en pago de su deuda. En el caso de un papel moneda inconvertible no tiene ese poder. En el caso de un papel moneda convertible a petición en oro moneda, tiene el poder, pero sólo excepcionalmente, como individuo, siempre que muchos otros individuos no traten al mismo tiempo de ejercer su poder también. Si lo hicieran, generalmente sólo existiría una pequeña fracción del oro necesario para satisfacer sus reclamaciones.

Así, el siguiente paso hacia un divorcio completo entre la noción original de dinero como una forma de riqueza para el trueque de bienes equivalentes y la ficha moderna como un instrumento de crédito que confiere a su propietario el derecho a un reembolso de la riqueza, sólo espera el diseño de una garantía adecuada para el propietario del dinero de que la nación no incumplirá, que será tan aceptable como el método rudo de incorporar con la ficha de endeudamiento un equivalente de oro o plata.

Contrastemos ahora el estado de una nación bajo una moneda de oro o plata de pleno valor y una moneda de crédito respectivamente. La primera ciertamente no presenta dificultades.

---

[27] El modo común de impago es cuando la moneda se deprecia o se deprecia en poder adquisitivo.

La especie forma parte de la riqueza nacional. Nadie en la comunidad tiene un derecho monetario a la riqueza más allá de la riqueza en posesión de la comunidad, y ninguna parte de esa riqueza tiene, debido al sistema monetario, más de un propietario al mismo tiempo . Es cierto que los individuos pueden deber y ser debidos entre ellos, y los que deben pueden vender la deuda a otros, transfiriendo sus derechos de la misma manera que circula el dinero crediticio. Pero aquí nadie se atrevería a afirmar que multiplicando la propiedad se multiplica la riqueza. Si B le debe a A 1.000 libras, B puede o no tener bienes inmuebles por valor de 1.000 libras, que pueden considerarse como la garantía de la deuda y de su reembolso. Pero incluso si lo tuviera, nadie en su sano juicio podría argumentar que, dado que A y B son hasta este punto copropietarios de la misma propiedad, su valor en copropiedad es el doble que en propiedad separada. 1.000 libras esterlinas son 1.000 libras esterlinas, ya sean propiedad de A o de B o de ambos al mismo tiempo, y no se convierten en este último caso en 2.000 libras esterlinas.[28] Esto sería claramente absurdo.

En una moneda de crédito, el papel moneda, los cheques y los billetes de banco sustituyen a la especie sin ninguna diferencia importante, salvo que no se incorpora oro ni ningún otro material valioso en el símbolo del endeudamiento nacional. No hay riqueza en posesión de los propietarios del dinero, y no tiene por qué haberla en posesión de la nación que está detrás de estos créditos. Por lo tanto, si consideramos a los propietarios del papel moneda como acreedores nacionales, al igual que en el caso de los acreedores y deudores individuales, existe una propiedad conjunta de los bienes de la nación, entre sus propietarios legales y los que tienen dinero y, como consecuencia del sistema monetario, parte de la riqueza de la nación tiene más de un propietario al mismo tiempo. El derecho monetario se limita a la riqueza en el mercado de venta y la deuda circula indefinidamente, transfiriéndose de comprador a vendedor y no cancelándose. De ahí resulta que, aunque no haya nada detrás de estos derechos, no es necesario que lo haya, porque la nación es una organización continua y, para distribuir su riqueza, algunas personas deben preferir siempre un *derecho* sobre los bienes en el mercado en

---

[28] Por razones de brevedad, el símbolo £ se utiliza para expresar el valor de una libra esterlina de riqueza o bienes, y siempre debe leerse en este sentido.

general, ejercitable a voluntad, a *la posesión* del equivalente de cualquier forma de riqueza. De esta necesidad surge la deducción adicional de que, incluso en el caso de la moneda de oro, no es el oro el verdadero aliciente que tienta a un vendedor de mercancías a cambiarlas por dinero, sino el poder que una ficha de crédito nacional confiere a su poseedor para satisfacer sus necesidades en riqueza bajo demanda. Incluso con una guinea de oro es el sello de la guinea y no el oro lo que la constituye en dinero. Si un hombre quiere oro, se lo compra a un joyero o a un comerciante de lingotes. Por lo tanto, todo el trabajo y el esfuerzo humanos invertidos en la obtención de metales preciosos con fines monetarios son innecesarios, siempre y cuando las monedas circulen y no sean fundidas y desmonetizadas. Representan un despilfarro del trabajo de la comunidad, que tiene que compensar con riqueza útil real al propietario de la moneda cuando éste lo solicite, ni más menos que un papel moneda representa, sin ningún esfuerzo desperdiciado , que la comunidad debe compensar al propietario con el importe de su derecho a la riqueza útil real cuando éste lo solicite.

Riqueza virtual

De ahí que lleguemos a la conclusión de que, tanto en un caso como en el otro, el sistema monetario de distribución de la riqueza lo hace por el poder que confiere a los individuos *no* de poseer, sino de que se les *adeude* la riqueza a la que tienen derecho, con el fin de que cualquier tipo o cantidad deseada pueda obtenerse como y cuando se requiera sin esfuerzo. El dinero no es riqueza ni siquiera para el individuo, sino la prueba de que el propietario del dinero *no* ha recibido la riqueza a la que tiene derecho, y de que puede exigirla a su conveniencia. De modo que en una comunidad, por necesidad, el dinero agregado, independientemente de su cantidad, representa el valor agregado de la riqueza que la comunidad prefiere que se le deba en estos términos en lugar de poseer.

Esta cantidad negativa de riqueza la denomino la *Riqueza Virtual* de la comunidad porque la comunidad está obligada por su sistema monetario y la necesidad de tener uno, a actuar como si poseyera esta riqueza mucho mayor de la que realmente posee.

A medida que una comunidad crece en número y en ingresos, también crece su riqueza virtual, como se indica en el diagrama (Fig. 1). Así, en un momento t 1, si la riqueza real de una comunidad puesta a la venta está representada por *ab*, su riqueza virtual puede ser *bc*, de modo que puede y debe actuar como si poseyera riqueza en la medida *ac*, de la que *ab* es propiedad y *bc* es deuda. En un momento posterior *t* 2, si su riqueza real en el mercado ha crecido hasta *de*, su riqueza virtual habrá crecido correspondientemente hasta *ef*, de modo que puede y debe actuar como si poseyera *df*. Debe existir una proporcionalidad aproximada, aunque no necesariamente exacta, entre los componentes positivo y negativo, y ambos deben partir de cero, como indica el diagrama.

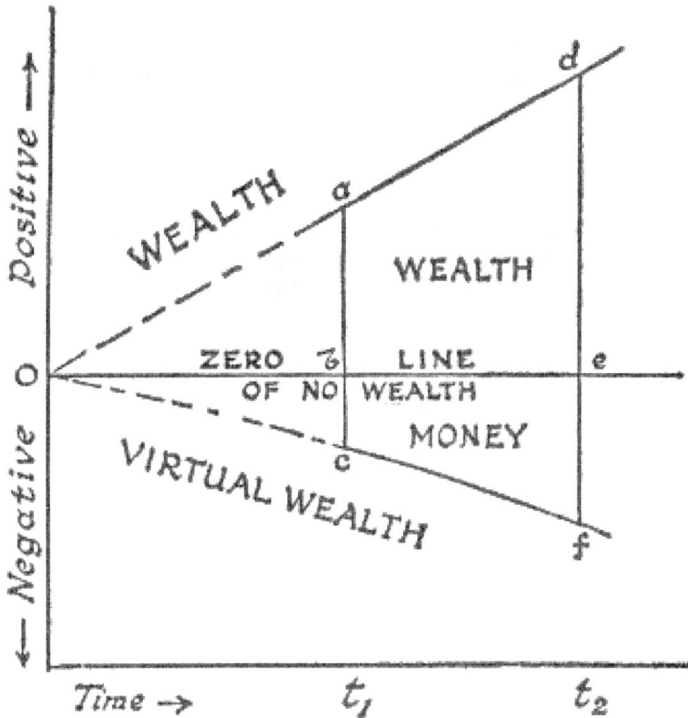

FIG. 1.- *El principio de la riqueza virtual.*

Los dos tipos de crédito nacional

De este modo llegamos a ver que, así como al calcular la riqueza de un individuo -si posee crédito personal o poder de endeudamiento- hay que partir, no del cero de la riqueza, sino de una cantidad negativa

-lo que debería si hubiera gastado todo lo que posee y todo lo que debe-, algo similar ocurre necesariamente con una nación.

Pero el origen de este "crédito" es totalmente diferente en los dos casos. En el caso de un individuo, se ejerce a expensas y con el consentimiento de otro individuo, normalmente como una acomodación o concesión comercial por la que el deudor paga intereses. En el otro caso, es una necesidad inherente a la naturaleza comunal de la producción y a la naturaleza individual del consumo, y que surge del sistema monetario de distribución. Beneficia a todos los miembros de la comunidad, en proporción a sus posesiones monetarias, el hecho de que se les deba más bien la propiedad de cierta parte de la riqueza a la que tienen derecho. Esta Riqueza Virtual es, pues, una parte peculiar del crédito nacional, y debe distinguirse claramente del resto, que, de hecho, es la única parte del crédito nacional reconocida habitualmente, y que no difiere en nada de la de un individuo. Así, cuando MacLeod dice: "Así también el Crédito del Estado por el cual puede comprar Dinero y otras cosas dando a las personas el Derecho de Exigirle una serie de pagos futuros es Riqueza Nacional", realmente quiere decir que el crédito nacional permite al Estado *adquirir* riqueza y derechos sobre la riqueza propiedad de sus ciudadanos individuales sin reembolso inmediato, y esto no es más riqueza nacional que el crédito de un comerciante. Ejercido, crea Deuda Nacional con intereses, en la que el reembolso *no* se evita indefinidamente, como ocurriría si el Estado imprimiera dinero en la cantidad correcta y lo cambiara por bienes. La Deuda Nacional debe seguir pagándose hasta que sea reembolsada. Mientras que la Riqueza Virtual de la comunidad, aunque es Deuda Nacional en un sentido, es deuda permanente, necesaria, beneficiosa, normalmente no reembolsable y que no devenga intereses. Es, por supuesto, la confusión entre estos dos tipos de crédito nacional, y el traslado al individuo de lo que sólo es cierto para una comunidad, lo que es responsable de los poderes casi místicos con los que se asocia el crédito en la mente de muchas personas.

El experto, por otro lado, dirá: "¿No habéis llegado por un camino indirecto a lo que los economistas han afirmado, aunque les haya implicado en errores lógicos, a saber, que el dinero debe considerarse con razón como parte de la Riqueza Nacional?". La respuesta es clara. Es cierto que la nación debe actuar, y seguir actuando indefinidamente, como si poseyera más riqueza de la que posee, por el poder adquisitivo agregado de su dinero, pero lo importante es que esta Riqueza Virtual *no* existe. Es una cantidad negativa imaginaria, un déficit o deuda de riqueza, que no está sujeta ni a las leyes de la conservación ni a las de la termodinámica. Pero *es* una cantidad que hace referencia a *la riqueza* y no al *dinero*. Lo importante no es la cantidad de dinero que tienen las personas, sino la cantidad de riqueza que están en condiciones de obtener en cualquier momento en el futuro a petición, y por lo tanto de la que carecen en el presente. Es la cantidad de bienes que la comunidad se abstiene de poseer lo que es definitivo, y el número de unidades de dinero que vale esta cantidad definitiva es todo el dinero, sea lo que *sea*.

Es la riqueza virtual la que mide el valor o el poder adquisitivo del dinero, y no el dinero el que mide el valor de la riqueza.

Aunque el valor monetario de la riqueza virtual agregada es necesariamente idéntico al agregado del dinero que posee la comunidad, esta identidad no hace sino ocultar la verdad real. La riqueza virtual tiene, de hecho, muy poco que ver con la cantidad de dinero. Es cierto que puede tender a cambiar porque la gente intente cambiar sus hábitos debido a una inflación o deflación de la moneda, pero los hábitos de una comunidad son esencialmente conservadores, de modo que sólo puede cambiar dentro de límites comparativamente pequeños. Mientras que la cantidad de dinero, por otra parte, es absoluta y enteramente arbitraria, y teóricamente puede hacerse tan pequeña o tan grande como a la nación le plazca sin límite alguno. Por grande o pequeño que sea, el dinero total es, por supuesto, el valor monetario de la riqueza virtual, de modo que si ésta no cambia, el nivel de los precios medios es proporcional a la cantidad de dinero y el poder adquisitivo del dinero es inversamente proporcional a la cantidad de dinero.

Con esta descripción preliminar del punto de vista sobre el dinero que se ha destacado en este trabajo, podemos volver a lo que se ha denominado el hilo conductor que ha seguido el curso de la evolución monetaria. Ha sido la sustitución de un dinero consistente en la riqueza real poseída, por un dinero que denota la riqueza debida pero no poseída. Para el individuo, esto último significa, o debería significar, que ese individuo ha prestado algún servicio a la comunidad que aún no ha sido retribuido en riqueza. Pero para la comunidad, el significado de su dinero es totalmente diferente. Significa, puesto que el reembolso de tales servicios en riqueza sólo transfiere su deuda de un individuo a otro, que tales deudas no necesitan ser reembolsadas en absoluto, y de hecho sólo pueden ser reembolsadas por la propia comunidad obteniendo posesión del dinero y destruyéndolo. Se trata del único tipo de deudas que son totalmente beneficiosas para la comunidad y, al ser pagadas instantáneamente mediante la transferencia de un individuo a otro, mientras se paguen a un nivel de precio invariable no tienen por qué devengar interés alguno, ya sean de metal o de papel. Pues el interés del dinero es esencialmente el pago por el privilegio de poder aplazar el pago de una deuda monetaria. Pasemos ahora a considerar los sistemas monetarios reales.

Esbozo del origen del sistema actual

El dinero, como señal autorizada de la deuda de toda la comunidad con el individuo que posee la señal, es, por supuesto, una institución muy antigua, y estas señales eran incluso a veces bastante desprovistas de valor en sí mismas, aparte de la convención social de honrarlas como reclamos legalmente exigibles de riqueza real. En las monedas simbólicas de Atenas y Esparta, entre los siglos X y V a.c., en las que se empleaban discos metálicos sin valor como monedas, se apreciaba perfectamente el principio esencial de que el número de fichas emitidas debía ser limitado y conocido públicamente. Pero, sin duda, las comunidades más sencillas encontraban dificultades para controlar la imitación no autorizada y fraudulenta de las fichas. La relación con el trueque, en el que mercancías de igual valor cambian de manos, se conservó en la moneda de metales preciosos que aún persiste en cierta medida. El principio subyacente era perfectamente correcto para los principios de la ciencia física moderna. Puesto que la riqueza no puede crearse de la nada, sino que es un producto del esfuerzo humano invertido en la materia prima y las fuentes de energía del globo, ningún individuo debería ser capaz de fabricar un nuevo derecho monetario a la riqueza de la nada, y el comprador debería renunciar a algo de igual valor (tan difícil de conseguir como) lo que así adquiere. Es en este punto vital donde fallan los métodos modernos de multiplicar los derechos a la riqueza.

Pero aún más fatal para la democracia ha sido su incapacidad para proporcionar una autoridad y un mecanismo adecuados para la fabricación y emisión de dinero, como y cuando sea necesario, para seguir el ritmo del crecimiento de su riqueza. *El dinero nacional*, sea cual sea su composición, no devenga, y nunca lo ha hecho, intereses, que es la *razón de ser* de la emisión de la mayoría del dinero moderno. Independientemente de los fines que se suponga que persigue, el dinero bancario se crea principalmente para ese fin y, lo que es peor, se decreta de nuevo cuando se ha cumplido ese fin. Pero un soberano emitido en el reinado de Jorge no vale ahora más que cuando fue emitido, y obedece a la ley ordinaria de la conservación de la materia. No aparece y desaparece misteriosamente como el dinero bancario. Todos los gastos de su acuñación y de su mantenimiento contra la pérdida de peso debida a la abrasión durante su uso corren a cargo del Estado sin cargo alguno para el usuario. En este país, la pérdida se compensó hasta cierto punto mediante la emisión de monedas de plata que, como lingotes, sólo valían la mitad de su valor nominal y de monedas de cobre sin valor metálico definido; pero la moneda se protegió de la degradación limitando la validez de estas fichas de plata, como pago legal de deudas, a sumas de hasta 2 libras esterlinas y las fichas de cobre sólo hasta 1 penique.

Aunque, al hacer la moneda principal de oro, se da al poseedor un equivalente en riqueza por lo que la moneda comprará, en realidad las estrictas regulaciones prohibían desfigurar la moneda e impedían que se utilizara excepto como muestra del endeudamiento comunal. En una comunidad de en la que la confianza mutua no estaba muy desarrollada, el metal precioso de las monedas garantizaba su fácil circulación, pero no tiene ningún otro propósito en lo que respecta a la moneda interna. En realidad, son una forma de dinero simbólico.

Según nuestra definición de riqueza, los lingotes de oro y plata son claramente riqueza, siempre que sirvan a las necesidades de la comunidad. Aparte de su uso en moneda, son, y probablemente siempre serán, riqueza para el joyero, que de otro modo tendría que buscar en la tierra, o pagar a otros por buscar, la materia prima de su oficio. De ser así, seguirían teniendo valor como reserva de riqueza con fines de atesoramiento. De modo que, incluso si se desmonetizaran, aunque su valor probablemente disminuiría mucho, seguirían siendo riqueza, en la segunda categoría, junto con las posesiones permanentes y los órganos de producción. Algunas de las complejidades del tema se deben a este triple origen del valor del oro y la plata.

Con el aumento del poder productivo debido al crecimiento de la ciencia, la moneda metálica dejó de ser adecuada, aunque, si se hubiera mantenido todavía, es dudoso que los males consiguientes hubieran sido mayores que los que nos han sobrevenido como consecuencia de la sustitución del papel moneda sin que se hayan preservado los principios originales del dinero.

Aunque los métodos científicos, sobre todo en tiempos relativamente recientes, han abaratado enormemente los procesos de obtención de oro y plata y han permitido trabajar con beneficio minerales mucho más pobres, estos metales todavía no pueden fabricarse artificialmente a voluntad. Su oferta no ha seguido el ritmo de la oferta de aquellas formas de riqueza que pueden fabricarse por métodos científicos, si se dispone de los trabajadores necesarios, en una medida razonable. Como resultado de la Revolución Industrial y de su consecuencia secundaria, pero no menos importante, de hacer que los productos de prácticamente toda la tierra estuvieran disponibles en todas partes mediante el uso del transporte mecánico, se habría producido una inmensa caída en el precio monetario de las mercancías si la moneda se hubiera restringido todavía a los metales preciosos, aunque posiblemente la demanda creada para ellos habría estimulado tanto la oferta que la caída habría sido sólo temporal. Porque, siendo el precio bajo el sistema un peso de oro dado por las mercancías, si las mercancías aumentan en abundancia relativamente al oro, menos de este último que antes se intercambia por las mismas mercancías. Por lo tanto, el precio de este último habría bajado gradualmente, y el valor relativamente creciente del oro en las mercancías habría estimulado la búsqueda de oro. Pero el curso real de los acontecimientos fue el redescubrimiento del uso del crédito o dinero simbólico en el mundo occidental.

La moneda de Kubla Khan

El papel moneda es en sí mismo un estudio fascinante, y quizá merezca la pena rastrear su invención hasta al menos uno de sus orígenes en Oriente. Kubla Khan, el gran emperador mogol, según relata Marco Polo en sus viajes,[29] "tenía el secreto de la alquimia a la perfección, porque hacía su dinero de la corteza de un árbol de morera, que cortaban en algo parecido al papel, pero negro... Todo el mundo lo aceptaba fácilmente, porque dondequiera que fuera una persona encontraría estos trozos de papel corriente, y podría hacer todos los negocios como si fuera oro". El Gran Khan debió de llegar por intuición a muchos de los principios que nosotros tardamos tanto en aceptar. Se dio cuenta de que la mayoría de sus súbditos no necesitaban el oro para su moneda nacional, sino sólo un medio de cambio con un poder

---

[29] *Viajes de Marco Polo*, editado por Cordier, traducido por Yule. John Murray, 1903, vol. I, libro II, p. 423.

adquisitivo definido y constante, protegido de la falsificación, mientras que para el comercio exterior los metales preciosos eran esenciales.

Así, leemos que a todos los mercaderes de la India que traían oro o plata, o gemas o perlas, se les prohibía venderlos excepto al emperador, que pagaba por ellos un precio muy liberal en sus propios billetes sin ninguna demora. Los mercaderes los encontraban mucho más ligeros de transportar que el oro, y compraban con ellos lo que querían en cualquier lugar del imperio. Pero los nobles, o cualquier otra persona que necesitara metales preciosos o piedras preciosas para fajas o similares, siempre podían comprar todo lo que quisieran al emperador con el papel moneda. La primera emisión tuvo lugar entre 1260 y 1287, y aún se conserva parte de este papel, que puede verse ocasionalmente en museos.

El origen del papel moneda moderno

Muy diferente es la historia de su redescubrimiento en Occidente. Los reyes, tan necesitados de oro y plata, sin duda, como el Gran Khan, solían pedirlo prestado en caso de emergencia, a veces sin la formalidad del consentimiento de los propietarios, por lo que resultaba extremadamente arriesgado depositarlo en la Torre o en cualquier otra fortaleza prevista a tal efecto. En estas circunstancias, , los orfebres actuaron como guardianes del dinero sobrante de los mercaderes y otros, y con el tiempo se convirtieron en banqueros. En posesión de las reservas de dinero de sus diversos clientes, no querían permitir que tan vastas sumas de "riqueza" permanecieran "ociosas" y "estériles", y prestaban una proporción segura a personas de confianza a interés, sabiendo por experiencia que no todos sus depositantes querrían recuperar todo su dinero el mismo día. Pero cuando los mercaderes que tenían tratos mutuos depositaban en el mismo orfebre, les resultaba conveniente dar una orden por escrito a éste para que se pagasen unos a otros con cargo a sus cuentas mutuas, en lugar de sacar ellos mismos el dinero para tal fin.

Así surgió el cheque moderno, por el que, en lugar de remitir dinero en efectivo para pagar una cuenta, se envía un cheque, o una orden al banquero para que pague con cargo a la cuenta del depositante.

Esta orden o cheque, como sustituto del dinero, tiene dos fuentes de incertidumbre. En primer lugar, puede carecer de valor debido a la insolvencia del firmante y, en segundo lugar, debido a la insolvencia del banco. La primera de ellas impide efectivamente que los cheques pasen al corriente como dinero, salvo, posiblemente, entre unos pocos de los que se sabe personalmente que el firmante es solvente. Pero la capacidad o no de un banco para hacer frente a sus obligaciones es mucho más conocida, y es una cuestión de reputación común entre la fraternidad empresarial. De ahí que, entre los comerciantes desconocidos personalmente entre sí, surgiera la práctica de enviar el recibo del orfebre por el oro depositado. Esto eliminaba la primera incertidumbre, y tales recibos circulaban como dinero en todas partes donde el orfebre era conocido por su buena reputación. Así nació el billete de banco. El depositante obtenía recibos por sumas definidas de oro, con los que con el tiempo la comunidad llegó a familiarizarse. Los recibos circulaban como dinero tan fácil y cómodamente como el propio oro. En esta fase, el oro estaba detrás del billete. Era una promesa del banquero de pagar al tenedor del recibo o pagaré la suma de oro especificada a la vista a cambio del pagaré.

El desplazamiento del dinero nacional por el dinero bancario

El orfebre, ahora convertido en banquero, descubrió por experiencia que estaba en posesión permanente y continua de una reserva de oro mucho mayor de la que jamás se le pedía que desembolsara. Mientras circulaba un billete de banco, el oro del que era recibo permanecía sin utilizar en su caja fuerte. Pero el aumento de la popularidad del sistema de cheques tuvo un efecto mucho más importante: . Los propios clientes del banquero, cuando se emitían entre sí órdenes de pago, o cheques, evidentemente *no afectaban en lo más mínimo a la cantidad de oro que éste poseía*. Sus cheques se limitaban a transferir *la propiedad* del dinero de un cliente del banquero a otro. La liquidación de las deudas mutuas entre los clientes de un mismo banco mediante el sistema de cheques no es más que un asunto de contabilidad, que va más allá del billete de banco y *prescinde totalmente del dinero*. El dinero queda así liberado para ser utilizado de nuevo por el banquero, que puede prestarlo, y de hecho lo hace, a productores reputados por períodos definidos, para ser reembolsado con intereses con cargo al producto de la empresa productora de riqueza. Pero, de nuevo, el dinero en sí no necesita ser utilizado para esto, ya que un talonario de cheques sirve para el mismo propósito en todas partes[30] mientras la reputación de solvencia del banco siga siendo buena. De este modo, el dinero original se utiliza una y otra vez, y a partir de una cantidad original de riqueza se crean, literalmente de un plumazo, derechos a varias veces esa cantidad de riqueza en posesión de otras personas inocentes y desprevenidas.

Este es el *pons asinorum* de la banca, y en este punto sus apologistas siempre parecen distraerse de los principios que se supone que el dinero debe servir en una comunidad para una defensa *ex parte* del sistema. Ciertamente, a un principiante le resulta extraño descubrir que la ley procede con la máxima severidad contra el falsificador fraudulento por emitir nuevas fichas de dinero, pero permite a los bancos, en efecto, crearlo al por mayor para prestar a interés por estos métodos, lo cual es un negocio mucho más rentable e infinitamente más grave en sus consecuencias para la comunidad en general que la falsificación. En cualquier otra época habría sido la forma más obvia de traición contra el Estado.

La emisión privada de dinero; un resultado fortuito del sistema de cheques bancarios

No cabe duda de que todavía hay muchas personas, si no la mayoría, que se mostrarán francamente incrédulas ante el hecho de que el prestamista pueda crear y destruir de un plumazo un dinero que excede con creces en cantidad al total del dinero nacional. ¡Con qué frecuencia se lee todavía en la prensa que los bancos sólo pueden prestar a sus clientes dinero de sobra! La mayoría de la gente sigue pensando en lo que fue el dinero, "un instrumento público propiedad del Estado y controlado por él". Llegan naturalmente a la conclusión de que quienes ensayan la ingrata tarea de examinar la cuestión desde el punto de vista nacional no pueden comprenderla ellos mismos. Sin embargo, esta incredulidad no tiene justificación.

---

[30] El prestatario simplemente "sobregira su cuenta", pero el banquero contabiliza en el haber del prestatario la suma en cuestión, y en el otro lado de su libro de contabilidad la contabiliza en su propio haber como adeudada por el prestatario.

Los hechos principales no admiten discusión. Se exponen claramente en todas las obras sobre el dinero. Si el lector no instruido desea leer el mejor intento de apología del sistema, se le recomiendan las obras sobre el tema del Sr. Hartley Withers. El punto de vista es el del entusiasta publicista financiero, que ve el gran aumento de la prosperidad no en términos de invención, diligencia y energía, sino en términos de dinero, y para quien el maravilloso crecimiento de los últimos tiempos es el efecto más que la causa del maravilloso sistema bancario, particularmente el sistema bancario británico, por no decir el sistema bancario londinense.

Se pueden citar algunos párrafos:[31]

"La conclusión general a la que se ha llegado es que los depósitos bancarios se originan en una pequeña proporción por el efectivo que se paga a los bancos a través de la ventanilla, en una proporción mayor pero aún comparativamente pequeña por las compras de valores por parte de los bancos que crean créditos contables, y principalmente por los préstamos de los bancos que también crean créditos contables.

"No hay nada alarmante en la conclusión, aunque las personas que han estado acostumbradas a considerar los depósitos bancarios como dinero en efectivo, a veces se asustan cuando se les presenta el otro lado de la cuestión, y sienten que el crédito bancario es una especie de conspiración cuestionable entre los bancos y sus clientes. Un poco de reflexión muestra que se trata de una hermosa pieza de un mecanismo que funciona uniformemente, mediante el cual se economiza moneda y se proporciona una divisa perfecta con extraordinaria facilidad y baratura. Tampoco hay que sentirse desilusionado cuando uno se da cuenta de que los depósitos bancarios, en la medida en que son prestados, son evidencias de endeudamiento tanto como de riqueza.

"Todo el mundo sabe que en todas las comunidades establecidas desde hace mucho tiempo, bien ordenadas e industriosas, se acumulan vastas reservas de riqueza; e incluso si pudieran amontonarse en bancos y expresarse en cifras, nada

---

[31] *El significado del dinero*, cap. V, "La fabricación del dinero".

se ganaría con la información. Pero la contemplación de esta masa de endeudamiento, y de la moneda cheque con que pasa de mano en mano, es novedosa, estimulante y única.

Es un maravilloso ejemplo del ingenio humano aplicado al abaratamiento y fomento del comercio, las finanzas y la especulación. No hay nada parecido en ninguna otra parte, y su desarrollo sólo ha sido posible gracias a la confianza, basada en una sólida experiencia, de la mayoría de los ingleses en la probidad comercial de unos y otros, y en su disposición a llevar a cabo un contrato a toda costa.

"El único defecto del sistema es su perfección".

Advierte a los no iniciados de que los depósitos bancarios incluyen depósitos propiamente dichos, en los que el dinero está realmente depositado y no puede retirarse salvo al cabo de un tiempo estipulado, y cuentas corrientes en las que el dinero puede retirarse a voluntad mediante cheque. A continuación, muestra cómo la mayor parte se crean mediante préstamos. Toma los últimos balances disponibles (1909) de media docena de los mayores bancos por acciones y pone sus cifras juntas, con el resultado de que "la mayor parte de los depósitos de los bancos se ve así que consisten, no en efectivo pagado, sino en créditos prestados. Cada préstamo genera un depósito, y como nuestro balance muestra 180½ millones de préstamos, 180½ de los 249 millones de depósitos han sido creados por préstamos."

Una autoridad tan capaz al menos debe ser respetada incluso por quienes aún pretenden creer que los bancos sólo prestan el dinero no utilizado de sus clientes. En efecto, a algunos les parece suficiente para demostrarlo que el balance de un banco sea equilibrado. Mientras que, por supuesto, cuando se crea un crédito bancario, ambos lados del balance se escriben al alza en la misma medida. No se trata simplemente de la anciana de la fábula que se excedió en su cuenta y envió a su banquero un cheque por el importe. Su desgracia fue simplemente que ella no era su propio banquero.

La siguiente cita de *The Times*, 9 de diciembre de 1925, p. 21, columna City Notes, debería convencer al más escéptico: "... Las casas emisoras y los suscriptores deben recordar que el capital disponible para la inversión no es, como el crédito bancario, algo que pueda fabricarse mediante una anotación contable; sólo puede proporcionarse mediante el ahorro genuino."

La moratoria y después

Al comienzo de la Guerra, el feo hecho de la Moratoria necesitaba alguna *apología* pública, y leemos en una obra del Sr. Withers publicada en 1914: "Nos cayó encima como un rayo caído de un cielo despejado. A finales de julio de 1914, cualquier ciudadano de Londres al que se le hubiera preguntado qué significaba una moratoria probablemente habría respondido que no existía tal palabra. Posiblemente habría dicho que se trataba de una gran bestia lanuda extinguida con grandes colmillos. Si estaba excepcionalmente bien informado en materia de finanzas, habría respondido que se trataba de una especie de artificio utilizado en los países económicamente atrasados para difuminar la distinción entre *meum* y *teum*. El 2 de hubo una moratoria sobre las letras de cambio. El 6 agosto tuvimos una moratoria general... Fue una serie de sorpresas desagradables, pero no se debieron a ninguna debilidad interna del sistema bancario inglés.

La furia de la tempestad fue tal que ningún sistema crediticio habría podido resistirla. De hecho, como se demostrará, la razón principal de la brusquedad y plenitud del golpe que cayó sobre Londres no fue otra que su propia fuerza arrolladora.

Era tan fuerte y estaba tan sola en su fuerza que su fuerza la venció".[32]

Y al final de la misma obra:

"Resumiendo los efectos de la Guerra hasta donde ha llegado, en Lombard Street, podemos afirmar con confianza que han dado una prueba sorprendente de la inventiva y adaptabilidad del Banco de Inglaterra, del valor prudente y acertado del Gobierno al empeñar el crédito nacional para mantener nuestro comercio, y del poder magistral de la riqueza de Inglaterra."[33]

---

[32] *War and Lombard Street*, Hartley Withers, 1914, cap. I, "La moratoria". I, "La moratoria".

[33] Ibídem, p. 131.

En *Bankers and Credit*, publicado después de la guerra, cuando el país experimenta algunas de las consecuencias de sus improvisados esfuerzos por tomar alguna pequeña parte en sus propias finanzas, son los políticos, nunca los bancos, los culpables:

> "Los gobernantes políticos han demostrado últimamente una asombrosa capacidad para crear el caos en el mundo de la banca. Bajo el estrés de la guerra se apoderaron y deformaron para sus propios fines el sistema bancario y monetario de este país y de todos los demás países involucrados en él, y de muchos de los que sólo se vieron afectados indirectamente, con el resultado de que el sistema que había sido llevado a algo muy cercano a la perfección es ahora "Como dulces campanas tintineadas fuera de tono y ásperas," una melancólica burla de su antigua belleza y eficiencia."

El libro termina con las funciones propias del político:

> "El patrón oro nos libera de que los políticos jueguen con nuestro dinero, ha funcionado muy bien en el pasado y puede que vuelva a hacerlo, siempre que los políticos consigan hacer el trabajo que les corresponde, el de darnos paz y seguridad y confianza y buena voluntad".[34]

Mientras que la mayoría de las personas que tienen alguna experiencia de administración responsable probablemente estarían de acuerdo en que un Gobierno administrativo sin ningún poder real sobre las finanzas, y con ese poder situado en otra parte, puede ser poco más que una figura decorativa. "El rey ha muerto. Larga vida al rey".

El cambio del antiguo al nuevo "dinero

En este punto puede ser útil volver una vez más al punto crítico de que el sistema bancario, sin pronunciar una sola moneda falsa, puede multiplicar y multiplica el dinero del país por usura muchas veces.

Al principio, el poder legislativo se opuso firmemente a que los bancos emitieran billetes de banco.

---

[34] Banqueros y crédito, *1924*.

El sentimiento general del público era intuitivamente contrario a cualquier forma de dinero crediticio, no respaldado por el equivalente en oro. La temprana interferencia del Estado con la banca parece haber sido dirigida más bien hacia el objetivo de debilitar a los bancos y hacer el negocio precario tanto para el banquero como para los depositantes que con cualquier objetivo inteligible. Se ha argumentado muy hábilmente[35] que todos los males de la Revolución Industrial surgieron de la interferencia del Estado con la banca, y que es esencial que la banca esté libre de restricciones y abierta a la competencia como cualquier otra forma de comercio. Históricamente, se afirma, los instintos del banquero han sido uniformemente sociales, y que la banca se ha convertido en lo que es a través de estos instintos frustrados.

Las críticas al sistema que se hacen en este trabajo no deben interpretarse como una reflexión sobre los banqueros como hombres de negocios prácticos, sino que se refieren directamente a la teoría del crédito en la que se ha basado el sistema. Tampoco se sugiere que haya la menor mancha de ilegalidad en *sus* acciones, independientemente de lo que se pueda pensar de la forma en que nuestros ostensibles gobernantes han abdicado de sus funciones y han dejado al país en la estacada. Las fuerzas que actuaron en la Revolución Industrial eran gigantescas, y probablemente nadie las comprendió. El poder de aumentar la producción conferido por el aprovechamiento de la fuerza mecánica exigía un medio de aumentar la moneda y economizar en el uso del oro. Pero los gobiernos de entonces no permitieron que los bancos lo hicieran a su manera, ni lo hicieron ellos mismos abierta y francamente mediante la emisión de un papel moneda nacional.

En esta situación, la invención del sistema de cheques prácticamente resolvió el problema. Prácticamente ha desplazado al billete de banco y ha relegado a un papel secundario al dinero autorizado y emitido por el Estado. Ha alterado la naturaleza misma del dinero sin que ni el público ni el legislador se hayan dado cuenta todavía de lo que ha ocurrido.

Es característico de las vertiginosas virtudes del interés compuesto que no sean en absoluto vertiginosas al principio. Sólo cuando llevan cierto tiempo en funcionamiento muestran alguna

---

[35] *Justicia industrial a través de la reforma bancaria*, Henry Meulen, 1917.

disposición a volverse maravillosas y a trascender los límites de lo físicamente posible. Pero ahora que los incrementos de endeudamiento se acumulan, no es suficiente defensa del sistema decir que sirvió bien al país en el pasado, y que sólo hay que dejarlo en paz para que haga más milagros en el futuro. Un solo grano de maíz duplicado tantas veces como cuadrados hay en un tablero de ajedrez representa más maíz del que la población actual del mundo podría consumir en un período más largo que el cubierto por los registros de la historia, mientras que duplicado sólo la mitad de ese número de veces apenas bastaría para dar a Londres una comida cuadrada. Esto significa que un sistema puede no mostrar signos de ruptura durante un siglo y, sin embargo, volverse absolutamente imposible en el transcurso del siguiente.

Volviendo a la transición del viejo al nuevo sistema, antes de que comenzara la banca sólo había una cantidad definida de monedas de oro y plata. El primer paso en el camino descendente, del dinero para uso al dinero para usura, fue el poder conferido al Banco de Inglaterra para emitir billetes de banco hasta un punto limitado a cambio del préstamo de dinero al Gobierno - un poder que todavía poseen en virtud de la Ley de la Carta Bancaria de 1844. Su emisión de billetes descubiertos se limitaba entonces a 14 millones de libras esterlinas, por encima de las cuales se les exigía mantener oro en reserva. Toda la intención de esta última ley, que sigue vigente, a saber, impedir la emisión de papel moneda sin cobertura de oro, se vio frustrada por el desarrollo del sistema de cheques. Este último acabó efectivamente con el billete de banco como forma de moneda al establecer una forma mucho más insidiosa e incontrolable. Es sólo esto último lo que necesita más elucidación.

La piramidación del crédito

A medida que se desarrollaba el sistema bancario y de cheques y que la gente adquiría el hábito de depositar cada vez más su dinero en los bancos y de utilizar cheques, en lugar de efectivo, para saldar sus cuentas, el banquero, al principio, como hemos visto, siempre poseería una reserva de oro y plata mucho mayor de la que necesitaba para satisfacer las demandas de efectivo que el público seguía haciendo. Por lo tanto, es evidente que el banquero puede prestar con seguridad parte del dinero de sus depositantes; pero lo que no está tan claro es que pueda prestar muchas veces más de lo que posee toda la nación - de hecho, crearla para prestar a voluntad.

Antes de la guerra se consideraba "seguro" que el banquero mantuviera unas 15 libras por cada 100 libras de efectivo contra depósitos. Es decir, por cada 100 libras depositadas, 15 libras en efectivo bastaban para cubrir las pequeñas demandas de efectivo, ya que la mayor parte del poder adquisitivo de los depositantes se ejercía mediante cheques. Podemos tomar este 15 por ciento sólo a efectos ilustrativos.

Es dudoso que haya sido necesario tanto desde hace mucho tiempo.

Ahora bien, todo el secreto del sistema está contenido en el hecho de que cuando un banco crea un préstamo y presta 100 libras a un prestatario, para hacerlo sólo necesita disponer de 15 libras del dinero de sus depositantes, o cualquiera que sea la proporción "segura".

Por lo tanto, tratando siempre con promedios, contra el depositante original de 100 libras esterlinas, 15 libras esterlinas de curso legal deben mantenerse en la caja, dejando 85 libras esterlinas disponibles para ser prestadas a un prestatario. Es cierto que este prestatario podría exigirlo en efectivo, pero, en promedio para él no menos que para el depositante original, sólo es necesario el 15 por ciento de efectivo, o 12 15 libras esterlinas, dejando 72 5 libras esterlinas libres para prestar a un segundo prestatario. De este 15 por ciento, o £10 17s., de nuevo es suficiente para ser retenido, dejando £61 8s. disponibles para ser prestadas a un tercer prestatario. Así sucesivamente hasta que cada 100 £ de efectivo original se convierte en un total de 666 13s. 4d. De estas 100 libras se deben al depositante y 566 13s. 4d. los prestatarios deben al banco.

Los prestatarios tienen que depositar en el banco unos valores de garantía aceptables que, en caso de impago, el banco puede vender, o intentar vender, para recuperarse. Pero estos valores no suelen venderse. El banco cobra intereses sobre el préstamo ficticio. Al modesto tipo bancario del 5 por ciento, el interés de 566 13s. 4d. son 28 6s. 8d. al año, lo que, hay que admitir, no es un mal rendimiento por 100 libras que el "depositante" original *no ha prestado*.

Si se supiera la verdad, probablemente se descubriría que esta estimación es demasiado modesta.[36] Al menos desde la guerra, si no antes, las cifras sugieren más bien un límite "seguro" del 7% que del 15%. Sobre esta base, un cliente que deposita 100 £ en efectivo en una cuenta corriente permite al banco prestar 1.330 £, lo que al 5 por ciento le reporta 66 10s. 9d. al año.

Por lo tanto, no es de extrañar que los bancos suelan estar tan dispuestos a mantener las cuentas de sus depositantes a cambio de nada. Los economistas, en su análisis de cómo un hombre obtiene sus ingresos y cómo los gasta, consideran este interés aparentemente como un pago por los servicios prestados en la banca, y nunca, que el autor sepa, han intentado evaluar su coste para la comunidad. Evidentemente, si se les privara de estas facultades, los bancos tendrían que cobrar a sus clientes por la molestia de llevar sus cuentas como otros negocios. Pero otra cuestión es si un sistema económico que pasa por alto la riqueza virtual de la comunidad y la trata como propiedad de los banqueros y no de la nación, como un mero perquisito para el desempeño de determinadas funciones administrativas, es de gran ayuda para el gobierno de la nación.

Puzzle - Encuentra el dinero

Sin embargo, es probable que muchos aspectos relacionados con el proceso de "piramidación" del crédito no estén del todo claros y merezcan un examen cuidadoso. Así que vamos a trazar en la medida de lo posible el cambio desde el sistema antiguo, cuando todo el dinero era de curso legal - dinero de oro y plata - al sistema moderno, cuando sólo una pequeña proporción lo es. Es necesario recordar que quienes se acomodan con préstamos del banco realmente necesitan bienes de una forma u otra. No pagan intereses por el dinero prestado para atesorarlo. Rápidamente lo cambian por bienes. Una vez que esto ha sucedido, desaparece toda distinción entre los dos tipos de dinero: el dinero genuino propiedad de los propietarios y el dinero bancario

---

[36] Hugo Bilgram (*Journal of Political Economy*, XXIX, noviembre, 1921) considera que el total de las reservas en efectivo mantenidas por los bancos de depósito y de reserva en los Estados Unidos no es inferior al 8 por ciento del total de la moneda en depósito, y de éste el 40 por ciento debe ser oro.

creado para prestar. Todo es dinero genuino, propiedad legal de sus dueños. Un hombre que ha vendido bienes a otro a cambio de dinero creado por un banco tiene un derecho legal tan válido a la propiedad de ese dinero como si fuera auténtico, mientras que un hombre que tiene la mala suerte de convertirse en el poseedor de una moneda falsa tiene su derecho a la riqueza decretado en la Nada Absoluta tan pronto como la moneda es detectada y clavada en el mostrador. La propiedad de la riqueza no se transmite en el momento de la entrega, pero la propiedad del dinero sí. El propietario de bienes robados puede recuperarlos incluso de un receptor inocente de los mismos, pero el receptor inocente de dinero es confirmado por la ley en su propiedad, aunque se pueda demostrar que el dinero fue robado originalmente a otra persona. Incluso si se pudiera demostrar que los bancos han quebrantado la letra de la ley al crear dinero, ya que ciertamente han conducido un autocar y cuatro a través de su espíritu e intención, esto no afecta en lo más mínimo a la conclusión de que, a efectos prácticos, no hay diferencia entre los depósitos de dinero genuinos y los creados por préstamo. Cada uno es un derecho válido a la riqueza de la comunidad.

Esta fue sin duda una etapa definitiva en los esfuerzos del propio autor por comprender el problema. Así, uno puede verse tentado a pensar, cuando lee que, de la cantidad total de depósitos bancarios, tres cuartas o cuatro quintas partes han sido creadas por préstamos, que sólo una cuarta o una quinta parte es realmente dinero que pertenece genuinamente a los depositantes, y que el resto es prestado por el banco y debido al banco al mismo tiempo y por las mismas personas. Esto no es así. Las personas que deben el dinero ya no lo tienen; en su mayor parte lo han cambiado por bienes. Es cierto que lo están devolviendo continuamente, pero, con la misma continuidad, el banco está concediendo nuevos préstamos para ocupar el lugar de los que han sido devueltos. Prácticamente la totalidad de los depósitos son reclamaciones genuinas de dinero legalmente poseído por los depositantes individuales, pero el dinero que reclaman no existe.

Dinero imaginado para existir con el Para generar intereses

Hemos llegado así a una conclusión muy interesante: que mientras que la antigua forma de dinero metálico no podía devengar ni devengaba intereses para el propietario, y sólo podía devengar intereses cuando éste se desprendía de su propiedad y se lo prestaba a otro, la nueva forma de dinero crediticio -al menos antes de la Guerra, que vio el nacimiento del billete del Tesoro- no tiene existencia, pero se imagina que existe y se presta a los prestatarios como si existiera con el fin de devengar intereses. Este dinero inexistente pasa por venta a manos de quienes renuncian a algo a cambio de él, y que ahora, por tanto, poseen lo que no existe. Por absurda que parezca esta descripción, no por ello deja de ser innegable. Que todo el que tenga dinero propio -prestado o prestado por nadie- se presente al mismo tiempo en el banco y lo pida. La prueba de la afirmación de si ese dinero existe o no existirá entonces. Como todo el mundo sabe, tendrían suerte si obtuvieran 2s. por £. Incluso si los bancos mantuvieran el 15 por ciento de sus pasivos en efectivo, sólo obtendrían 3s. en la £. Como los propietarios del dinero no lo tienen, y como los bancos no lo tienen, y como la gente que lo tomó prestado no lo tiene, ¿dónde está? Obviamente en ninguna parte. Se imagina que existe con el fin de cobrar intereses sobre él.

Aquellos que han seguido la exposición anterior del Principio de la Riqueza Virtual, no tendrán ninguna dificultad en reconocer el dinero como riqueza que se imagina que existe con el fin de obtenerla lícitamente a la carta como y cuando sea necesario. Pero eso es dinero anticuado. El dinero bancario moderno lleva el proceso de la imaginación un paso más allá al imaginar que el propio dinero existe con el fin de prestarlo y cobrar intereses sobre él. Dinero puramente ficticio, cuya emisión no ha sido autorizada por la nación, es prestado ficticiamente sin que nadie renuncie a él, y luego crea depósitos perfectamente genuinos y reclama legalmente en el mercado de la comunidad el suministro de riqueza, indistinguibles en todos los aspectos de los que la nación ha autorizado.

Cómo se roba a la Comunidad

Al criticar el sistema monetario es fácil dar una falsa impresión de lo que realmente era. Aunque mediante la creación de dinero y la inflación de la moneda por el crédito bancario se roba a la comunidad en su conjunto la riqueza equivalente a la nueva creación, no debe suponerse que los bancos hayan tenido o reclamado nunca ningún título legal sobre la propiedad del dinero así creado. Obtuvieron el uso permanente del mismo y la propiedad de los intereses por los que fue emitido. Las industrias a las que se prestó el dinero obtuvieron de la comunidad a cambio de nada -a expensas del poder adquisitivo general del dinero- la riqueza que adquirieron con el nuevo dinero, pero tuvieron que restituirla cuando se devolvió el préstamo y se canceló el crédito. En la práctica nunca se cancelaba más que temporalmente; se renovaba a otros prestatarios a la primera oportunidad. De modo que una sucesión continua de diferentes personas sin dinero fueron facultadas por los bancos para adquirir temporalmente riqueza de la comunidad a la que no tenían derecho y por la que pagaba toda la comunidad.

Los bancos operaban con un capital monetario creado por ellos mismos, pero que no pretendían poseer. Si fueran liquidados y sus negocios interrumpidos, todo el exceso de sus pasivos sobre sus activos tendría que ser compensado por aquellos a quienes han prestado dinero. La cantidad de dinero se reduciría entonces a, digamos, una sexta parte de la cantidad actual o menos. Los precios, "al final", se reducirían a una sexta parte a menos que se emitiera una cantidad correspondiente de dinero nacional genuino para ocupar el lugar del dinero ficticio destruido, aunque, como el Sr. Keynes ha observado sabiamente en una conexión similar, "al final todos estamos muertos". Si esto no se hiciera, el último préstamo que se recuperara tendría que pagarse en dinero que valiera seis veces más que el que se emitió, y la media de todo el importe de los préstamos sería más del doble de su poder adquisitivo inicial. Se trata de una distinción algo vital entre el dinero real y el dinero fantasma que se está describiendo. Con el reembolso de un préstamo auténtico, la cantidad de dinero no se ve afectada. Con el reembolso de préstamos ficticios hay mucho menos dinero en existencia, de modo que el reembolso se hace cada vez más difícil a medida que se impone. Si se emiten en auge y se cancelan en depresión, se devuelven en unidades de dinero que valen más que cuando se pidieron prestadas.

Algunos datos monetarios

Muy poca gente fuera de los bancos sabe mucho sobre la cantidad de dinero que hay en el país y cómo se contabiliza. Incluso el Sr. Hartley Withers dice:

> "Los estados de cuentas y los balances bancarios siempre han sido más bien concebidos para velar discretamente la modestia de nuestras instituciones monetarias que para dejar que la plena luz del día caiga sobre las bellezas de sus cifras y proporciones.

Desde la guerra esto ha sido más que nunca así. Gran parte de la información que solía hacerse pública se ha ocultado".[37]

H. W. Macrosty[38] se queja de que:

"Las cifras publicadas sobre nuestras transacciones bancarias, ciertamente abundantes y comúnmente consideradas suficientes, no son ni claras ni suficientes..."

Sobre la importante relación entre los depósitos reales, de los que no se puede disponer salvo previo aviso - o "depósitos a plazo" - y el dinero en cuenta corriente, dice:

"No es improbable que la proporción de depósitos a plazo en los bancos británicos sea una quinta parte del total de los depósitos, como ocurre en los 800 bancos principales del sistema del Banco Federal de los Estados Unidos".

El Rt. Hon. Reginald McKenna, ex Canciller de Hacienda y Presidente del London Joint City and Midland Bank, ha proporcionado al público una buena cantidad de información. En su discurso del 29 de enero de 1920, estimó que el poder adquisitivo del público, medido por la cantidad total de depósitos bancarios, sumada a la cantidad total de moneda en circulación, era de 1.198 libras esterlinas en 1914 y de 2.693 libras esterlinas en 1920.

El efectivo en poder de los bancos en junio de 1914 era de 75 £M y en diciembre de 1919 de 191 £M. Estimó *el aumento* de los depósitos bancarios durante el período en 1.230 libras esterlinas, de las cuales atribuyó 1.114 libras esterlinas a préstamos bancarios. Macrosty estimó que el efectivo en manos del público ascendía a 128 libras esterlinas y en manos de los bancos a 75 libras esterlinas en junio de 1914, mientras que a finales de 1919 el efectivo en manos del público era de 393 libras esterlinas y en manos de los bancos de 116 libras esterlinas. Las dos estimaciones difieren considerablemente en lo que se refiere a las cifras de 1920.

---

[37] Banqueros y crédito, *p.* 4.

[38] H. W. Macrosty, *Journal Statistical Society*, marzo de 1922, vol. LXV, p. 177.

Pero parece perfectamente seguro llegar a la conclusión de que unos dos mil millones de libras esterlinas, de rango en todos los aspectos igual al dinero real, son creadas por los bancos y devengan intereses al tipo bancario, y que un peaje anual del orden de cien millones de libras al año se extrae de los ingresos nacionales por este medio.

Tampoco existe ningún riesgo digno de ese nombre, ya que los préstamos están todos sin duda bien cubiertos por garantías colaterales que se venderían si el deudor incumpliera; o, si eso no fuera posible, se declararía una moratoria, como en agosto de 1914.

Estos datos son de la mayor importancia para el tema, y es una gran lástima que no estén a disposición del público de forma autorizada y menos ambigua. Es interesante saber que el valor monetario de la riqueza virtual de la comunidad era de unas 1.200 libras esterlinas antes de la Guerra y de unas 2.700 libras esterlinas en 1920. Uno de los pocos datos que se conocen con exactitud es el importe de los cheques, letras, etc., compensados anualmente a través de la Bankers' Clearing House de Londres. En 1924 alcanzó la estupenda cifra de casi 40.000 libras esterlinas, el triple que en 1913 y el cuádruple que en 1900.

Se observará que las sumas anuales gastadas en cheques, etc., ascienden a unas quince veces el importe total de los depósitos bancarios, y no menos de cien veces el dinero en efectivo en manos del público. La cantidad de este último es asombrosamente pequeña, en comparación con la población, ascendiendo sólo a unas 6 ó 7 libras esterlinas per cápita, e incluso la totalidad inflada de los Depósitos Bancarios es sólo de unas 40 libras esterlinas per cápita.

Consideraciones de esta índole hacen que los economistas descarten despectivamente como una ilusión cualquier plan de reforma social mediante "jugueteos con la moneda". Si por ello entendemos imprimir continuamente más y más dinero, contra el gasto, la razón es obvia. La riqueza se consume, pero el dinero no cesa. Aparte de una pérdida muy pequeña, posiblemente, debido a un incendio o accidentes similares, una moneda o billete una vez puesto en circulación sigue circulando hasta que se retira de la circulación. Una libra no compra una libra, sino una libra, *cada mes más* o menos, para siempre, por término medio. Aquí, de nuevo, el "tiempo de circulación" medio se conoce muy imperfectamente y se ha estimado de diversas maneras en diferentes períodos de la historia , pero un mes parece una conjetura probable. Sería como tratar de estimar la velocidad de una corriente que fluye en algunas partes a través de amplios lagos y en otras sobre espumosas cataratas, la mayor parte de la cual no tiene existencia física, sino que desaparece misteriosamente bajo tierra en un lugar y, en otro momento, reaparece en otro.

El dinero moderno, una nueva institución

Estas consideraciones pueden servir para mostrar lo poco que se sabe en cuanto a los hechos del sistema monetario existente, pero son probablemente suficientes para dar una idea general del orden de la cantidad implicada y, en la medida en que los males que afligen a la sociedad son de origen monetario, para sugerir una reforma. El breve análisis precedente del origen del dinero moderno revela que una alteración completa e insospechada ha sobrevenido a su naturaleza misma con el descubrimiento de los dispositivos financieros para economizar el uso de la moneda. Por lo tanto, es necesario considerarlo como un fenómeno totalmente nuevo y volver a los primeros principios para examinarlo. Casi por accidente, sin duda como un subproducto imprevisto cuando se originó el sistema de cheques, el poder de emitir y retirar moneda ha pasado totalmente del control de la nación a las manos del banquero. Si alguien afirma que este poder se ejerce, de acuerdo con un sistema adecuadamente pensado e inteligible, para distribuir la abundante riqueza que una comunidad moderna está capacitada por métodos científicos para producir, con el fin de que miembros puedan obtener riqueza para el consumo, que mire a su alrededor. El dinero se emite ahora principalmente para la usura. Incluso para el individualista más convencido, esto debe parecer llevar el principio de libertad bastante lejos. Si algunas personas tienen el derecho de emitir nueva moneda, ¿por qué no la nación en su conjunto, como y cuando sea necesario?

El financiero señala los logros de la ciencia en el siglo pasado como un tributo a la solidez y adaptabilidad de los sistemas monetarios y bancarios británicos. En el mejor de los casos deben ser considerados como un improvisado temporal, extemporáneo para hacer frente a una fase particular del rápido progreso de las ciencias materialistas, y, ahora que esa fase ha pasado, obviamente inadecuado para la que le ha sucedido.

La coexistencia continuada del desempleo y la pobreza en una era científica es su condena suficiente.

El sistema permite a una nación con sólo unas 500 libras esterlinas de dinero en existencia, prestar hasta unas 2.000 libras esterlinas, y gastar en hasta unas 40.000 libras esterlinas al año sólo con cheques. Especialmente desde que los grandes bancos se han combinado - más del 90 por ciento del negocio está en manos de un grupo conocido como *Los Cinco Grandes* - el poder adquisitivo ejercido por cheque no ejerce una gran influencia sobre la magnitud de los "depósitos", porque el cheque simplemente carga una cuenta y acredita otra al mismo tiempo, salvo por la pequeña parte realmente cobrada, sin afectar al agregado. Sin embargo, la mayoría de la gente sigue creyendo que los bancos sólo prestan el dinero que sus clientes *no* utilizan.

Para cualquier hombre de negocios, el conocimiento de la verdad debería ser suficiente para condenar el sistema según los cánones de los negocios competitivos ordinarios. ¿En qué otro ámbito de la actividad humana es posible crear capital mediante un acto de imaginación y obtener de su supuesta existencia un ingreso perenne, como si se tratara de riqueza real puesta en uso productivo?

Hemos visto cómo en la sociedad cultivada la concepción de un recibo periódico se ha impuesto y ha superado la concepción de una cantidad realizada y cómo consideramos nuestros ingresos anuales como la consideración realmente importante, dividiéndolos por el tipo de interés del momento para llegar a su valor agregado.

¿Cuál es, pues, en la "sociedad culta" la diferencia entre el emisor de moneda falsa y los bancos? El uno pretende la propiedad de una cantidad realizada fraudulentamente, mientras que el otro no, pero seguramente luchará por, como su propia propiedad cuando sea desafiado, el recibo periódico derivado de una cantidad realizada imaginaria.

Los banqueros como gobernantes

Pero esto es sólo una cuestión menor en comparación con el efecto que tiene al convertir al banquero en el verdadero gobernante de la nación. Ciertamente, se puede confiar en que los banqueros conozcan su propio negocio, pero no es el negocio del gobierno. La prerrogativa de emitir dinero ha sido considerada a través de los tiempos como la prerrogativa esencial del gobierno.

Posiblemente sea la única prerrogativa esencial. Mientras que un banquero no es responsable del gobierno de la comunidad, sino de los intereses de sus propios clientes. El gobierno de un banquero es esencialmente, y en su forma más pura, el gobierno de los intereses de los propietarios a expensas de los desprovistos de propiedad. Mejor, de hecho, que el conocimiento de la ciencia hubiera sido enterrado, como el de las finanzas, bajo una jerga mística en el mantenimiento de una jerarquía secreta que explotar y esclavizar en lugar de liberar a los pobres.

"¿De quién es esta imagen y esta superinscripción?" Las monedas y los billetes del Tesoro siguen llevando la impresión *Georgius V. D.G. Britt. Omn. Rex*, pero la mayor parte de la moneda omite la primera palabra que precede a los cinco grandes. Así que uno recuerda la versión escolar de la cita bíblica: "Dijo: 'Traedme un penique'. Y le trajeron un penique. Miró el penique y dijo: '¿De quién es este miserable abono?'".

CAPÍTULO VIII

EL PODER ADQUISITIVO DEL DINERO

Gold-Value y Goods-Value.

La tarea de intentar comprender cómo se multiplica el dinero por medio del crédito bancario -al margen por completo de la ética de la transacción- es, sin embargo, sencilla en comparación con la tarea de intentar determinar exactamente lo que, en el marco del sistema, fija la cantidad total de dinero en un país, y en esta medida su valor o poder adquisitivo. Hemos visto que esta cantidad, cualquiera que sea, expresa el valor *monetario* de la riqueza virtual de la comunidad. Es sencillo visualizar esta última como el conjunto de riquezas de todo tipo necesarias para vivir, que los individuos agregados de la comunidad se abstienen de comprar, aunque puedan hacerlo.

O, como lo verían los propios individuos, la parte de su posesión total que tienen que retener en forma de dinero para llevar a cabo sus negocios y asuntos domésticos. Considerado como lo que el dinero se utilizaría para comprar, es probablemente una cantidad muy definida y conservadora, que crece con el número de personas en la comunidad y su prosperidad material o ingresos, afectada, pero sólo muy gradualmente, por los cambios en los métodos y hábitos financieros y bancarios, alterada, pero a regañadientes y sólo temporalmente, por los cambios en el nivel de precios o el poder adquisitivo del dinero, pero una cantidad bastante definida y un muy buen indicador o índice del bienestar y la prosperidad nacional.

Si, como en este país antes de la guerra, el dinero se mantiene sobre una base de oro al ser canjeable a petición por monedas de oro, y si el oro puede ser libremente importado y exportado a un precio fijado por la ley, acuñado en soberanos o fundido de nuevo en lingotes según sea necesario, el poder adquisitivo del dinero se mantiene constante en términos de oro, aunque no en términos de bienes en general, que es la verdadera medida de la riqueza virtual. Si suponemos que esta última no cambia, y que el valor del oro con respecto a las mercancías en general disminuye, tendremos una subida del nivel general de precios, y, a la inversa, una bajada, si el valor del oro se aprecia con respecto a las mercancías en general.

Así pues, sobre la base del oro expresamos la riqueza virtual, que es una cantidad bastante inteligible y constante en términos de la vida cotidiana y sus necesidades, como una cantidad variable de oro, cuyo valor de cambio en términos de mercancías es uno de los factores más elusivos y poco comprendidos de la experiencia humana. Podemos pensar que podemos analizarlo y comprenderlo tal y como funciona y ha funcionado en un país determinado -como, por ejemplo, en este país- sólo para descubrir que, al igual que se produce un cambio en la naturaleza del dinero cuando consideramos naciones en lugar de individuos, también se produce un cambio en el oro como dinero internacional cuando consideramos no un país, sino el mundo entero.

Preocupados por las salidas y entradas entre un país y el resto del mundo, pasamos por alto que, aunque el nivel general de precios se iguala entre los países sobre la base del oro, seguimos estando tan lejos como siempre de determinar cuál puede ser ese nivel de precios y qué es lo que, de hecho, lo determina. Pero, se preguntará el lector, ¿tiene mucha importancia? Ciertamente, si no hubiera deudas, o ninguna de más de unas pocas semanas o meses de duración, y no hubiera ideas tradicionales en cuanto a la magnitud de los salarios, sueldos, etc., no importaría tanto; pero en un mundo que es una maraña inextricable de deudas y contratos mutuos individuales, nacionales e internacionales, más o menos permanentes, nada puede importar mucho más. En la siguiente cita vemos al economista en todo su esplendor, exponiendo con fría precisión científica y claridad cristalina principios que apenas sería economía política aplicar a los problemas más cercanos, ya que operan en un país extranjero:

"Si miramos hacia adelante, apartando los ojos de los altibajos que pueden hacer y deshacer fortunas mientras tanto, el nivel del franco va a ser fijado a largo plazo no por la especulación o la balanza comercial, ni siquiera por el resultado de la aventura del Ruhr, sino por la proporción de su renta ganada que el contribuyente francés permitirá que se le quite para pagar las reclamaciones del *rentista* francés. El nivel de cambio del franco continuará bajando hasta que el valor-mercancía de los francos debidos al *rentista* haya caído a una proporción de la renta nacional, que esté de acuerdo con los hábitos y la mentalidad del país."[39]

Tal vez no sería falso generalizar esto para explicar el fenómeno mundial de la depreciación de la moneda a través de los tiempos. Si miramos hacia adelante, apartando la vista de los descubrimientos fortuitos de oro que pueden hacer y deshacer fortunas, y del crecimiento irregular del conocimiento y la invención, el poder adquisitivo del dinero no se establece a largo plazo ni por la ciencia, ni por las finanzas, ni por el comercio, sino por la proporción de su renta ganada que el trabajador permite que le sea arrebatada por el *rentista*. Seguirá disminuyendo hasta que el valor mercantil del dinero debido al *rentista* descienda a aquella proporción de la renta nacional que concuerde con los hábitos y la mentalidad del mundo en crecimiento.

Cómo se mantuvo el valor en oro del dinero

Muy brevemente debemos observar la explicación ordinaria del método por el cual en este país antes de la Guerra el valor del dinero se mantuvo constante con referencia al oro.

El sistema monetario anterior a la guerra se basaba en el oro, en el sentido de que el dinero siempre podía cambiarse por monedas de oro a la vista, y éstas, a un tipo invariable definido y fijado por la Ley de la Carta Bancaria, por lingotes de oro para la exportación, para pagar cualquier saldo de mercancías importadas de países extranjeros sobre las exportadas a ellos.

Porque el comercio exterior es necesariamente, en primera instancia, trueque. Con unas condiciones políticas más asentadas y el crecimiento de la confianza mutua se hizo innecesario, para asegurar la circulación del dinero, que éste fuera de oro, y bastó el mero poder de exigir oro a cambio. Así que, aunque todavía se utiliza en gran medida en transacciones menores, el dinero metálico o *en efectivo* quedó

---

[39] J. M. Keynes, *Monetary Reform*, 1923, p. 73.

relegado a una pequeña proporción de todo lo que ahora funciona como dinero en la comunidad.

En un informe a la Cámara de los Comunes sobre esta crisis en 1857, uno de los principales banqueros declaró que, en su casa, la especie entró en transacciones poco más del 2 por ciento, y en el caso de otros bancos a sólo el 0,25 por ciento. Naturalmente, en el comercio minorista se utiliza el efectivo en mucha mayor medida que en el comercio mayorista. [40]

Pero el poder del público para exigir oro -entonces la única moneda de curso legal para grandes cantidades- y la necesidad legal de que el banquero lo suministrara o quebrara, hizo que la responsabilidad de que hubiera suficiente oro en el país recayera en el banquero y no en el Gobierno.

La vasta superestructura del crédito bancario impedía la depreciación de la moneda en términos de oro, y sólo podía expandirse tan rápido como la comunidad aumentara su riqueza virtual (calculada en términos de oro) mediante el siguiente mecanismo de acción automática: si se creaba demasiado dinero de modo que los precios subieran, el poder de exigir oro a cambio de dinero, aunque normalmente inútil para el ciudadano corriente, era de gran importancia para quienes se dedicaban al comercio exterior. Aunque el precio de todas las demás mercancías había subido, el del oro no podía, ya que se mantenía constante por ley. De modo que la forma más barata de saldar las deudas exteriores era exportar el equivalente en oro en lugar de cualquier otra mercancía. Esto redujo la cantidad de oro de curso legal en el país, de modo que el banquero, para mantener la solvencia, tuvo que cancelar créditos por muchas veces la cantidad de moneda de oro fundida y exportada, y al reducir así los precios en el mercado interno detener la fuga de oro. De ahí que le resultara necesario contraer créditos. Intentó que sus clientes lo hicieran voluntariamente subiendo

---

[40] Para los Estados Unidos las cifras dadas por el profesor Fisher son, para 1896, 14 por ciento de dinero y 91 por ciento de cheques; para 1909, 9 por ciento de dinero y 91 por ciento de cheques. El dinero a crédito está creciendo rápidamente en los Estados Unidos, pero todavía no ha alcanzado la misma posición dominante que aquí. (*Poder adquisitivo del dinero*, 1922, p. 318.)

el tipo de interés bancario, *pero,* si esto no bastaba [41] recurrió arbitrariamente a los préstamos ya concedidos. Esto destruyó el dinero en circulación tan literalmente como la concesión de crédito en primera instancia lo creó, y al reducir la cantidad de dinero "en el extremo " bajó los precios en proporción. En este punto, no necesitamos hacer más que referirnos al mecanismo del proceso.

Adentrarnos en la ética de la cuestión y determinar las pérdidas y riesgos arbitrarios que impone a personas perfectamente inocentes e indefensas, que hacen todo lo que pueden según sus luces para satisfacer las necesidades de la comunidad, nos llevaría demasiado lejos.

Pero no debe concluirse precipitadamente, como a menudo se ha hecho, que el mercado libre de oro a un precio fijo, que este país ofreció al mundo, fue una política equivocada, o que los comerciantes extranjeros estaban actuando antipatrióticamente al vaciar al país de su oro en tiempos de necesidad, forzando al alza el tipo de interés y condenando a la bancarrota y a la ruina a aquellos cuyos préstamos fueron reclamados con frecuencia. El comerciante extranjero no es más que el instrumento involuntario para imponer una necesidad desagradable[42]

El comercio exterior es básicamente trueque, y se paga con mercancías, a veces con valores o derechos de riqueza en el futuro, nunca con dinero, que es un derecho de riqueza a la vista válido sólo en el país de emisión. Para que un comerciante de este país pueda comprar en el extranjero, los comerciantes del extranjero deben comprar el equivalente aquí. A la larga, si las transacciones no cuadran, hay que enviar oro para compensar la diferencia. En esta restricción, el comercio exterior difiere de la sencillez y libertad del comercio interior.

Así, en la etapa a la que hemos llegado, los banqueros de cualquier nación se apropiaban como propiedad propia de unas cuatro

---

[41] E. Dick, en una obra reciente, *The Interest Standard of Currency,* 1925, sostiene que el aumento del tipo de interés bancario aumenta la demanda de crédito en lugar de disminuirla, y que lo correcto es bajar el tipo para contraer la moneda.

[42] La subida de los precios y la salida de oro se muestra más tarde como la consecuencia físicamente necesaria de la emisión de los préstamos ficticios en primera instancia.

quintas partes de la riqueza virtual, o dinero del país bajo el sistema, como deuda que devengaba intereses, pero eran incapaces de afectar o depreciar el valor *en oro* del dinero de forma permanente. Si la banca, como organización internacional, tiene el poder de depreciar el *valor real* de la moneda es una cuestión mucho más difícil, y exige más atención de la que ha recibido hasta ahora. Porque el mecanismo sólo mantiene aproximadamente igual el nivel de precios en los diferentes países sobre la base del oro. No pretende mantener los precios de los bienes en términos de oro constantes con el paso del tiempo y, de hecho, ha permitido que varíen enormemente.

La posición actual

La moratoria declarada en este país en 1914, en realidad antes de que se hubiera disparado un tiro en la Gran Guerra, demostró que la banca se ha vuelto tan vital para los intereses de la nación que los bancos pueden recurrir al crédito nacional para salvarlos a ellos y a sus depositantes de la ruina ante cualquier gran emergencia. El público de entonces no sólo soportó la carga, sino que perdió su derecho a exigir oro a cambio de su dinero, y sufrió el envilecimiento de la moneda. Ahora se han eliminado ambas restricciones a la expansión del crédito. Los bancos no tienen por qué temer una retirada masiva de sus reservas de efectivo, ni existe ninguna regulación automática del valor en oro del dinero. Que su política en este momento sea desinflar la moneda en lugar de inflarla no viene al caso. Son ellos, y no el Gobierno político, los que realmente regulan los asuntos económicos del país. Ellos obtienen los beneficios y los contribuyentes y ciudadanos cargan con las pérdidas del sistema.

En el momento de escribir estas líneas (1925) se ha restablecido en parte la base de oro, en lo que se refiere a las transacciones exteriores, aunque todavía está por ver si puede mantenerse sin repudiar la responsabilidad de gran parte de la Deuda Nacional, que de este modo ha aumentado enormemente. Pero ahora un comerciante puede pagar en oro las mercancías compradas en el extranjero, si así lo desea. El sistema que regulaba en este país la cantidad de dinero existente cesó en 1914 y, pase lo que pase, es seguro que no se restablecerá por completo.

El tema, por así decirlo, está suspendido en el aire en este momento, y todos los libros de texto monetarios han quedado desfasados y son engañosos.

En este campo es como si los hombres acabaran de admitir la posibilidad de que el día y la noche se deban a que la tierra gira sobre su propio eje, y no a que el sol gira alrededor de la tierra y que, a pesar de su manifiesta impiedad, pueda haber, después de todo, algo en la nueva visión heliocéntrica. A falta de un verdadero análisis de la naturaleza física de la riqueza, y debido a la confusión universal, tanto en la economía popular como en la técnica, entre riqueza y deuda, la teoría monetaria ha sido hasta ahora tan impresionista como lo parece ahora la teoría ptolemaica del universo.

La variabilidad del oro

El profesor Irving Fisher, entre los economistas ortodoxos, ha sido el primero en llamar la atención sobre los males de un patrón monetario variable, y ha hecho mucho para que se reconozca más generalmente la importancia de la cuestión. Pero entre los no ortodoxos, Silvio Gesell en el continente, y Arthur Kitson[43] en este país, han sido como voces que claman en el desierto, años antes de que otros se dieran cuenta de su interés vital. Los siguientes son extractos de una conferencia pronunciada por el profesor Fisher en 1924 ante la Sociedad Ética de Boston.[44] Hablando de los Estados Unidos, dice:

"Echemos un vistazo a las cifras de este país en 1860. Si tomamos 1860, antes de la Guerra Civil, encontramos el poder adquisitivo más o menos igual que en 1913, antes de la Gran Guerra. Podemos llamar al nivel de 1860 o 1913 "el nivel anterior a la guerra", y considerarlo por conveniencia como normal. El dólar de entonces era, por así decirlo, un dólar. En términos de este dólar de antes de la guerra podemos medir el dólar en cualquier otro momento.

---

[43] Compárese *A Scientific Solution of the Money Question*, 1894, Arena Co., Boston, U.S.A.; *A Fraudulent Standard*, 1917; *Trade Fallacies; Unemployment*, 1921, y otras obras de Arthur Kitson; y de Silvio Gesell, *Aktire Währungspolitsk*, 1908, y *Die Natürliche Wirtschaftsordnung durch Freiland Freigeld*.

44 *Ethics in the Monetary* System, "The Standard", publicado por la American Ethical Union, enero de 1925, p. 145.

"Encontramos al pasar a la Guerra Civil, de 1860 a 1865, que valía sólo 40 centavos antes de la Guerra. A partir de entonces comenzó a apreciarse, primero muy rápidamente y luego más lentamente, hasta alcanzar su máximo en 1896, cuando valía 152 centavos antes de la guerra. De 1896 a 1913, el dólar bajó de los 152 céntimos anteriores a la guerra a 100, es decir, lo "normal". A partir de 1913 siguió bajando, desde los 100 céntimos de antes de la guerra hasta que volvió a bajar a 40 en mayo de 1920. Entonces se produjo la deflación, y subió el valor del dólar. Así que el dólar volvió a cambiar de 40 hasta alcanzar los 72 centavos anteriores a la guerra en enero de 1922. Desde entonces ha sido más estable de lo que lo hemos tenido en muchos años, y sin embargo ha bailado un poco semana a semana... Nuestro dólar inestable ha robado los bolsillos del tenedor de bonos... El alcance de este sutil robo es prodigioso.

El profesor W. I. King, uno de los mejores estadísticos que conozco, cuando compareció a favor de un proyecto de ley sobre este tema en el Congreso hace aproximadamente un año, dijo que, según sus cálculos, se había producido una especie de robo de cuarenta mil millones de dólares en los Estados Unidos durante la última media docena de años.

"Cuando, por fin, estabilicemos realmente el dólar, como ahora estabilizamos cualquier otra medida, para ayudar a que los negocios sean honestos, habremos dado un gran paso adelante en la salvaguarda y mejora de la ética comercial".

En su libro *El poder adquisitivo del dinero* (1911), afirma que el poder adquisitivo del dinero hace mil años era cinco veces, y de 1200 a 1500 d.C. de dos a tres veces, lo que era en 1911. Durante el último siglo antes de la Guerra ha habido cinco períodos bien marcados en todos los países, en lo que se refiere al cambio en el poder adquisitivo del oro. En los cuarenta años transcurridos entre 1809 y 1849 los precios cayeron en una proporción de 5 a 2.

Los males de una norma variable

Tras las amargas experiencias de los últimos años, pocas personas pueden permanecer ajenas a la clamorosa injusticia de un patrón monetario variable. Los principios éticos subyacentes a la institución del dinero apelan intuitivamente al sentido común de la humanidad. Del mismo modo que admitimos, sin discutirlo, que el uso de pesos y medidas falsos es indefendible en cualquier circunstancia, y que nuestras normas deben ser invariables y estar situadas más allá de la posibilidad de ser manipuladas, el mismo principio debería admitirse incuestionablemente con respecto al valor del dinero. Una variación en el valor del dinero, en términos de riqueza, roba arbitrariamente a una clase de la comunidad en beneficio de otras. En tales asuntos la gente es propensa "a agravar los pecados a los que se inclinan condenando a los que no tienen intención de cometer". Una caída del valor del dinero, o una subida del nivel general de los precios, defrauda a quienes perciben sueldos, salarios e ingresos de cuantía monetaria fija y beneficia a quienes viven de la compraventa. Aligera el endeudamiento pasado de la comunidad, y si la antigua moneda pierde su valor, como ha ocurrido en Rusia, Austria y Alemania, la aniquila. De modo que un hombre puede despertar al hecho de que los ahorros de toda su vida no valen un centavo, y que una botella vacía vale ahora más que el dinero que recibió antes por la venta de la viña. Tampoco es menos desastrosa la caída de los precios y el aumento del valor del dinero en relación con la riqueza. Recae sobre otro conjunto de personas, y deja fuera de combate al comerciante, al industrial y a sus asalariados. No podemos avanzar un paso en este tema a menos que podamos concebir un sistema monetario en el que el dinero no se emita ni por usura ni en respuesta a la presión política de este o aquel interés particular, sino por la nación única y libremente según sea necesario para mantener su valor en relación con la riqueza tan constante como sea posible de siglo en siglo. Cualquier ideal que no se ajuste a esto es simplemente aceptar la definición de economía política de Stephen Leacock como aquella que enseña que no sabemos nada de las leyes de la riqueza.

Los males de la escasez de divisas

Es extraordinariamente difícil, pero al mismo tiempo esencial, comprender los verdaderos factores últimos que, durante el período comprendido entre la Ley de la Carta Bancaria de 1844 y la emisión de billetes del Tesoro nacional en 1914, limitaron realmente la expansión de la moneda y con ella la prosperidad del país y su ritmo de producción de riqueza consumible. Que las fuerzas que operaban no eran ni remotamente comprendidas queda demostrado por la alternancia periódica de auges y depresiones comerciales, llamada ciclo comercial, que, como el clima, se consideraba completamente incomprensible para el hombre.

Puede ser útil tratar de entender cuál habría sido el resultado si el dinero a crédito no hubiera sustituido tan ampliamente a los metales preciosos como moneda, y estos últimos hubieran seguido siendo el único medio de cambio. Según el punto de vista actual, los precios habrían tendido a caer en gran medida a medida que los nuevos poderes de producción superasen - no, como se suele decir, la tasa a la que se ganaba el oro, sino el total existente. Los economistas han cometido muchos errores de este tipo al no distinguir claramente entre las dos categorías de riqueza -permanente y perecedera- en las que ya se ha insistido, pero este punto se abordará más adelante.

La minería de oro y plata, al ser esencialmente muy especulativa y depender de descubrimientos fortuitos, pasa necesariamente mucho tiempo antes de que una demanda de metales preciosos pueda aumentar mucho la cantidad agregada disponible para moneda. Pero su uso como mercancías, para joyería y como atesoramiento, permite aumentar la moneda a partir de estas fuentes si su valor o poder adquisitivo aumenta hasta tal punto que induzca a la gente a desprenderse de sus ornamentos y gastar sus acumulaciones . La triple función de los metales preciosos como moneda, joyas y atesoramientos es responsable de gran parte de la complicación del tema.

Si los precios de los bienes suben en términos de oro, una determinada cantidad de oro, aunque su obtención consuma la misma riqueza, como alimentos, etc., compra cada vez menos riqueza hasta que la extracción de oro deja de ser rentable. *Por el contrario*, una caída de los precios estimula la extracción de oro.

Un ejemplo práctico del efecto, aunque no de la causa, se vio durante la Guerra, que, aunque produjo una demanda de oro enormemente estimulada para la expansión de la moneda, ¡hizo que la extracción de oro fuera relativamente poco rentable! La demanda se satisfizo con la desmonetización parcial del oro y la creación de un papel moneda inconvertible. Esto elevó los precios e hizo que la extracción de oro dejara de ser rentable, exactamente igual que si el oro se hubiera ganado realmente.

Volviendo al curso probable de los acontecimientos, si no se hubiera inventado el dinero a crédito, al final sin duda se habría frenado la caída de los precios. Una mayor y una mayor proporción de las energías del mundo se habrían desviado a la tarea financieramente rentable, pero socialmente estéril, de acumular oro y plata para moneda, hasta que se hubiera acumulado lo suficiente para distribuir los crecientes ingresos de la riqueza sin una mayor caída del nivel de precios. El efecto de las grandes mejoras en el conocimiento de la minería del oro debidas a los descubrimientos científicos, a los que se aludirá más adelante, habría ido en la misma dirección.

Es cierto que se habrían producido males y muy grandes y angustiosos. El curso real de los acontecimientos históricos, cuando las sucesivas olas de prosperidad comercial resultaron de cada uno de los grandes descubrimientos de oro del siglo pasado, muestra que, incluso con el creciente uso de la moneda de crédito, estos males no se escaparon por completo. La usura se habría elevado a tasas totalmente exorbitantes, aunque probablemente el peaje cobrado habría sido insignificante en comparación con el extorsionado hoy en día bajo un sistema monetario pervertido con ese fin. En general, todas las deudas se habrían apreciado en su importe real, a medida que bajaban los precios del dinero. La mano muerta del pasado se habría cebado con la tierra.

Reducción de la producción en lugar de precios

Pero los males realmente vitales de la escasez de moneda se deben a que reduce la producción y no los precios. La teoría cuantitativa del dinero[45] funciona maravillosamente *de una manera*.

El aumento de la cantidad de dinero incrementa temporalmente, pero no de forma duradera, la riqueza virtual agregada, y los precios suben muy rápidamente en proporción al incremento. Lo que unos ganan, otros lo pierden. Pero la disminución de la cantidad de dinero puede reducir la riqueza virtual en proporción de forma mucho más permanente, dejando los precios sin cambios y la producción reducida a través de la ruina de los que se dedican a la empresa.

Se trata de una pérdida muerta, no como en el caso anterior, de una mera redistribución de la riqueza, y se refleja en una reducción mucho más permanente de la riqueza virtual.

---

[45] Para una exposición de la teoría cuantitativa del dinero, véase Irving Fisher *The Purchasing Power of Money*.

Mientras que un exceso de dinero es un aliciente para la venta, un déficit es un obstáculo fatal. Para los vendedores, cuyo negocio consiste en vender riqueza a cambio de dinero, el dinero es la consideración primordial. Para el comprador y el consumidor, la riqueza lo es. El consumidor está expuesto a una mayor competencia con los demás, debido a un aumento de la cantidad de dinero, y es impotente para resistir una subida de precios. Pero nadie en su sano juicio, que ha producido riqueza para la venta o ha hecho que se produzca, y ha incurrido, a lo largo de un período de tiempo pasado, en los gastos que conlleva la producción, va a venderla voluntariamente a pérdida para adaptarse a la teoría de la cantidad de dinero. Si sus competidores intentaran hacerlo, difícilmente podrían competir por mucho tiempo. El resultado es que se compran menos bienes con menos dinero al mismo precio, no que se compran los mismos bienes a un precio reducido. O, en el caso que nos ocupa, que la oportunidad de aumentar la producción mediante nuevos inventos permanece durante mucho tiempo sin explotar, y, con el aumento de los poderes de producción, la producción de riqueza, como ahora en este país, se estanca. [46]

Para un período de inflación (el dinero aumenta relativamente a los ingresos de la riqueza) la teoría cuantitativa es una guía aproximada de los hechos. En cambio, para un período de deflación (el dinero disminuye en relación con los ingresos de la riqueza), la antigua teoría mercantil, o de las mercancías, que considera el dinero como una mercancía o un artículo de valor en sí mismo, siendo ésta la concepción del dinero que tiene el vendedor, es una guía mejor. Si sirve de consuelo a los defensores de la primera teoría, se puede admitir fácilmente que, sin duda, funcionaría si no tuviera la desafortunada consecuencia de arruinar a los comprometidos con la empresa -trabajo y capital por igual- y, al final, en el sentido de la palabra del Sr. Keynes, "después de que todos estemos muertos", sin duda debe funcionar.

---

[46] Para una exposición muy clara de esta cuestión, véase John Strachey, *Revolution by Reason, 1925.*

¿Qué queda del valor de la norma de valor?

A partir de estas consideraciones podemos empezar a comprender no sólo la extraordinaria fascinación que el oro ha ejercido desde los tiempos más remotos sobre la mente humana y la persistencia de la adoración del becerro de oro implícita, aunque no reconocida, en el pensamiento contemporáneo, sino también la extraordinaria influencia que algunos de los más profundos estudiosos de la historia no han dudado en atribuir a la abundancia y escasez de los metales preciosos. Asimismo, podemos considerar que no es en absoluto una pequeña ganancia permanente para la humanidad que la experiencia de la Gran Guerra haya arrojado nueva luz sobre algunas de estas profundas influencias y, al menos en parte, las haya explicado.

Volvamos a un hecho muy curioso, que la Guerra produjo al mismo una gran demanda de moneda *e* hizo temporalmente no rentable la extracción de oro, porque los sustitutos de papel hicieron subir los precios como si realmente se hubiera ganado la misma cantidad de oro. Si el precio del oro no se hubiera fijado arbitrariamente más alto que el estipulado por la Ley de la Carta Bancaria, aunque todavía mucho más bajo que proporcionalmente al de las mercancías en general, probablemente pocas minas habrían podido seguir trabajando. Ahora bien, el mismo factor debe haber estado operando, de manera gradual pero continua , desde que la moneda comenzó a ser expandida por el dinero crediticio, abaratando así artificialmente el valor relativo del patrón que estamos acostumbrados a considerar invariable. No sólo tenemos que considerar que los grandes logros técnicos en la minería del oro -la cianuración, el dragado y el aumento general de la potencia y eficiencia de las plantas mineras- operan sobre el patrón de valor exactamente en la misma dirección, aunque no necesariamente al mismo ritmo, que sobre cualquier otro tipo de riqueza física, aumentando la cantidad producida por un gasto dado de esfuerzo humano, sino que, además de esto, estamos suministrando para uno de los principales usos de los metales preciosos un sustituto sin coste, y eliminando del patrón de valor una de las principales razones de su valor. El crecimiento de la banca está eliminando otra: la práctica del atesoramiento.

En cuanto al resto, los dientes de oro e incluso los tapones de oro hace tiempo que pasaron de moda. El aumento general de la educación ha hecho y está haciendo del adorno personal con enormes cadenas y anillos de oro una reliquia demasiado obvia de la barbarie. El deseo moderno de evitar toda ostentación y, al mismo tiempo, de permitirse el máximo gasto posible, está conduciendo a la sustitución en joyería, incluso para las alianzas de boda, del oro por el platino, un metal que parece plata y cuesta cinco veces más que el oro, para gran disgusto de los químicos que, cueste lo que cueste, deben tener platino, y recuerdan con pesar el día en que era mucho menos valioso que el oro. Entonces, ¿qué queda del valor del patrón de valor?

Es evidente que hoy en día una moneda basada en el oro debe ser una moneda que se deprecie rápidamente. En la carrera entre la ciencia, por un lado, y las finanzas, la educación y la moda, por otro -la una abaratando el coste de producción de toda la riqueza en general y la otra el estándar del valor monetario en particular-, el vaivén del nivel de precios que marcó el siglo pasado probablemente será sucedido en el futuro por una rápida subida continua de los precios del oro. De hecho, incluso hoy en día, si el oro que afluyó a América durante la guerra se soltara en lugar de mantenerse encadenado, los resultados en esta dirección serían probablemente devastadores. Esta es una situación temporal, con la perspectiva puesta en el futuro.

El oro como acicate de la civilización

Examinemos, desde un punto de vista más general, el efecto del oro en la historia pasada. Si no encontramos en él exactamente la causa del progreso humano, tendremos que admitir que debe haber sido un poderoso acicate. La civilización nunca se ha preguntado qué es exactamente lo que se ha propuesto al adoptar como patrón de valor, depósito de valor y medio de cambio, el metal oro. Todas las cualidades convencionales que supuestamente hacen que el metal sea ideal para el dinero son, de hecho, fatales para su uso. Consideremos en primer lugar su permanencia e imperecedera. Los hombres pueden ir y venir, pero el oro sigue acumulándose para siempre. La cantidad de oro existente es el factor físico que regula la cantidad total de dinero existente, tanto bajo una moneda basada en el oro como en el pasado , y esta cantidad es la integral de todos los incrementos de oro aportados durante la historia de la humanidad. En verdad literal, el oro no es imperecedero, ya que sufre abrasión en el uso, pero es tan casi así que su período de vida media es mayor que el de casi cualquier otra forma permanente de riqueza.

El valor del dinero viene dado por la riqueza virtual dividida por la cantidad total de dinero, de modo que las semillas de la depreciación continua son innatas en la elección del oro.

Si estereotipáramos la escala existente de riqueza virtual y la prosperidad material que connota, el incremento de la cantidad de oro seguiría adelante e, incluso con unos ingresos menguantes de riqueza, la cantidad de oro existente seguiría aumentando mientras fuera dinero.

La sociedad, en efecto, dice a sus trabajadores: queramos más oro o menos, si traéis oro, aunque lo que realmente necesitemos sea comida, podéis elegir el mercado. La pérdida no recae sobre vosotros, sino sobre toda la comunidad, aunque si aportáis diligencias o molinos de viento nadie os los quitará de las manos. De modo que, incluso en un período de disminución de los ingresos, cuando, para que el dinero no se deprecie en poder adquisitivo, algunas de las existencias deberían volver a enterrarse en la tierra o hundirse en el mar, la acumulación de oro sigue adelante.

En términos matemáticos, la sociedad, al adoptar el oro como su medida de valor y su medio de cambio, intenta mantener un coeficiente diferencial proporcional a su propia integral, pues debe hacer que el incremento proporcional de sus ingresos de riqueza sea siempre tan grande como el incremento proporcional de su cantidad agregada de oro.

Hay una función matemática para la que esto es cierto, y es la función exponencial. [47] Es la función que regula las vertiginosas virtudes del interés compuesto.

Viviendo en una época de expansión relativamente repentina de la potencia productiva, la tarea puede resultar fácil al principio. Pero a largo plazo la cosa cambia. No se trata de mantener un determinado nivel de producción, sino de mantener indefinidamente la tasa proporcional de aumento de la producción . Así que al final, cuando esto se hace físicamente imposible, la moneda debe sufrir una depreciación.

Es posible que en esto encontremos una justificación física para la existencia del interés sobre una deuda monetaria, como algo distinto

---

[47] $\int a^x \, \partial x = (1/a)\, a^x$.

del pago de alquiler por el uso de órganos de producción en la producción. Durante la guerra, cuando las monedas se devaluaban rápidamente, los astutos descubrieron que valía la pena pedir prestado y pedir prestado y pedir prestado, cualquiera que fuese el tipo de interés. Porque cuando había que devolver los préstamos, el principal y los intereses valían, en mercancías, menos de lo que valía el principal original cuando se pidió prestado. Pero hemos visto que la continua acumulación de metales preciosos debe ser un factor de depreciación del valor de la moneda, absolutamente independiente de cualquier otra consideración, de modo que para pagar una deuda de 1 libra prestada en el pasado se requiere hoy más de 1 libra, o considerando 1 libra como la riqueza obtenible por 1 libra original, para comprarla hoy se requiere más de 1 libra.

Las otras razones por las que el oro es inadecuado como moneda se refieren a una cuestión cuya discusión hemos evitado hasta ahora. Pero, podemos tomarlo, mientras tanto, como un hecho de la experiencia sin intentar todavía la explicación de que un aumento en la cantidad de dinero es un gran estímulo para la empresa productiva.

No sólo durante la Guerra, sino también después de los descubrimientos de oro del siglo pasado, el comercio floreció enormemente y se produjo una prosperidad general. Ahora bien, esta prosperidad estimula directamente la demanda suntuaria de oro para joyas y ornamentos, y en los países -todavía la mayoría- sin un sistema bancario muy desarrollado, para ahorrar. Así, el dinero tiende a desaparecer de nuevo, el estímulo debido a la abundancia de dinero recibe un jaque, y sobreviene un período de depresión. Entonces estos acopios y almacenes, antes de ser retirados de la circulación, tienden a reaparecer y de nuevo ayudan a inaugurar un auge.

El ciclo comercial, al menos en parte, debe deberse al uso de un metal como base de la moneda, que se retira gradualmente a medida que la industria se expande y regresa cuando se contrae, exactamente lo contrario de lo que se requiere de una moneda. Incluso la facilidad con que los metales preciosos pueden fundirse sin pérdida, y convertirse de moneda a mercancía y viceversa un número innumerable de veces con un coste insignificante, lo que se ha considerado que los hace especialmente adecuados para la acuñación de moneda, es un defecto fatal. En el momento en que el sistema industrial se ha puesto laboriosamente a punto para alcanzar un mayor nivel de producción, el medio de cambio se convierte en un artículo de lujo, y con él se va la ola de prosperidad.

El oro es ahora un estándar fraudulento

Resumiendo, podemos decir que con una moneda de oro en una época de expansión habrá un largo período de escasez de moneda, acompañado de la dislocación de la maquinaria económica de la sociedad. Pero las causas que expanden la producción actúan en la misma dirección, aunque no necesariamente al mismo ritmo y en la misma medida, sobre el oro. De modo que el patrón de valor tiende a verse afectado del mismo modo que las mercancías que mide , y los precios del oro tienden a volver con el tiempo a su nivel anterior.

Con una moneda basada en el oro, la moneda se adaptará a la expansión mucho más rápidamente. Se ahorra el esfuerzo humano que antes se dedicaba a acumular oro para acuñar monedas, pero en los sistemas actuales, el ahorro no beneficia a la comunidad en su conjunto, sino al banquero. Mientras se mantenga la convertibilidad con el oro, incluso la banca internacional sólo puede degradar el valor *en oro* del dinero hasta cierto punto.

Consideremos el caso de una inflación uniforme en todos los países en el mismo grado y al mismo tiempo. Entonces no hay tendencia a que el oro fluya de un país a otro, como en el caso de una inflación en un país relativamente a otro. Pero el oro, al ser absorbido por la demanda como mercancía, desaparecería por completo de la moneda, porque el dinero comprará de oro más que su valor en términos de otras mercancías y más oro del que podría obtenerse gastando la misma suma en la extracción de oro. La moneda es así atesorada o fundida y utilizada en las artes, y con el tiempo desaparecería totalmente de la circulación con el envilecimiento de la moneda, aunque el efecto al principio sería abaratar el oro como mercancía y patrón de valor.

Pero con el uso del dinero a crédito, basado en una pequeña proporción de oro, la cantidad de dinero queda sujeta a una variación mucho mayor y más violenta que antes, y el valor de cambio del oro en términos de mercancías oscila. Las causas inherentes al uso del oro como artículo de lujo, así como medio de cambio, se exageran enormemente, produciendo el ciclo comercial.

El creciente uso del crédito bancario y del papel despoja al oro de uno de sus principales usos y, tras las oscilaciones del siglo pasado, podemos esperar un nivel de precios del oro en continuo aumento. De modo que el dinero crediticio, habiendo dejado al oro en gran parte obsoleto, el dispositivo de hacerlo convertible en moneda a la vista ha dejado de ser eficaz contra su continua depreciación, y ya ha llegado a ser engañoso.

De ahí que surja una necesidad cada vez mayor de estabilizar la moneda sin referencia alguna al oro, y de reducir este último al nivel de una mercancía, posiblemente honrándolo mientras tanto como dinero internacional a su valor de mercado, para reparar el endeudamiento internacional, en virtud de algún convenio equitativo acordado por la Sociedad de Naciones.

Salarios reales y salarios justos

Antes de embarcarse en esta investigación, cabe señalar que estamos más lejos que nunca de cualquier Estándar Absoluto o Medida de Valor, y puede ser instructivo volver a plantear de una nueva forma algunos de los puntos anteriores. Los economistas, una vez que han tenido en cuenta las variabilidades del valor de cambio del oro y las han corregido -por medio de números índices, que les permiten reducir los precios monetarios a algún nivel de precios anterior tomado como patrón de referencia- llegan a lo que denominan el valor *real* de las rentas, salarios y similares; es decir, valores totalmente independientes de los totales monetarios en los que se expresan, pero que representan la *cantidad* de bienes en general que estas rentas, salarios, etc., comprarán. Pero los valores *reales*, aunque lo bastante reales como para representar *cantidades* definidas de bienes adquiribles y suficientes para la economía como ciencia del intercambio o del comercio, no son en absoluto medidas de las horas-ser humano *empleadas* en su producción. Si la eficiencia de los procesos de producción no cambiara, o si la civilización estuviera estancada, entonces lo estarían -de hecho, su uso tiende a estabilizar los salarios y las rentas y los consumos que representan, de modo que tenemos la interminable discusión, ya aludida, sobre si el trabajador de hoy está económicamente mejor, al menos tan bien o sólo ligeramente peor que su predecesor en épocas precientíficas.

Ahora bien, si consideramos la deuda y su reembolso, una moneda estabilizada para mantener constante el nivel de precios de las mercancías en general resuelve el problema, es decir, el comercio se vería liberado de todas las formas de robo legalmente no reconocidas que conlleva una variación del patrón de valor monetario, que son de naturaleza muy similar a las que resultarían de pesos y medidas fraudulentos. Los hombres de negocios y otras personas podrían celebrar contratos con antelación sin temor a caer en la trampa de las variaciones del nivel general de precios debidas a la manipulación monetaria. Pero si estamos considerando la recompensa del trabajo y el derecho de un trabajador al producto de su trabajo, es evidente que tenemos que tener en cuenta no sólo las cantidades de bienes por las que se le remunera, sino también lo que produce. Su salario *real*, en el sentido utilizado en economía, debe expresarse en relación con lo que produce para llegar a su salario *justo*.

El hecho de que pueda ser difícil evaluar esto, o resolver el problema entre la recompensa del trabajo presente y la del pasado, no afecta en lo más mínimo a la cuestión del derecho del trabajador a un salario justo o a la certeza de que, con un conocimiento y un poder crecientes, no descansará hasta conseguirlo. La economía es, o debería ser, un estudio mucho más amplio e importante que el comercio. Los que niegan que deba ocuparse de otra cosa pueden ahorrarse el trabajo de pensar, pero no añaden nada a la dignidad del tema.

CAPÍTULO IX

UN SISTEMA MONETARIO NACIONAL

La importancia social del estudio del dinero

Desde el punto de vista de la sociedad, el estudio del dinero es, en su significado social y su efecto sobre el bienestar humano, tan edificante y ennoblecedor como desde el punto de vista individual puede ser egoísta y degradante. Su jerga técnica del mercado hace que parezca un tema repelente, y es capaz de hacerse más seco y aburrido incluso que un tratado matemático sobre termodinámica. De hecho, su absoluta novedad para la mayoría de la gente y sus ideas preconcebidas, derivadas de una absorción indebida en su adquisición individual, lo convierten en un tema difícil, tanto más cuanto que intereses creados muy poderosos dependen para su existencia continuada de que el público se mantenga en la ignorancia de sus misterios. Los que se dedican a su estudio a menudo sobrestiman al principio la importancia directa del dinero en la economía social -su importancia indirecta difícilmente podría sobrestimarse- y los "insanos del dinero" siempre han sido una *bestia negra* especial para el economista ortodoxo, aunque difícilmente podría haber algo más insano en lo fundamental que los sistemas monetarios modernos, cuyos principios los economistas nunca han cuestionado seriamente. Es esencial tener concepciones físicas claras del dinero y las finanzas, como tales, para permitirnos entender su más importante relación indirecta con los problemas, aún por resolver, de lograr la expansión industrial sin las desagradables concomitancias del desempleo y el ciclo comercial. Quienes han profundizado más en el estudio de la historia de la humanidad consideran imposible exagerar la importancia de la institución del dinero. Como ha dicho Delmar[48] : "Es un estudio que nadie puede permitirse abordar con temeridad ni abandonar con complacencia".

Entre la lista de mentes maestras que cita por haber ensayado su estudio en el pasado, resulta alentador para un hombre de ciencia leer los nombres de Newton, Copérnico y Tycho Brahe. Esto indica que los hombres de ciencia del pasado no siempre han interpretado su función de forma tan estrecha como es costumbre hoy en día, ni han estado tan dispuestos a dejar con complacencia en manos de otros la aplicación de su trabajo a la vida cotidiana del mundo.

"Inaudito, invisible, imperceptible, tiene el poder de distribuir las cargas, las gratificaciones y las oportunidades de la vida de modo que cada individuo disfrute de la parte de ellas a la que sus méritos o su buena fortuna le den derecho, o por el contrario, de dispensarlas con una mano tan parcial que viole todo principio de justicia y perpetúe una sucesión de esclavitudes sociales hasta el fin de los tiempos."[49]

De nuevo, difícilmente se podría describir mejor "Europa tras veinte siglos de cristiandad" que con este pasaje de Ferraro:

"La Democracia Imperial que tenía a un mundo bajo su dominio, desde los senadores que llevaban nombres históricos hasta el más humilde labrador de la tierra, desde Julio César hasta el más pequeño tendero de una callejuela de Roma, estaba a merced de un pequeño grupo de usureros."[50]

Sir Archibald Allison atribuye la caída del Imperio Romano al declive de las minas de oro y plata de España y Grecia, y el Renacimiento al descubrimiento de las minas de México y Perú. Casi todos los hombres recuerdan cómo los sucesivos descubrimientos de oro en California, Australia y Sudáfrica provocaron una oleada tras otra de prosperidad económica. Más reciente y sorprendente aún, tenemos la experiencia fresca de la Gran Guerra, cuando, aparte de la destrucción de vidas y propiedades y los efectos del bloqueo en las Potencias

---

[48] *Historia de los sistemas monetarios.*

[49] Delmar, loc. cit.

[50] Ferraro, *Grandeza y decadencia del Imperio romano,* VI, 223.

Centrales, hubo un grado de prosperidad económica y abolición del crimen y la pobreza en los países beligerantes desconocido en tiempos de paz.

Hemos visto que en los tiempos modernos se ha producido un cambio fundamental en la naturaleza del dinero. No sólo es ahora un simple símbolo de la deuda de la comunidad con el individuo que lo posee, sino que es creado no por la autoridad nacional, sino por instituciones privadas para prestar a interés. Por lo tanto, es esencial volver a los primeros principios al considerarlo. Debemos estar en guardia para no trasladar a la era moderna, sin cuestionarlas, las opiniones anteriores sobre el poder maligno del dinero y el estigma que acompaña a la usura, derivadas de los tiempos antiguos y medievales, cuando el dinero era una institución totalmente diferente.

Análisis de la usura

En su significado original, usura significaba simplemente el interés sobre un préstamo de dinero, mientras que hoy en día se ha convertido en un término de oprobio, refiriéndose más bien a un interés excesivo y extorsivo, que aumenta en proporción a la incapacidad del deudor para pagar.

La mención de esta forma de pequeña usura, tal como existe en los bajos fondos de las grandes ciudades y entre las poblaciones enjambres de la India, evoca posiblemente en la mente un recuerdo de evidencias de terror humano y angustia que uno nunca había esperado encontrar a este lado de la morada de los condenados, y da lugar a un sentimiento de repugnancia física como de algo en el trabajo, macabro e inhumano, que se alimenta de, si no es responsable de, la extremidad de la miseria.

Mientras que, en el otro polo, el interés sobre un préstamo de dinero a los fuertes y aventureros, para permitirles desarrollar los recursos de la tierra y ascender a posiciones de influencia y poder dentro del Estado, ha sustituido hoy en día ocasionalmente incluso a la escalera ofrecida en épocas anteriores por la Iglesia a los vástagos dotados de los pobres, y ha sido dotado no sólo de respetabilidad, sino incluso de un olor de santidad.

Tanto en el mundo antiguo como en el medieval hay pruebas innegables de los males de la usura. Hemos citado el sorprendente pasaje de Ferraro sobre su poder en la antigua Roma. Al principio, la

Iglesia cristiana la condenó universalmente. De hecho, la prohibición de la usura no se eliminó en la Iglesia Católica Romana hasta tiempos muy recientes.

Pero hay pocas dudas de que estos males surgieron no tanto de la práctica de prestar dinero en sí misma como de la relativa facilidad con la que se pueden monopolizar los metales monetarios. Un período de gran expansión imperial, como los de Roma, España y el mundo occidental moderno, exige un aumento de la moneda. Pero no parece que sea asunto de nadie suministrarla. El mundo puede estar sediento de oro, cuya búsqueda es, en el mejor de los casos, una empresa larga y peligrosa, y contraria a los intereses reales de quienes tienen oro para gastar en la búsqueda. Porque si hay muchos prestatarios y pocos prestamistas, el tipo de interés sube igual que sube el precio de una mercancía si hay muchos compradores y pocos vendedores. El mal del interés sobre el dinero no es difícil de entender con el dinero hecho de materiales naturalmente muy escasos. "Endeuda a tu hombre por lo que no tiene y no puede conseguir, y podrás quitarle la piel", es un aforismo financiero que indica suficientemente no sólo la causa de los males de la usura, sino de los del poder monetario en general. Haz que las deudas sean reembolsables en riqueza, la cual, si la gente no tiene, puede conseguir, y atacarás el corazón de ambos males.

Con el papel moneda esta cuestión, como la del "atesoramiento", es completamente diferente. Una nación que imprimiera y emitiera su propio dinero según las necesidades de su uso estaría absolutamente libre de los *auri sacra fames* debidos al monopolio de los metales de acuñación, y de la causa de los principales males del dinero tal como surgieron en el pasado. Podría regular la usura, absolutamente a su juicio, como exigían los intereses nacionales , mediante su control sobre la emisión de dinero. En una época de abundante productividad debida a la ciencia, podía, si lo deseaba, pagar, o al menos redimir, sus deudas, no en oro ni en "libras de carne", sino *mirabile dictu* en riqueza en general. Si pensara en términos reales de riqueza, y no en términos monetarios, no vería el sentido exacto de pagar a sus acreedores intereses perennes por no pagarles, en una época de mayor capacidad de producción de la que el mundo haya disfrutado jamás, con millones de desempleados, órganos de producción a gran escala inactivos y tierras cultivadas convertidas en pastos, aunque, como veremos más adelante, una sociedad individualista[51] sólo puede redimir sus deudas gravando con impuestos la riqueza general de la comunidad.

Préstamos de dinero auténticos y ficticios

Era necesario, a riesgo de cansar al lector en el capítulo VII, entrar con gran minuciosidad en la transición de la antigua moneda metálica nacional a la moderna moneda creada por préstamo. Porque la verdadera acusación contra el sistema moderno no es tanto que haya causado un enorme aumento en la práctica de llevar a cabo la industria con dinero prestado, sino que los préstamos bancarios no son préstamos de dinero genuino, sino que son enteramente ficticios, en el sentido de que nadie renuncia al dinero *prestado*, que es dinero nuevo creado para ese propósito.

El propietario de dinero está absolutamente en su derecho tanto moral como legal de gastar o prestar o atesorar, pero si gasta o presta debe entenderse que realmente renuncia al dinero gastado o prestado. Con el *dinero en efectivo* el prestamista debe hacerlo. Incluso un depósito bancario se distingue técnicamente como cuenta corriente o cuenta de depósito. Con la primera, el propietario no ha renunciado a su facultad de gastar, y no puede, al menos en este país, obtener intereses por ella, aunque en América los intereses se dan, o al menos se daban, comúnmente incluso en las cuentas corrientes. En el caso de un depósito propiamente dicho, el propietario del dinero sí renuncia y transfiere temporalmente al banco su poder adquisitivo, y a cambio del préstamo recibe un pago de intereses sobre el depósito. En esta distinción vemos que la restricción original que se aplica al dinero metálico aún persiste con respecto al dinero bancario. Pero, obviamente, la cuestión de la usura es totalmente diferente, tanto si consideramos un préstamo genuino, como en el caso de un préstamo de dinero en efectivo, o de una suma depositada y no recuperable sin la debida notificación, y el interés sobre el dinero que el propietario nunca ha entregado en absoluto. Ciertamente se argumentará que el depositante, aunque no renuncia al derecho de gastar a voluntad, de hecho no lo ejerce, como lo demuestra la existencia del depósito, de

---

[51] Una sociedad individualista no posee bienes que produzcan ingresos y obtiene sus ingresos exclusivamente de los impuestos.

205 |

modo que entre las dos clases de cuenta existe una distinción sin diferencia.

Prestar dinero en cuenta corriente Indefendible

Esta posición, aunque está muy lejos de justificar lo que realmente ocurre en la banca, donde "cada préstamo *crea* un depósito" (Withers y McKenna), parece plausible, pero puede demostrarse fácilmente que es indefendible. En efecto, basta recordar el hecho innegable de que la cantidad total de dinero de un país no se ve afectada por el hecho de que *se gaste* o *no*, para ver que el argumento no se refiere en absoluto al préstamo de dinero, sino a su existencia.

Supongamos que los cheques sustituyen totalmente al efectivo como poder adquisitivo y que todo el mundo tiene un depósito bancario. Esta situación se aproxima tanto a la realidad que, a efectos de este argumento, puede considerarse cierta en gran medida. Ahora bien, si concedemos al banquero el derecho a prestar los depósitos con el argumento de que su existencia demuestra que los propietarios no los utilizan, duplicamos el dinero en el país *y duplicamos los depósitos*. La existencia de los depósitos duplicados es una prueba tan clara como antes de que sus propietarios no los están utilizando, por lo que pueden ser prestados de nuevo, y ahora los depósitos se han multiplicado por cuatro. Así que podemos seguir y crear una cantidad infinita de dinero.

Resulta interesante que J. S. Mill, hace casi un siglo, contemplara precisamente este caso, ya que los pagos se realizaban universalmente mediante cheque y

"ningún dinero en ninguna parte excepto en la mano del banquero, que podría entonces desprenderse con seguridad de todo él vendiéndolo como lingotes o prestándolo, para ser enviado fuera del país a cambio de mercancías o valores extranjeros".

Concluyó:

"No habría en todo esto nada de que quejarse, siempre que el dinero, al desaparecer, dejara un equivalente de otras cosas, aplicable cuando se requiriera para el reembolso de aquellos a quienes el dinero pertenecía originalmente."

Por qué limitó la consideración del caso a prestar el dinero para enviarlo fuera del país es uno de esos misterios que quizá nunca se resuelvan. Si no lo hubiera hecho, habría hecho el interesante descubrimiento ya deducido, y que incluso en aquel momento ya debían haber hecho los propios banqueros. Los economistas posteriores tampoco parecen haberlo señalado, aunque la sutil distinción que siempre parecen tan cuidadosos de preservar entre el dinero y los depósitos bancarios, sin ser capaces de señalar ninguna diferencia práctica, sugiere que podrían haberlo sabido. MacLeod, el abogado, hace mucho hincapié en que un depósito bancario no es dinero, sino un derecho de acción contra el banquero. Irving Fisher, habiendo definido arbitrariamente los medios de circulación o la moneda como cualquier cosa, generalmente aceptable o no, que sirve como medio de intercambio, y el dinero como "lo que es generalmente aceptable a cambio de bienes", dice: "Pero aunque un depósito bancario transferible por cheque se incluye como medio de circulación, no es dinero. Un *billete de* banco, en cambio, es a la vez medio de circulación y dinero. Entre ambos se encuentra la última línea de distinción entre lo que es dinero y lo que no lo es. Es cierto que la línea está delicadamente trazada...".

Es posible que estas distinciones tuvieran cierta importancia hace un siglo, pero su mantenimiento en la actualidad parece una mera sutileza con el fin de confundir las cuestiones.

Volvemos así a la cuestión de que, en el caso de la usura antigua, el prestamista renunciaba al dinero que prestaba y recibía intereses por un préstamo auténtico. En el caso del dinero prestado por un banco, nadie renuncia a él y los préstamos son totalmente ficticios, excepto en el caso de los auténticos "depósitos a plazo", que Macrosty estima, tanto para este país como para los Estados Unidos, en una quinta parte del total de los depósitos. Incluso éstos, en la medida en que superan el efectivo en poder de los bancos -el único dinero no de fabricación propia que el banco tiene para prestar- fueron creados en primera instancia por los propios bancos. Es cierto que, hasta el momento de la guerra, en que el dinero del país se multiplicó casi repentinamente por dos veces y media, la creación de este dinero fue un asunto gradual que se extendió a lo largo de un siglo. La costumbre ha confirmado al banquero en su disfrute, y ha hecho que sea imposible decretarlo nunca. Pero no es suyo, como él mismo sería probablemente el primero en admitir, si se tratara de gastarlo en lugar de prestarlo. Es, como hemos visto, la riqueza virtual de la comunidad en su conjunto.

La quiebra del sistema monetario;
La moratoria

El estallido de la Gran Guerra reveló la total inseguridad de nuestro sistema monetario. El 24 de julio de 1914, Austria envió su ultimátum a Serbia. Las bolsas de todo el mundo, por supuesto, se asustaron y dejaron de funcionar. El último día de ese mes, las bolsas de Londres y Nueva York siguieron el ejemplo de las bolsas continentales y cerraron sus puertas. Los valores de todo tipo se volvieron temporalmente invendibles. El 6 de agosto se declaró una moratoria general. Los bancos, que sólo poseían una pequeña reserva de dinero frente a sus obligaciones monetarias con el público, eran totalmente incapaces de reclamar sus préstamos e intentar recuperar el dinero que el sistema les había permitido prestar sin poseerlo. No podía adoptar el plan habitual de vender a cualquier precio las garantías depositadas por, y la propiedad de, los prestatarios mientras la Bolsa permaneciera cerrada. El país había "economizado" tanto en el uso del dinero que *literalmente no existía* en el país ni una sexta parte de la cantidad a la que legalmente tenían derecho los poseedores de dinero, ni una quinta parte de la cantidad sobre la que la industria pagaba intereses. Si las Bolsas no hubieran cerrado y se hubiera intentado vender los títulos para reembolsar los préstamos creados, este hecho se habría hecho dolorosamente evidente. Aquellos a quienes se habían concedido los créditos, por supuesto, no poseían el dinero, sino que lo habían intercambiado por riqueza con los propietarios de la riqueza, por lo que los antiguos propietarios de la riqueza y no los prestatarios ahora poseían legalmente el dinero que no existía. Por lo tanto, los préstamos sólo podrían ser recuperados, en caso de ser retirados, mediante una venta forzosa de los valores colaterales de los prestatarios a cualquier precio que alcanzaran. "Al final" la moneda se habría reducido a una mera fracción de su cantidad anterior, y los precios también. Sin embargo, hemos visto que es muy difícil reducir los precios constriñendo la moneda, porque los productores de riqueza no venderán por debajo del precio de coste a menos que se les obligue a hacerlo. La fracción de la moneda que los bancos habrían recuperado mediante la venta forzosa de los valores colaterales de sus deudores y de todo lo que ellos mismos poseían en forma de riqueza habría sido insignificante. En otras palabras, se habrían arruinado sin remedio, y los que habían depositado su dinero en ellos lo habrían perdido de no ser por la moratoria.

Naturalmente, el Gobierno tuvo que reasumir la responsabilidad de la regulación de la moneda que los gobernantes políticos nominales del país en el siglo XIX habían eludido y traspasado a las empresas privadas. *Hizo lo que debería haber hecho desde el comienzo de la Revolución Industrial.* Imprimió dinero real, es decir, dinero que el propietario posee, no dinero en una cuerda invisible que un poder detrás del trono puede retirar y poner fuera de circulación al primer pánico financiero. Pero, por desgracia, cada billete del Tesoro impreso y canjeado por riqueza para pagar el coste de la guerra fue multiplicado en la antigua proporción por el sistema bancario, ahora restablecido en su solvencia, y totalmente liberado de cualquier riesgo de quiebra bajo cualquier circunstancia. Estos créditos, al ser sólo préstamos, pasaron, por supuesto, a la circulación sin pagar absolutamente nada. La necesidad de financiar la guerra era inevitable, pero la cuestión ha sido muy discutida en cuanto a los métodos adoptados.

Examinémoslos.

Financiación de la guerra

Se instó a los patriotas de este país de Alemania- a que invirtieran dinero en préstamos de guerra para ayudar a ganar la guerra, y así lo hicieron. Algunas de las curiosas consecuencias que se derivan del hecho de que el mismo dinero circule en una ronda interminable, aunque la producción y el consumo de riqueza sean continuos, se vieron entonces en su justa medida probablemente por primera vez. Cuanto más gastaban las naciones, más se daban cuenta de que podían gastar: la idea del flujo, en contraste con la idea del depósito, según la cual cuanto más se gasta, menos queda para gastar, y más hay que abstenerse de gastar en el futuro para reponer el depósito. Cuanto más prestaba la gente para financiar la guerra, más tenían que prestar las clases de la dedicadas a la producción. Pero se animaba a todas las clases a prestar, y si no tenían dinero que prestar al país para ayudarle a ganar la guerra, podían endeudarse con los bancos y pagar con lo que esperaban tener en el futuro. Cada billete del Tesoro impreso y depositado en los bancos les permitía prestar seis o más libras como crédito, y el nuevo Préstamo de Guerra que recibiría el prestatario era una garantía suficiente para el préstamo. El Banco de Inglaterra emitió circulares ofreciendo prestar al 3 por ciento el dinero necesario para garantizar el Préstamo de Guerra sobre el que el contribuyente debía aportar el 4 por ciento. De modo que por cada libra que aportara el contribuyente, el banco recibiría 15s. y el falso suscriptor 5s. El banco no corría ningún riesgo, ya que mantendría la nueva escritura como garantía colateral de su préstamo hasta que la deuda fuera amortizada. Esta transacción no es más que un ejemplo bastante más claro de lo habitual del proceso de cargar al contribuyente los intereses de préstamos ficticios.

El monto de los Préstamos de Guerra así recaudados, aparte de la deuda americana, fue orden de £M7,000, y los cargos por intereses ascienden aproximadamente a un millón de libras por día. La cantidad total de dinero en posesión del público, como hemos visto, era de alrededor de 1.200 libras esterlinas antes de la guerra y de alrededor de 2.700 libras esterlinas en 1920. Sólo una pequeña parte del aumento se debió a la emisión de billetes del Tesoro, probablemente no más de una quinta parte. Es una lástima que no se conozca públicamente la cantidad exacta emitida.

Se ha discutido si una parte mayor, o incluso la totalidad del gasto de guerra, no podría haberse recaudado mediante impuestos, ya que si la gente tiene dinero de sobra para invertir, al menos en teoría, el Estado debería poder obtenerlo mediante impuestos.

En general, se admite que los impuestos son demasiado indiscriminados e impersonales para extraer dinero de los bolsillos de los que tienen dinero de sobra y dejar indemnes a los que no lo tienen. En el estrés de la guerra, hay asuntos más urgentes que considerar que el diseño de nuevos métodos de tributación para golpear a los ricos y dejar de lado a los indigentes. Habría hecho impopular la guerra en la ciudad, y eso es lo mismo que decir que, para bien o para mal, no se podría haber "luchado hasta el final".

Aparte de la impresión de dinero, los impuestos y la venta de valores extranjeros para pagar las mercancías recibidas de países extranjeros, métodos todos ellos que el Estado empleó, confió en el patriotismo de sus ciudadanos para que suscribieran liberalmente los Préstamos de Guerra, lo que hicieron hasta un total de 7.000 libras esterlinas, de dinero muy depreciado. El objetivo *aparente* era impedir que las personas que suscribieron gastaran lo que tenían o, en el caso de los que pidieron prestado a los bancos, lo que recibirían en el futuro, para que no compitieran en el mercado e inflaran los precios de los bienes que el Estado necesitaba, o necesitaría, para la conducción de la Guerra o, ahora que la Guerra ha terminado, para su vida normal.

Observe la naturaleza del contrato. Nosotros, los contribuyentes, nos comprometemos a pagarle a usted, un individuo, 5 libras esterlinas al año para siempre, hasta que se devuelva el préstamo, por cada 100 libras esterlinas de poder adquisitivo a las que haya aceptado renunciar. Si el Estado no hubiera tenido miedo de que los individuos ejercieran su poder adquisitivo, habría podido imprimir y no pedir prestado el dinero.

La Reductio ad Absurdum del del sistema monetario moderno

Es perfectamente legítimo que un individuo recupere su poder adquisitivo vendiendo su guión y *reduciendo así el poder adquisitivo de otro*, con lo que el total no cambiaría. Pero tal como están las cosas, no tiene por qué hacerlo. Sólo tiene que depositarlo en el banco y, como valor respaldado por oro, sería inmediatamente aceptable como garantía colateral, aunque la riqueza realmente productiva, como una fábrica en funcionamiento, podría no ser tan aceptable. Este es uno de los absurdos no menores de la banca privada: las deudas muertas se prefieren a la riqueza como garantía simplemente porque están respaldadas por el poder tributario nacional.

Cuando el banco acepta el Préstamo de Guerra como garantía, el prestatario paga al el tipo de interés bancario vigente por hacer precisamente lo que el Estado le paga del bolsillo del contribuyente el 5% anual por no hacer. En realidad, el contribuyente paga el impuesto, no al banco, sino *a través* del tenedor del bono, por hacer precisamente lo que el impuesto se impuso para evitar que se hiciera. En este sencillo caso llegamos fácilmente a la *reductio ad absurdum* del sistema monetario moderno.

Cómo paga el contribuyente 100 millones de libras al año Intereses de un dinero inexistente

Hemos visto que algo del orden de dos mil millones de libras han sido creadas por los bancos. Prestado a interés, produce unos ingresos de unos 100 millones de libras esterlinas al año a un tipo bancario del 5 por ciento. El efecto de esta creación sobre los precios es completamente y absolutamente indistinguible del del dinero nacional. No es necesario imprimir billetes del Tesoro por valor de 2.000 libras esterlinas y ponerlos en circulación. Simplemente ocuparían espacio en las bóvedas del banco hasta la próxima guerra o pánico financiero, cuando puedan imprimirse mucho más fácilmente si es necesario. Pero no hay razón para seguir pagando las 100 libras anuales con los impuestos. Aunque el dinero no tiene existencia física y, salvo en tiempos de crisis, no necesita tenerla, debido a la popularidad del sistema de cheques, los títulos legales para reclamarlo existen y son propiedad de los auténticos depositantes.

Si alguien quiere un préstamo de moneda en garantía de una tenencia de Préstamo de Guerra, y puede obtenerlo de manera indirecta mediante un aumento de la moneda total, es evidente que un principio elemental de los negocios es que el Estado cancele la deuda y emita él mismo el dinero para pagarla. *El dinero se emite en ambos casos* con efectos indistinguibles si es crédito bancario o dinero nacional. Pero, si el Estado lo emitiera a cambio de moneda nueva, eximiría al contribuyente de la necesidad de pagar intereses, y el contrato original se rescindiría de una manera comercial justa para ambas partes.

La vieja política de *laissez-faire* extremo de la economía individualista negaba celosamente al Estado el derecho a competir de cualquier modo con los individuos en la propiedad de la empresa productiva, de la que se puede obtener un interés o beneficio monetario, y esto se extendió ignorantemente incluso a la riqueza virtual de la comunidad.

La economía individualista, que considera el dinero como riqueza en lugar de deuda, entrega a los individuos el poder de emitir dinero y deja al contribuyente el deber de pagar los intereses de la emisión. El Estado, en cualquier momento que lo desee, puede aliviar al contribuyente de unos 100 millones de libras al año, o 2s. 6d. en £. Sólo tiene que recomprar en el mercado libre 2.000 libras de Préstamo de Guerra con dinero nuevo genuino para reemplazar el creado por los bancos, libra por libra del crédito bancario que emiten, permitiéndoles así hacer frente a sus obligaciones en todo momento. El Estado debe recuperar su única prerrogativa en la emisión de dinero, y hacer imposible que los bancos emitan dinero que no posean o que no haya sido entregado a su cargo por el propietario como un depósito a plazo definido, a diferencia de un depósito en cuenta corriente. Esto pondría fin al absurdo de gravar a un grupo de personas para evitar que aumente la moneda y entregar los impuestos a otro grupo que la está aumentando. La situación es que 2.000 libras esterlinas están en circulación en cheques y forman parte de la moneda total que determina el nivel de precios, pero las fichas formales que reconocen la deuda de la comunidad con los titulares aún no han sido emitidas por el Estado, y éste no ha recibido ninguna contraprestación valiosa por ellas. Por lo tanto, que se expidan.

El remedio

Consideremos la naturaleza de esta transacción un poco más en detalle. Hemos visto que el poder adquisitivo de la nación, medido por la cantidad total de depósitos bancarios sumada a la cantidad total de moneda en circulación, fue estimado por McKenna en 1920 en 2.693 libras esterlinas. A efectos ilustrativos, supondremos que la cantidad total de dinero nacional (monedas y billetes del Tesoro) hoy en día es de 700 libras esterlinas, y de crédito bancario de 2.000 libras esterlinas. Es más o menos de este orden como máximo, pero no parece ser exactamente conocido por el público. Es más sencillo tener en mente cifras redondas concretas, pero, por supuesto, el argumento no depende de que las cifras asumidas sean correctas. Cualquiera que sea, el lector puede el ajuste adecuado, ya que sólo se discute el principio.

El Estado, decidido a recuperar su prerrogativa perdida de emitir dinero, legisla en este sentido y notifica a los bancos que, en lo sucesivo, después de un plazo razonable, no deben prestar dinero en cuenta corriente, sino sólo dinero entregado a su custodia por un período definido en virtud de una escritura de transferencia u otra forma jurídica autorizada. Podría establecerse una escala adecuada de derechos de timbre sobre dichas escrituras, de modo que no fuera rentable utilizarlas para fines lucrativos , a fin de evitar que las intenciones de la Ley quedaran en papel mojado por un nuevo desarrollo del sistema de préstamos puramente ficticios.

La situación entonces es:

(1) Los bancos pierden ahora una de sus fuentes de ingresos y deben regirse por los mismos principios que otros servicios comerciales, cobrando a sus clientes por llevar sus cuentas.

(2) Los deudores, que adeudan a los bancos un total de 2.000 libras esterlinas y que en su mayoría son propietarios de valores u otros bienes contra los que se ha emitido el préstamo, deben vender sus valores o encontrar a alguien que disponga del dinero, ya sean particulares o el Estado, que se lo preste realmente.

(3) En última instancia, el Estado tiene que emitir 2.000 libras esterlinas de nuevo dinero nacional, y con ello recomprar y cancelar 2.000 libras esterlinas de Deuda Nacional.

(4) En el futuro, los bancos deberán conservar este nuevo dinero, libra por libra de los depósitos en cuenta corriente, de modo que en lugar de guardar en *caja fuerte* una parte del dinero de sus depositantes, como en la actualidad, deberán guardarlo todo. #/

No hay ninguna dificultad ni peligro que temer en la realización de esta operación, siempre que se lleve a cabo con la prudencia y perspicacia financieras ordinarias. Los propios bancos podrían, con la cooperación de sus clientes, sin duda proporcionar fácilmente la totalidad de £M2,000 de valores nacionales a liquidar. Representa menos de una cuarta parte de la cantidad existente y, si no tuvieran ya tanto en su poder en forma de valores colaterales, sería un simple asunto bursátil intercambiar otros valores colaterales no nacionales por la cantidad requerida. El oficinista del Sr. Withers en la City[52], sin duda podría explicarlo, si se le consultara.

La situación, por lo tanto, es que todos los préstamos puramente ficticios se han terminado. La cantidad de dinero en el país no se ha visto afectada por la transacción y, de hecho, el público en general sólo sabría que se ha llevado a cabo por la consiguiente reducción de impuestos.

Los bancos son ahora solventes tanto en las malas como en las buenas condiciones financieras. No se ha tocado ni una sola característica legítima de su actividad como prestamistas. Pueden prestar dinero a interés como antes, siempre que ellos, o los propietarios del dinero prestado, transfieran realmente la propiedad del mismo al prestatario y renuncien a su uso. En la medida en que los préstamos a la industria se debían a un simple déficit de moneda de curso legal, habrán sido reembolsados y la industria liberada del íncubo por la venta de los valores colaterales en posesión de los deudores. En la medida en que no lo fueran, continuarían como auténticas y legítimas transacciones entre las industrias y el público prestamista.

---

[52] *Banqueros y crédito*, p. 200.

Se despeja así el camino para la futura tarea de mantener constantes el número índice de los precios y el poder adquisitivo del dinero, emitiéndolo o retirándolo, según crezca o disminuya la riqueza virtual de la comunidad. Hemos tratado de cómo podría efectuarse la emisión. Su retirada, en caso necesario, es la inversa: el Estado emite un nuevo préstamo al público y destruye el dinero así emitido. O, alternativamente, el Estado impone impuestos *ad hoc* destruyendo la moneda así obtenida.

El problema aún sin resolver

Pero aún nos queda mucho camino por recorrer si queremos comprender las leyes que debe obedecer una comunidad para que su dinero no se deprecie *y* su producción de riqueza sea máxima, de modo que ni el capital ni el trabajo estén voluntariamente desempleados. Se trata de una tarea que nunca se ha logrado y de un problema que ha desconcertado al mundo entero. Es insoluble si permitimos que el dinero varíe en su poder adquisitivo y no distinguimos entre préstamos genuinos y ficticios. Pero si decimos que nuestro dinero debe ser de poder adquisitivo constante y emitido con ese único fin, y aseguramos que todos los préstamos deben ser auténticos, entonces podemos encontrar fácilmente la forma general de la ley en cuanto a la relación entre esa emisión y la abstinencia que la acompaña (préstamos *auténticos*) necesaria para sintonizar la industria de un nivel de producción a un nivel superior hasta que todo el capital y el trabajo disponibles sean absorbidos.

CAPÍTULO X

EL PRINCIPIO DE RIQUEZA VIRTUAL

¿Altas finanzas o alta traición

Tomémonos un respiro, salgamos de los árboles y volvamos a mirar al bosque. Al final de la guerra, que nos había sacudido a todos fuera de nosotros mismos, parecía que se había creado una atmósfera favorable en la que moldear nuestra vida nacional más cerca del deseo del corazón. Las novedades no eran entonces necesariamente falsas. Pero ahora parece que hemos vuelto a un hábito mental resignado y fatalista que considera nuestros fracasos como inevitables y parte del orden natural del universo. El resultado de nuestras incursiones en el aspecto científico de la cuestión social es que el sistema monetario del mundo es falso y absurdo, y que sin una atención minuciosa a este mecanismo poco comprendido de distribución de los productos de la industria, no sirve de mucho pensar adónde queremos ir todos y la importancia suprema de que lleguemos allí. Los políticos de todos los partidos nunca se cansan de este fácil tema, pero todos y cada uno parecen ansiosos por discutir cualquier cosa y de todo antes que del dinero, que nos tiene a todos en su absoluta e incontrolada garra. La prensa boicotea casi por completo este tema. Parece imposible conseguir que se hagan públicos de forma clara e inequívoca los datos esenciales, y para obtener estadísticas definitivas normalmente hay que ir a los EE.UU. a título ilustrativo.

El público británico tiene sin duda derecho a la información sobre su propio sistema y a la investigación y el debate públicos e imparciales sobre este nuevo poder, en cuyas manos se ha entregado sin su conocimiento ni consentimiento.

La ciencia, como quedó suficientemente claro para todo el mundo durante la guerra, es ampliamente capaz de proporcionar más de lo que pueda ser necesario para permitir a todo el mundo, capaz y dispuesto a ganarse el sustento, la oportunidad de vivir una vida decente en viviendas sanas y adecuadas. La recompensa que debería ofrecer por un trabajo eficiente no debería ser cada vez más trabajo en competencia con la maquinaria, sino ocio, honesto y bien ganado, para cultivar facultades superiores y vivir en un plano menos animal. Es cierto que todavía hay muchas personas con opiniones medievales, cuidadosamente fomentadas por la falta de educación en nuestras escuelas y universidades, que ignoran esto, pero los hechos, como las masas de desempleados, las fábricas que trabajan a tiempo parcial y la tierra que se deja volver a cultivar, cuentan su propia historia. El conflicto es claramente entre la ciencia y las finanzas.

En el mejor de los casos, no es más que la contrapartida de las vacaciones del autobusero intentar que la gente dedique sus horas de ocio al estudio del mecanismo que les impulsa en su rutina diaria. Pero, a pesar de todo, es fascinante pensar en nosotros mismos al volante de en lugar de ser conducidos. Es el primer paso para comprender la diferencia entre el dinero que todos conocemos y las altas finanzas que tan pocos tienen la oportunidad de conocer. En lugar de gastar todas nuestras energías en el esfuerzo por encontrar algún empleo, por poco agradable que sea, en el que intercambiar nuestros infravalorados servicios por nuevos y crujientes billetes del Tesoro -cuya impresión, en estos días de producción en masa, no puede costar mucho más que los sellos de correos-, ¿no sería un cambio si nos despertáramos una mañana y nos encontráramos de alguna manera nosotros mismos dirigiendo la máquina de imprimir y a todos los demás ofreciéndonos todo lo que tienen que dar en forma de trabajo, servicios, mercancías y productos de la industria a cambio de nuestros codiciados trozos de papel? Las altas finanzas tienen ventajas evidentes consideradas como una vocación.

Pero el político poco imaginativo y rígido nos dirá que esto no es Alta Finanza, sino Alta Traición contra el Estado. Eso es precisamente lo que siempre se ha considerado desde los albores de la historia, y, antes de que pillara a Gran Bretaña por las narices -si es que puede decirse que un bulldog tiene nariz-, se habría considerado digno de publicidad en lugar de ser ocultado.

El principio de la riqueza virtual

Analicémonos tal y como somos: muchos de nosotros nos enorgullecemos de nuestra perspicacia comercial y empresarial, algunos de nuestra curiosidad intelectual, otros de nuestro sentido común, y ninguno de nosotros, obviamente, se ha escapado de la locura.

Todos tenemos necesidades y deseos de todo tipo, que deberíamos satisfacer si pudiéramos "permitírnoslos", de todo grado de urgencia o conveniencia, desde la falta de alimentación y vestido adecuados hasta un leve anhelo de un coche mejor o el último calzado ruso de moda. Sin embargo, todos llevamos sobre nuestras personas derechos legales en forma de dinero a estas cosas, y *no* ejercemos nuestros derechos a estas cosas.

Más bien *preferimos* fichas de papel que expongan varias verdades al 10% o menos sobre que Jorge V es, por la gracia de Dios, Rey de toda Gran Bretaña, Defensor de la Fe y Emperador de la India. Pero estas fichas tangibles y existentes, que el público prefiere a las cosas que realmente necesita, son, por así decirlo, la calderilla del comercio, casi insignificantes comparadas con reclamaciones mucho mayores e igualmente válidas en cuentas bancarias para las que no existen fichas.

Cada uno de nosotros, como individuos, considera estas posesiones monetarias al menos tan valiosas como la riqueza real por la que las cambiaría. No hay más compulsión en la elección que la propia preferencia del individuo. Es, además, la condición normal y permanente de la sociedad, pues a medida que cada individuo ejerce a su vez su poder adquisitivo y obtiene la realidad en lugar de la ficha o el crédito, se limita a intercambiarlo con otro individuo, que entonces se abstiene a su vez de la riqueza a la que tiene derecho. Aunque la gran mayoría no tiene demasiado dinero, la suma de todas nuestras posesiones individuales de esta Riqueza Virtual es colosal. En 1920 ascendía, según McKenna, a dos mil setecientos millones de libras esterlinas. Como la producción total anual de riqueza en este país se estima en el mismo orden, alrededor de 3.000 millones de libras esterlinas, resulta que hay casi un año de producción de la riqueza de este país literalmente mendigando, "premios relucientes" esperando ser recogidos por cerebros agudos sin producir nada en absoluto, y una vez recogidos, bien capaces de contratar las espadas más afiladas de la ley, y cualquier otra arma que se pueda comprar por dinero hasta la prensa privada de la nación, en su defensa. Si calculamos en efectivo cuánto vale gastar en la defensa de unos ingresos no ganados de unos 100 millones de libras al año, podemos estar seguros de que no será un caso de hundir el barco por una ha'porth de alquitrán. Pero esto, de nuevo, es una mera nada comparado con el poder que la concesión, retención y cancelación arbitraria del dinero crediticio confiere a quienes lo ejercen. Sólo un industrial en todo el mundo, hasta ahora, Henry Ford, de la fama del automóvil, se ha atrevido a desafiarlo y ha escapado a la bancarrota.

Si queremos comprender la completa derrota de las fuerzas que han trabajado por el progreso en el último siglo, y su incapacidad para dar un paso adelante sin que el suelo bajo sus pies parezca retroceder más de lo que han avanzado, es bueno que a veces nos imaginemos con qué crudas realidades tropieza nuestro idealismo. El mundo está muy cansado de los idealistas y de la contemplación de una meta cada vez más lejana. Sin duda, un conocimiento de las confusas idioteces de las finanzas públicas vale más que muchos quebraderos de cabeza para adquirirlo, y es el primer paso necesario para devolver a las naciones su soberanía y su herencia.

El valor del dinero medido por la riqueza virtual

Como se indicó al final del último capítulo, nuestro problema se divide en dos partes distintas, que no deben mezclarse, sino considerarse en orden lógico. Está la cantidad de dinero, que debe ser siempre proporcional a la riqueza virtual de la comunidad si queremos que su poder adquisitivo sea constante, y hay una cuestión mucho más compleja, la circulación de este dinero de mano en mano entrelazado con el flujo interminable de riqueza de la producción al consumo, como en un movimiento mecánico conocido como el de cremallera.

En un piñón y cremallera, cada vuelta completa del piñón desplaza la cremallera una distancia definida en una línea recta uniforme. Una moneda estabilizada se corresponde con un mecanismo de este tipo, cada circulación del dinero envía desde la producción hasta consumo o uso la misma cantidad de riqueza. Una moneda de valor variable se corresponde con un piñón y cremallera, en el que el número de dientes del piñón y, por consiguiente, su diámetro, nunca son iguales, sino que varían continuamente a medida que gira. Un mecanismo así es mecánicamente imposible de fabricar, mientras que hasta ahora, por razones que se verán más adelante, ha sido políticamente imposible distribuir la riqueza mediante una moneda de poder adquisitivo constante. Han sido inevitables las alternancias violentas en períodos cortos y la disminución media del poder adquisitivo en períodos largos.

Podemos recapitular brevemente la posición con respecto a la primera parte del problema, y plantear algunos de los puntos de una manera ligeramente diferente. La cantidad de dinero en un país es la cantidad de un tipo peculiar de deuda que existiría en ese país si no hubiera dinero. No es el único tipo de deuda, pero es el único tipo de deuda reembolsable en cualquier forma de riqueza adquirible a petición del propietario de la deuda. Hay, por supuesto, muchos otros tipos de deudas, pero no son reembolsables en riqueza, sino en dinero. De modo que todas ellas tienen que ser reembolsadas primero en dinero y luego se convierten en reembolsables en riqueza en general.

Ahora bien, esta deuda, aunque expresada numéricamente por la suma total del dinero del país, representa un déficit de riqueza real, compuesto por todas las cosas reales que los propietarios del dinero tienen derecho a poseer pero de las que voluntariamente prescinden, o se abstienen de poseer, para satisfacer sus negocios o asuntos privados.

Si pensamos en nuestras propias circunstancias y en la razón por la que necesitamos dinero y tenemos que mantener una reserva del mismo, las mismas razones se aplican a la comunidad en su conjunto. Conviene a la conveniencia y a los asuntos de algunas personas todo el tiempo, y a los de todas las personas algunas veces, ser deudores en lugar de poseedores de riqueza, de modo que puedan ser libres de seleccionar en su propio momento el tipo y la cantidad que necesitan en ese momento particular en el mercado y recibirlo a petición a cambio de su dinero. La cantidad de riqueza que a una comunidad le conviene no poseer, aunque legalmente tenga derecho a poseerla bajo demanda, vale todo el dinero de la comunidad.

Esta cantidad negativa o escasez de riqueza se denomina en este libro la Riqueza Virtual de la Comunidad. Podemos suponer que es G - donde G significa el conjunto de bienes, o cosas reales, que la comunidad se abstiene de poseer, y supondremos primero que esto no cambia. Si la cantidad de dinero en la comunidad es $£X$, cada $£1$ vale G/X. Supongamos ahora -no importa si por la acción del Estado, de los bancos o de los falsificadores- que la cantidad de dinero$£$ X se incrementa en una cierta proporción r a $£rX$, donde r puede ser 2, 1,5, 1,1, o cualquier proporción mayor que la unidad, G vale ahora $£rX$, y cada $£1$ vale G/rX. Los propietarios de las $£X$ originales tienen ahora derecho a XG/rX o sólo a G/r; es decir, sólo a 1/rth parte de lo que tenían antes. Los emisores de la nueva moneda, o aquellos a quienes se la entregan, tienen derecho al resto G (1 - $1/r$). Si el Estado emite el nuevo dinero, será para pagar un gasto público que, de otro modo, tendría que sufragarse con impuestos, y si lo retira de nuevo de la circulación debe ser imponiendo impuestos y destruyendo el dinero así recaudado. Del mismo modo, si un banco lo emite como crédito y cancela ese crédito cuando se devuelve el préstamo, en lugar de volver a emitirlo, la comunidad en su conjunto recupera entonces en poder adquisitivo adicional de su dinero lo que antes había perdido. Si un falsificador lo hace pasar, lo que gana lo pierde el individuo en cuya posesión se encuentra finalmente el dinero falso. Pero hasta que se detecta, todos en la comunidad sufren una pérdida permanente en el poder adquisitivo de su dinero, y por esta razón, sin duda, la ley siempre ha considerado la emisión de dinero falso como un delito de traición en lugar de robo, aunque el falsificador real no gana más en un caso que en el otro.

Si, ahora, consideramos que G crece gradualmente y que el dinero aumenta permanente y gradualmente para seguirle el ritmo, de modo que siempre se mantenga el mismo poder adquisitivo de la libra esterlina -es decir, ahora rG/rX, que es lo mismo que G/X-, entonces no se comete ninguna injusticia con los propietarios del dinero, sino que el aumento de la riqueza virtual de la comunidad es apropiado en primer lugar por el contribuyente, en segundo lugar por el banco, que lo pasa a quienes le piden dinero prestado, y en tercer lugar por el falsificador.

Pero, ¿cómo aumenta o disminuye G? Únicamente porque las personas se *abstienen* de poseer lo que tienen pleno derecho a poseer, sin ningún pago de intereses como recompensa por la abstinencia, en mayor o menor grado que antes. En esto los deseos e intenciones de los individuos no son en absoluto lo mismo que los efectos agregados de esos deseos. La gente puede pensar que hay demasiado dinero y que va a haber menos, por lo que el nivel de precios bajará, o demasiado poco y que pronto habrá más, por lo que el nivel de precios subirá. En consecuencia, pueden intentar reducir o aumentar sus tenencias de dinero, pero es evidente que esto no tiene ningún efecto sobre el dinero total existente.

Lo que ellos renuncian o adquieren otros lo adquieren o renuncian, y por lo tanto es una investigación muy complicada determinar bajo qué circunstancias sus deseos e intenciones tienen algún efecto sobre la riqueza virtual agregada de la comunidad y el poder adquisitivo del dinero. Podemos afirmar sin temor a equivocarnos que, puesto que los propietarios de dinero no saben, en general, si el

dinero aumenta o disminuye hasta que se manifiestan *los efectos*
subsiguientes sobre el nivel de precios, el efecto temporal de un
aumento de la cantidad de dinero, al conferir nueva riqueza virtual a
quienes antes carecían de ella, es aumentarla, y a la inversa, una
disminución de dinero disminuye temporalmente por cancelación parte
de la riqueza virtual. Pero estos son sólo los efectos iniciales, el
aumento en el primer caso pronto siendo neutralizado por el aumento
del nivel de precios, pero la disminución, en el segundo caso, ya que el
nivel de precios se reduce más lentamente, es más permanente.

La analogía de las sillas musicales

La mejor forma de ilustrar esta característica de vital
importancia de todos los problemas monetarios es mediante una
analogía muy casera.

En el juego de las sillas musicales, cuando la música se detiene,
el círculo de jugadores que se mueve alrededor de las sillas intenta
instantáneamente sentarse, pero siempre hay una silla menos que el
número de jugadores. Esto nos da fácilmente la idea fundamental en la
institución del dinero. Si el estado instantáneo de la nación pudiera ser
inmovilizado de manera similar, siempre existirían, además de aquellos
en plena posesión y disfrute de toda la riqueza del país, otros con títulos
legales para exigirla para quienes no existe ni necesita existir riqueza
alguna. Si los asuntos de una nación fueran susceptibles de liquidación
y los pasivos y activos fueran repartidos, como los de un individuo,
entonces sería necesario que la nación mantuviera almacenada, o
pusiera en la ficha misma, una cantidad de riqueza igual a la cantidad
de dinero. Pero una nación es una empresa en marcha perpetua. En la
medida en que, debido a la adversidad, tenga que retirar y cancelar parte
de su dinero, posee a través del derecho de tributación todo lo necesario
para este fin. Por lo tanto, es un error insistir en que debe haber un
equivalente de riqueza detrás de una moneda simbólica. Lo esencial es
que la comunidad no sea robada por la emisión de dinero simbólico en
primera instancia, y que se ponga en circulación para pagar los costes
que de otro modo se sufragarían con los impuestos. No tiene por qué
haber ningún respaldo de riqueza real. Lo que hay detrás de la moneda
simbólica es la necesidad de que los miembros de una comunidad
moderna se abstengan de poseer toda la riqueza a la que derecho, para
poder obtener lo que desean en la forma y el momento en que lo
necesitan.

El segundo requisito esencial es que la emisión de nueva moneda no sea más rápida que el aumento de la riqueza virtual de la comunidad. Si la emisión se realiza únicamente en función de los deseos del Estado de sufragar los gastos sin imponer impuestos, por los bancos con la única consideración de la emisión que produzca la máxima cantidad bruta de intereses, o por el falsificador para obtener la mayor cantidad de riqueza a cambio de nada, la moneda se deprecia y se roba a la clase acreedora. Si no hay emisión, o es insuficiente para mantener el ritmo de la creciente prosperidad de la comunidad, se defrauda a la clase deudora, mucho más numerosa. La mano muerta del pasado se vuelve excesiva, y los pagos al *rentista* una fracción exorbitante de la renta nacional. El trabajo, al carecer de agentes de producción y verse obligado a pedir prestado el uso de los mismos, se encuentra en la clase deudora y está permanentemente deprimido por la caída de los precios. Al estar también remunerado por salarios fijados en gran medida por la costumbre y los acuerdos a largo plazo, se ve perjudicado temporalmente por una subida de los precios. Aunque, como hemos visto, la fijación del nivel de los precios no es un medio de asegurar un salario justo, sino que tiende, si se malinterpreta la naturaleza de la norma, a estabilizar las tasas de remuneración, es absolutamente esencial tener una norma definida de valor monetario antes de que sea posible cualquier progreso en estos otros problemas económicos.

Por qué es esencial una Norma

Si los políticos deciden que es esencial para un gobierno fácil que la gente sea guiada o engañada en el camino que debe seguir por su propio bien, y que el objeto en cuestión debe ser asegurado por algún patrón de rápida depreciación como el patrón oro, para aligerar la mano muerta del pasado sin despertar demasiado abiertamente las furias del interés privado, la nación puede estar segura de que en el juego del engaño en asuntos monetarios el político no estará a la altura de aquellos que han hecho del estudio de estas cuestiones un medio de subsistencia personal. Por lo tanto, en el resto de este libro aceptaremos la conveniencia de estabilizar el poder adquisitivo del dinero, con referencia al nivel general de precios de las mercancías, como un preliminar esencial para cualquier intento de asegurar la justicia entre todas las clases de la comunidad. Si, entonces, se requieren más ajustes con el paso del tiempo, es mucho mejor que se hagan abiertamente mediante los poderes del Estado de una tributación adecuadamente graduada que engañosamente, y con mucha transferencia innecesaria de los bolsillos de una clase a otra, manipulando el patrón de valor. Se entiende que la norma es esencialmente una norma de deudor-acreedor, y no intenta establecer el salario justo. Se limita a despejar el camino para una posible reforma, de modo que, en el futuro, cada paso hacia el progreso no se vea más que compensado por el retroceso del terreno sobre el que intentamos avanzar.

Número de índice

No hay espacio en este libro para una explicación suficiente de los métodos por los que los economistas de los últimos años han podido determinar el valor real del dinero, aparte de las grandes variaciones continuas del valor del oro. Lo mejor es consultar a quienes han desarrollado el tema.[53] Se trata de un estudio técnico, del mismo modo que la normalización absoluta de pesos y medidas es una rama altamente técnica y especializada de la ciencia. Pero tanto en un caso como en el otro, esta no es en absoluto un obstáculo para su utilidad. El hecho de que ninguna persona corriente sea competente para decir si una libra de peso, una vara de yarda o una medida de cuarto de galón son justas o injustas -y en una isla desierta sin ninguna de esas medidas existentes no podría reproducirlas sin ayuda- no impide el uso de pesas y medidas justas en el comercio. En definitiva,

La cuestión de la exactitud la decide en este país el Laboratorio Nacional de Física, que comprueba los subestándares entregados a los inspectores. Así pues, hay que suponer que un cuerpo de estadísticos, que han dedicado su vida al trabajo, se han inscrito y encargado de determinar la tendencia general del nivel de precios y de informar periódicamente de sus conclusiones a la autoridad nacional que emite la moneda.

El nivel general de los precios es un hecho que puede ser comprobado por personas independientes sin desacuerdo importante en sus diversas conclusiones, y hoy en día debería ser tan imposible para los gobiernos alterar secretamente el poder adquisitivo del dinero como las normas de pesos y medidas.

---

[53] Compárese Irving Fisher, *Purchasing Power of Money*.

La hipocresía de la estandarización
Pesos y medidas y no el dinero

Si el Estado quiere mantener la fe con todas las partes, el valor de su dinero debe permanecer constante. Es obviamente una pretensión establecer una oficina de estándares nacionales y mantener un ejército de inspectores de pesos y medidas para asegurar que aquellos que compran carbón por toneladas, tela por yardas, o cerveza por galones, reciban las cantidades por las que pagan, cuando el propio dinero que se cambia por estas mercancías les compra más o menos de acuerdo con la cantidad que se pone en circulación por empresas de préstamo puramente privadas.

Si la nación no controla la emisión de su dinero, debería renunciar a la pretensión de controlar las normas de pesos y medidas. Es el colmo de la hipocresía promulgar leyes contra los emisores de monedas falsas para su uso, y contra los usureros que, por exorbitantes que sean sus intereses, presumiblemente renuncian al dinero que prestan, mientras se permite una creación del orden de dos mil millones de libras esterlinas de dinero nuevo para la usura por parte de los bancos.

La única prueba satisfactoria de la honradez de la moneda es la constancia de su valor medio en términos de los bienes por los que se intercambia. En otras palabras, el Número Índice, que mide el coste relativo de la vida en términos de unidades monetarias, debe permanecer constante en un valor predeterminado definido de siglo en siglo.

Con la expansión de la potencia productora de riqueza debida a la ciencia y a la invención, hemos visto que, si no aumentara la cantidad de dinero en circulación, aumentaría el valor del dinero, pero que, debido a la ruina de la industria si ésta se ve obligada a vender sus mercancías por debajo del coste debido al aumento del valor del dinero, lo que ocurre en realidad es que la escasez de fichas monetarias paraliza la industria y, en lugar de reducirse *los precios*, se reduce *la producción*. De modo que el avance científico sigue siendo utilizado, y la nación conserva su estado anterior en cuanto a la producción con menos empleados en el trabajo, con lo que el resultado es el desempleo y las tierras y fábricas ociosas. De hecho, la inversión existente de la ciencia y sus consecuencias, desde la indigencia interna hasta la inseguridad externa y el fenómeno de la guerra mundial, son las consecuencias de que las naciones no aumenten deliberadamente su moneda PARA USO, *pari passu* con el crecimiento de su prosperidad y riqueza virtual.

Una moneda basada en el número índice

Hemos visto que el poder adquisitivo de la libra esterlina es la riqueza virtual de la comunidad dividida por la cantidad total de dinero. O, Riqueza virtual=cantidad de dinero × poder adquisitivo del dinero.

La riqueza virtual de una comunidad se refiere a todos los tipos de riqueza que están a punto de ser comprados tanto en el consumo como en la producción, cada tipo en cantidades relativas iguales a las que realmente se están comprando. El número índice es la forma moderna de representar el precio medio de las mercancías en términos de unidad monetaria, y el poder adquisitivo del dinero es inversamente proporcional al número índice del momento.

Por lo tanto, un índice de 230 significa que los precios son, por término medio, 2,3 veces superiores a lo que eran en un momento anterior, tomado como estándar y dado el valor 100. El poder adquisitivo del dinero con un índice de 230 es sólo 100/230 de lo que era con un poder adquisitivo estándar de 100. El poder adquisitivo del dinero con un número índice de 230 es sólo 100/230 de lo que con el poder adquisitivo estándar de 100. Se utilizan muchos índices, algunos se refieren a los precios al por mayor, otros a los precios al por menor y otros no sólo al coste de los productos básicos, sino también a otros gastos de la vida, como el alquiler, las tasas, etc. Lo que se busca es un índice que sea capaz de medir el poder adquisitivo de la gente. Lo que se necesita es un índice que exprese el coste monetario medio de las cantidades de artículos necesarios en la debida proporción relativa para mantener a una familia media, y luego mantener constante ese índice regulando la moneda de modo que siempre no varíe el coste total de esas cantidades definidas de artículos, por mucho que varíen de precio entre sí. No importa mucho cómo se promedien los diversos gastos de subsistencia al calcular el número índice, siempre que el número índice adoptado se calcule siempre sobre el mismo principio y no se desvíe de él. Podría haber pequeñas variaciones en los números índice calculados de forma diferente en , pero tendrían una importancia secundaria. Por ejemplo, podría favorecer ligeramente más a una clase que a otra calcular una mayor proporción de los gastos totales de manutención destinados a la alimentación, pero las diferencias serían pequeñas, unas veces en un sentido y otras en otro. A efectos prácticos, bastaría con fijar el número índice y modificar arbitrariamente el total de dinero para que el número índice fuera siempre el mismo. El modo exacto en que se calcula el número índice, si es que la media de los gastos de manutención se realiza de forma razonable, no tiene mayor importancia y es un tema que debe debatir un experto.

¿A qué valor debe fijarse el dinero?

A qué valor fijar el número índice, o más bien, a qué poder adquisitivo de la libra esterlina llamar al número índice estándar de 100, es, por supuesto, de gran importancia, porque así la comunidad fija la proporción en la que sus ingresos se dividirán en el futuro entre el presente y el pasado. Si hace que el estándar corresponda a un bajo poder adquisitivo de la libra esterlina, aligera la carga de sus deudas pasadas: la Deuda Nacional y otros títulos u obligaciones similares que devengan un tipo de interés monetario fijo y, en general, todos los créditos que no dependen de los ingresos presentes. Disminuirá temporalmente el salario real del trabajo y todas las rentas y salarios profesionales cuya remuneración se fija por la costumbre y la tradición, así como los servicios de transporte, cuyas tarifas se fijan por ley, y aumentará temporalmente los beneficios de quienes viven de la compraventa y reciben como ganancia el saldo que queda después de pagar los gastos de trabajo. Pero "al final" éstos encontrarán un nuevo nivel. Desgraciadamente, la sociedad se ha acostumbrado últimamente a grandes variaciones en el valor de su dinero, de modo que el nuevo nivel se alcanzaría hoy más rápidamente, mientras que antes de la guerra habría sido una lucha prolongada y la causa de muchas injusticias y penurias para los perjudicados. Sin embargo, una vez fijada la cifra índice, no se modificarán en términos absolutos todas las cargas que pesan sobre la renta comunal y que se derivan de los pagos monetarios fijos. Como el Sr. Keynes ha dicho en el párrafo ya citado, al discutir los asuntos internos de Francia, y el valor futuro del franco, pero alterando las palabras en cursiva para aplicarlas a la cuestión del número índice y a este país.

> "Si miramos hacia adelante, apartando los ojos de los altibajos que pueden hacer y deshacer fortunas mientras tanto, el nivel de la libra esterlina va a ser fijado no por la especulación o la balanza comercial, ni siquiera por el resultado de la *vuelta al patrón oro*, sino por la proporción de su renta ganada que el

contribuyente británico permitirá que le sea quitada para pagar las demandas del *rentista británico*.

El nivel de la *libra esterlina* continuará bajando hasta que el valor de las libras debidas al *rentista* haya descendido a una proporción de la renta nacional que concuerde con los hábitos y la mentalidad del país."

Los tiempos son muy anormales, y puede que todavía no sea posible hacer más que fijar provisionalmente el nivel de precios. Pero, aun así, sería una gran ventaja política si esta cuestión vital pudiera decidirse abiertamente y sin tapujos, y si se diera el debido y suficiente aviso de la naturaleza de cualquier cambio futuro en el nivel de precios en caso de que fuera necesario. Esto y la emisión del dinero son asunto de la nación, no del banco. Su función es llevar las cuentas y *prestar* dinero, no *crearlo*, y por tanto determinar el nivel de precios. En la práctica, sus intereses son puramente los de la clase acreedora, y aunque bajo el sistema no pueden evitar elevar el nivel de precios mediante sus préstamos ficticios, siempre se esfuerzan por forzarlo a retroceder, aunque sus decisiones invariablemente condenan a aquellos que han apostado sus fortunas en producir las cosas que la comunidad necesita, a la pérdida si no a la ruina; y a la comunidad a una carga de endeudamiento artificialmente incrementada.

Si el nivel de precios se mantiene constante, los valores monetarios expresan valores reales, y la cantidad total de dinero expresa con exactitud la riqueza virtual de la comunidad.

Relación entre precio y mercancía

Así pues, aunque a primera vista es una cantidad muy curiosa e incierta, la riqueza virtual es una cantidad muy definida, y su medición no presenta ninguna dificultad real. Con una cantidad constante de dinero, es proporcional al poder adquisitivo del dinero o inversamente proporcional al número índice del nivel de precios. Con índice constante número de nivel de precios se mide por la cantidad de dinero. Su uso evita ciertas dificultades que aquejan a la teoría cuantitativa del dinero, que hemos visto que en la práctica sólo funciona de una manera. Esta última pretende correlacionar el precio no sólo con la cantidad de dinero, sino también con la cantidad positiva de bienes existentes, en lugar de con la cantidad negativa de bienes de los que se prescinde, aunque no queda claro si la cantidad que afecta al precio es la cantidad total, la cantidad de existencias en curso de producción así como las ya producidas, o la cantidad realmente en el mercado a la espera de venta en ese momento.

En realidad correlaciona el precio con la cantidad de dinero gastado en los bienes *comprados y vendidos* en un año, lo que es una definición más que una explicación del precio, y la cantidad de dinero gastado en bienes en un año con la cantidad de dinero y el número de veces que se gasta, lo que de nuevo es repetitivo. No establece ninguna otra relación entre el precio y los bienes, aparte de la de la ecuación Precio = Dinero gastado - Bienes vendidos y comprados.

Mientras que la riqueza virtual es totalmente independiente de esta complicación, ya que en sí misma, al igual que la cantidad de dinero de la que mide el valor, es una cantidad y no una tasa.

Las causas que producen un cambio de riqueza virtual son en gran medida psicológicas. Esto se reconoce a veces en la afirmación de que sólo la cantidad de dinero en circulación puede afectar a los precios, y que la parte atesorada no puede ejercer ninguna influencia. Pero no existe en absoluto una diferencia tajante. Un fabricante siempre está decidiendo día a día si atesorar o gastar en su negocio, y cuestiones precisamente similares afectan a cada comprador individual.

No se puede discutir que el valor del dinero se determina y sólo puede verse afectado por las cantidades de bienes que la gente en su conjunto se abstiene voluntariamente de disfrutar, y sólo indirectamente por las cantidades en el mercado para la venta. Pero este punto de vista ni siquiera pretende responder a la pregunta de cómo los bienes ofrecidos a la venta afectan a los *ingresos* de las personas, ya sean reales o monetarios, excepto en lo que se refiere a sugerir que el hábito y la necesidad prescribirán en un período determinado la proporción más conveniente entre la riqueza virtual y los ingresos, que, si se altera, tenderá a volver a su valor original.

Riqueza e ingresos virtuales

No haremos aquí un intento exhaustivo de analizar la riqueza virtual, sino que la trataremos como un hecho susceptible de ser medido por el nivel de precios. Sin embargo, puede ser útil analizar las consecuencias de que los individuos intenten aumentar o disminuir su riqueza virtual.

Para simplificar la cuestión, supongamos que la cantidad total de dinero no cambia, y consideremos que un comprador decide que, en el futuro, en lugar de guardar en casa, o en el banco, dinero suficiente por término medio para un mes de gastos domésticos, guardará sólo lo suficiente para una semana. En consecuencia, compra de una vez provisiones para tres semanas, y eso es todo lo que puede hacer. Si los comerciantes no hicieran nada, lo único que habría ocurrido es que la riqueza virtual individual del comprador habría disminuido, pero la de otras personas habría aumentado en la misma medida, y no habría ningún cambio. Pero si los tenderos se negaran a retener el dinero extra y lo transfirieran, e incluso si todo el mundo tratara por igual de reducir su riqueza virtual, no debe suponerse precipitadamente que la riqueza virtual de la comunidad en su conjunto hubiera disminuido.

Recordemos la analogía de la silla musical. Los individuos pueden sopesar los placeres de la mesa frente a la satisfacción moral y estética que engendra regodearse en crujientes ejemplares del arte del grabado, pero para la comunidad es un caso de Hobson's choice. Alguien tiene que poseer todo el dinero de la comunidad, y no poseer la riqueza que puede comprar, lo quiera o no. La rapidez o la reticencia con la que lo traspasen, o se desprendan de él a regañadientes, a otros menos o más listos o afortunados que ellos, no afecta necesariamente a la riqueza virtual o al poder adquisitivo del dinero.

Así, con el dinero total constante, el deseo de gastar el dinero más rápidamente que antes, si es general, significa que la gente en conjunto lo recibe más rápidamente que antes. Sus ingresos monetarios aumentan, pero si sus ingresos reales aumentan o no depende de si la demanda acelerada opera para aumentar la oferta.

Tiene esta tendencia, ya que el minorista que vea agotadas sus existencias hará más pedidos, transmitiendo así el estímulo de la demanda, de modo que se produzcan más bienes, se ganen más salarios y beneficios, y el dinero llegue más rápidamente para comprar la mayor producción. Pero, en general, probablemente se produciría también un cierto aumento de los precios y, en esta medida, una *disminución consiguiente* de la riqueza virtual agregada junto con un cierto *aumento* de los ingresos reales, causado por el deseo de todos de *disminuir* su riqueza virtual. A la inversa, un deseo general de aumentar la riqueza virtual tiende a aumentarla, pero también *disminuye* los ingresos monetarios y, en menor medida, probablemente, los ingresos reales.

Este punto de vista pone ciertamente de manifiesto el efecto del deseo de todo el mundo de poseer más dinero. La única manera de que todos posean más dinero es aumentar la cantidad total de dinero. Si esto no se hace, el deseo opera para reducir *la renta monetaria nacional. La mayoría de la gente empieza a darse cuenta de que la vida misma no es una cantidad, sino una tasa, y que es mucho más importante poseer una gran renta que una gran suma de dinero. Si todas las personas actuasen en contra de sus inclinaciones naturales y se negasen a retener el dinero más tiempo del necesario, la renta monetaria nacional aumentaría. Aunque el deseo de poseer más o menos dinero no puede afectar a la cantidad total de dinero, puede afectar y afecta a los ingresos en el sentido opuesto; cuanto más libremente gasta dinero la nación, más dinero tiene para gastar, y cuanto menos libremente gasta, menos tiene para gastar. El deseo universal de *poseer* dinero no debe confundirse con el deseo de ocio y la desgana de trabajar, sino que es exactamente lo contrario. Las personas que poseen dinero y desean seguir poseyéndolo tienen que renunciar a gastarlo más rápido de lo que lo reciben. Quienes sólo trabajan bajo el estímulo de una despensa vacía intentan reducir su dinero, es decir, su riqueza virtual, al mínimo. Bajo el sistema descrito, los individuos serían libres de mantener tanto o tan poco dinero como quisieran sin interferir en lo más mínimo en la circulación del dinero o en la producción de riqueza. Sería posible hacer que esta última fuera máxima, de modo que ni el trabajo ni el capital estuvieran desempleados, por muy avariciosos que fueran los individuos y reacios a transferir el dinero que recibían.

Acaparamiento y crédito mutuo

Si el nivel de precios, y no la cantidad de dinero, se mantiene constante, dos de los principales factores que afectan a la riqueza virtual de un país, en direcciones opuestas, son, en primer lugar, el atesoramiento, que la aumenta, y en segundo lugar, el crédito mutuo o préstamo, que la disminuye. Bajo una moneda de metales preciosos, el primero es un mal y el segundo un beneficio, pero bajo una moneda de papel estabilizada la posición es inversa. Hemos visto que la única parte del crédito de la nación diferente del poder de endeudamiento de un individuo es la riqueza virtual. Aumentar esta última significa que la gente se abstiene voluntariamente en mayor medida que antes, lo que permite, y de hecho debería obligar, a la nación a pagar parte de sus gastos mediante la emisión de nuevo dinero. El atesoramiento como práctica aumenta la riqueza virtual y permite a la nación, en esa medida, endeudarse sin pagar intereses. Evidentemente, cuando el atesoramiento de un avaro se pone de nuevo en circulación, la riqueza virtual disminuye en esa medida. En la categoría opuesta, los tan cacareados expedientes financieros en la economización del dinero disminuyen la riqueza virtual y la cantidad de dinero correspondiente a un determinado nivel de precios.

Resulta instructivo considerar un ejemplo simplificado. Si tomamos el caso de un agricultor y sus cosechas anuales, y suponemos que, justo antes de su cosecha, no tiene dinero ni riquezas, acabadas y listas para la venta. Cuando se recoge la cosecha tiene, digamos, £H, cuando se vende tiene £H, y durante un año esta suma disminuye constantemente hasta que en la siguiente cosecha vuelve a ser cero. Ahora introducimos un comerciante que acuerda con el agricultor concederse mutuamente crédito, de modo que justo antes de la cosecha el agricultor, en lugar de no tener dinero, le debe al comerciante £H/2. El comerciante, por la venta de la cosecha anterior, le debe £H/2 al agricultor. El comerciante, por la venta de la cosecha del año anterior, tendría £H, pero como el agricultor le debe £H/2, sólo tiene £H/2. La cosecha, cuando se recoja, será ahora de £H/2. Así pues, el agricultor vende ahora la cosecha al comerciante por £H/2. A mitad de año el agricultor ha agotado su dinero, y el comerciante ha vendido la mitad de la cosecha por £H/2, que vuelve a prestar al agricultor. De este modo, sólo se necesita la mitad del dinero que se habría necesitado de no ser por el crédito mutuo. Si, de nuevo, el agricultor parte con su cosecha, la mitad para pagar una deuda de £H/2, la cuarta parte para el pago de £H/4, y da crédito al comerciante por las £H/4 restantes, claramente sólo se necesita una cuarta parte de dinero que antes. Estos acuerdos mutuos entre individuos ocupan el lugar de los precisamente similares entre el individuo y la comunidad, que la institución del dinero efectúa. Una cosa es considerar benéficos tales métodos de economizar en el uso de la moneda , cuando su provisión conllevaba mucho despilfarro de trabajo en la búsqueda de metales preciosos, y otra muy distinta cuando, sin ningún trabajo en absoluto, se puede liberar a la gente de la necesidad de contraer tal endeudamiento mutuo y darles la comodidad de no deber nada a nadie mediante el uso correcto del papel moneda. Bilgram (loc. cit.) estima que la suma total de las deudas por las que hay que pagar intereses es probablemente cuatro veces la cantidad de moneda, incluyendo la moneda de depósito, en uso en los EE.UU., y que los pagos anuales de intereses "absorben" más de una cuarta parte de toda la moneda. Esto es sin duda excelente desde el punto de vista de los acreedores, pero no cabe duda también de que los deudores preferirían y serían menos desplumados bajo un sistema en el que el dinero no estuviera tan sobrecargado.

Una analogía con el regulador de una máquina de vapor

Afortunadamente es totalmente innecesario profundizar en todas estas complicadas paradojas. "Nos perderíamos en cálculos interminables". Es tan absurdo intentar calcular el efecto preciso de todas las circunstancias relevantes sobre el nivel general de precios, como calcular el efecto sobre la velocidad de una máquina de vapor de cada variación desconocida de un momento a otro en la carga, la lubricación y el suministro de vapor. Sin embargo, la velocidad de una máquina de vapor se regula automáticamente con suma facilidad. La velocidad de la máquina, que es el resultado integrado y determinable de todos los factores que intervienen en el funcionamiento de la máquina, abre o cierra por sí misma, por medio de un regulador, la válvula de admisión de vapor, abriéndola si la velocidad disminuye y cerrándola si aumenta.

Según esta analogía, el precio es el resultado integrado y determinable de todos los factores separados e indeterminables que afectan al funcionamiento del sistema industrial y a la riqueza virtual de la colectividad. Se mide por el número índice que expresa el coste de la vida en unidades monetarias. Un regulador de los niveles de precios aumentaría gradualmente la moneda en circulación a medida que la máquina industrial recibiera una carga cada vez mayor, del mismo modo que el regulador de una máquina de vapor, en las mismas condiciones, aumentaría gradualmente la cantidad de vapor admitida por la caldera.

Cuando se produce la máxima cantidad de riqueza que puede producir el sistema industrial, al igual que cuando se utiliza la máxima cantidad de vapor que puede suministrar la caldera, una mayor demanda elevará los precios en un caso y reducirá la velocidad en el otro.

Respuesta a algunos malentendidos

Debemos, al contemplar el sistema propuesto, sacudirnos algunas de las ilusiones inducidas por las experiencias del funcionamiento del viejo sistema. Es innegable que la riqueza podría aumentar, y que millones de trabajadores, mucha tierra desempleada y capital están esperando el permiso financiero para aumentar la producción. Es innegable que la ciencia ha aumentado, y sigue aumentando, el factor de la eficacia humana en la producción de riqueza. Es innegable que un aumento de la cantidad de dinero en circulación sin un aumento correspondiente de la tasa de producción de riqueza aumenta los precios. Pero la experiencia de que es prácticamente imposible reducir los precios contrayendo la moneda, sin contraer al mismo tiempo la producción y arruinar a los que se dedican a la industria, se deriva de nuestro azaroso sistema.

Por hipótesis, en el nuevo sistema los precios se mantienen constantes, en la medida en que cualquier variación de los mismos es detectable por su efecto sobre el número índice. Los estadísticos expertos detectarían la tendencia al alza o a la baja antes de que el público se percatara de ello en su comercialización, del mismo modo que el regulador de una máquina de vapor detecta la tendencia al aumento o a la disminución de la velocidad antes de que pueda comprobarse a simple vista o de otro modo que no sea con un instrumento muy delicado. Las razones por las que una contracción de la moneda no reduce, de hecho, los precios, no operan cuando los precios se mantienen constantes por una regulación automática de la moneda por número índice. La industria se arruina no por la constancia de los precios, sino por su caída, por la imposibilidad de vender las existencias si no es por debajo del coste. Una contracción de la moneda para frenar una tendencia al alza de los precios no arruinaría a nadie, aunque una vez que se ha producido la tendencia al alza, la contracción es impotente para hacerlos bajar de nuevo sin imponer males aún más graves.

Por lo tanto, aunque hay muchas razones para suponer, al menos mientras la ciencia y la invención continúen desarrollándose, que la tarea de los estadísticos que aconsejan sobre el volumen de moneda que la nación requiere, sería al principio, y durante mucho tiempo, la fácil tarea de aconsejar la emisión de más dinero, si surgiera la necesidad de aconsejar una contracción de la moneda, no hay razón para anticipar los malos efectos que ahora acompañan a la contracción de la *moneda después de* que los precios ya han subido mucho.

En una época de expansión científica y de poderosos incentivos al "ahorro", una época de subida de precios, bajo un sistema monetario libre, implica una época de guerra, de conmoción civil, de peste o de hambruna, por la que caen los ingresos de la riqueza, y no, como en la actualidad, una época de auge y especulación, debida al aumento arbitrario de la cantidad de dinero. Por supuesto, para el especulador y el especulador, aunque probablemente no para el hombre de negocios sólido, si es que queda alguno, el sistema naturalmente parecerá funcionar de manera equivocada. Lejos de que una época de subida de precios sea considerada como una calamidad que hay que evitar a toda costa, será considerada como una época de prosperidad expansiva. El Sr. Hartley Withers, discutiendo las propuestas del escritor de , hace este esclarecedor comentario.[54] Después de aprobar el plan de emisión del nuevo dinero necesario para mantener la constancia de los precios, de la Deuda del Estado, como "una operación simple y poco costosa", prosigue:

> "Pero cuando es al revés, y la deuda se emite con el fin de contraer la moneda en un momento de aumento de los precios, el proceso parece probable que sea caro e impopular. El Gobierno no podría hacer ningún uso de la moneda recibida de los suscriptores del nuevo préstamo; tendría que ser destruida para llevar a cabo el plan, por lo que la operación sería una pérdida muerta; en un momento de prosperidad expansiva implícita en las circunstancias, el Gobierno probablemente tendría que pagar una tasa fuerte para obtener su préstamo, y tendría que cargar este sacrificio sobre los hombros del contribuyente, sabiendo que de este modo, si la medida tuviera éxito, se estaría frenando el aumento de los precios que hace tan feliz al mundo de los negocios."

Es un curioso comentario sobre la tesis del escritor de que lo que falla en las clases dirigentes del mundo es que empiezan confundiendo deuda con riqueza y acaban considerando la escasez como prosperidad expansiva. Al mismo tiempo, el pasaje ilustra el casi increíble estado de niebla en las mentes de aquellos que se supone que son expertos financieros cuando se consideran asuntos de finanzas nacionales en lugar de individuales. Redimir la Deuda Nacional es un acto de rectitud financiera, previsto por los honestos Cancilleres de Hacienda mediante el Fondo de Amortización, al que automáticamente va a parar cualquier exceso de dinero extraído mediante impuestos. Pero destruir los billetes del Tesoro extraídos por el mismo proceso es "pérdida muerta". Uno se pregunta si responsables de las finanzas de la Nación se dan cuenta de

---

[54] *Banqueros y crédito*, p. 244.

que tanto los valores nacionales como el dinero son riqueza desde el punto de vista del propietario individual y deuda desde el punto de vista de la comunidad. La única diferencia es que una es una deuda aplazada, no reembolsable a la vista, y la otra una deuda reembolsable en riqueza a la vista.

CAPÍTULO XI

EL ENIGMA DE LA ESFINGE

Un simbolismo para representar las transacciones económicas

Hemos ido hilvanando poco a poco los hilos de nuestro análisis de la naturaleza del dinero y de la riqueza hasta el punto en que es necesario intentar obtener una imagen mental del sistema económico en su conjunto y de su funcionamiento. Lo que se necesita ahora es un simbolismo o una taquigrafía sencilla e informativa que represente con suficiente precisión el sistema industrial y los principales procesos económicos de producción, intercambio y consumo.

Quienes no estén familiarizados con las ciencias matemáticas tal vez ignoren cuán poderosa arma de investigación es un simbolismo correcto e informativo. En lo que respecta a las operaciones simples de la aritmética, sin nuestros sistemas de cifras, el estudio de toda una vida apenas supondría demasiado. Antes de los tiempos de los números arábigos -que en realidad fueron inventados por los hindúes-, con su sistema de nueve cifras y un cero, las operaciones de multiplicación y división solían realizarse mediante un elaborado sistema de reglas empíricas sobre un armazón de cálculo conocido como "ábaco". Los calculistas profesionales más competentes, después de toda una vida de trabajo, no podían alcanzar el nivel alcanzado con el sistema moderno por un niño o una niña de diez años.

A falta de medios sencillos de expresar las operaciones de la industria y del comercio, principalmente para dejar constancia de la totalidad de los hechos importantes, durante los cambios de propiedad en que consisten esencialmente, incluso las consecuencias elementales, como las que se derivan, por ejemplo, de la circulación continua del dinero, suelen ser imprevistas hasta que se producen. La dificultad no se reduce, sino que aumenta por el hecho de que casi todo el mundo conoce y comprende perfectamente un aspecto del sistema. Es más bien necesario ver el conjunto de un solo vistazo. El primer paso consiste en representar los cambios de propiedad que se producen en el trueque. Esto puede hacerse como se muestra en la Fig. 2. Se utilizan líneas gruesas discontinuas para indicar el flujo de riqueza con la flecha apuntando de la producción al consumo. El trueque se representaría entonces como en la figura, donde se muestran dos corrientes de riqueza que se encuentran en un mercado, A, en el que el propietario individual de un tipo de riqueza se separa de ella y se adhiere al otro tipo de riqueza. Las trayectorias de los propietarios que llegan al mercado con un tipo de riqueza y se marchan con otro tipo de riqueza se muestran con líneas finas junto a las corrientes de riqueza.

La institución del dinero permite que el intercambio de propiedad tenga lugar con un solo tipo de riqueza, mientras que el trueque exige que dos tipos se encuentren en el mismo lugar y al mismo tiempo. Para representar el dinero se utilizarán líneas gruesas ininterrumpidas, y las flechas indicarán la dirección en la que circula el dinero. Esto se muestra en la Fig. 3, que representa al propietario del dinero, o comprador, desprendiéndose en el mart, A, del dinero y adhiriéndose a la riqueza, y al propietario de la riqueza, o vendedor, adhiriéndose al dinero y desprendiéndose de la riqueza.

Las líneas de dinero son necesariamente, en el resultado final, caminos cerrados, el mismo dinero *circulando* y no, como la riqueza, fluyendo continuamente.

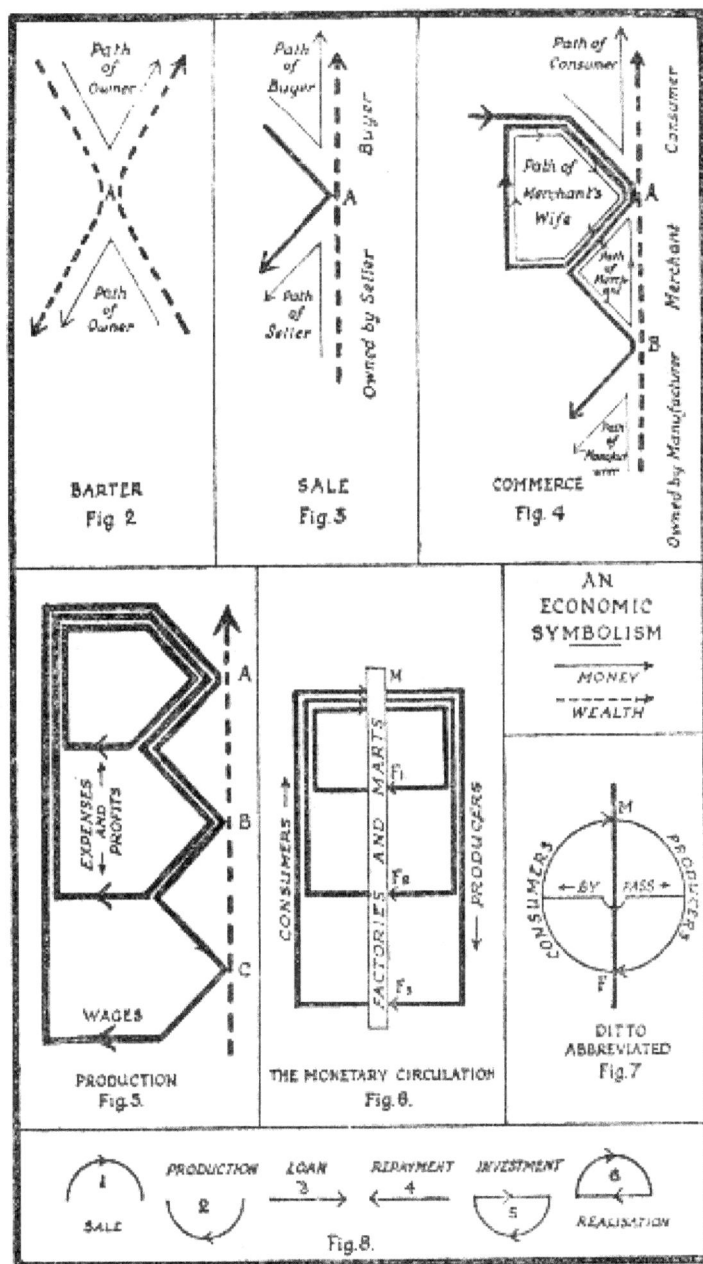

BARTER
Fig. 2

SALE
Fig. 3

COMMERCE
Fig. 4

PRODUCTION
Fig. 5

THE MONETARY CIRCULATION
Fig. 6.

AN
ECONOMIC
SYMBOLISM

MONEY

WEALTH

DITTO
ABBREVIATED
Fig. 7

Fig. 8.

El siguiente diagrama (Fig. 4) representa el comercio, en el que el comprador de riqueza para el consumo, o consumidor, compra a través de un intermediario o comerciante, y el productor de riqueza para el dinero vende a través del mismo intermediario. El camino de la riqueza es continuo, pero ahora fluye a través de dos mercados, A y B, donde se encuentra con el flujo de dinero. Tras el primer encuentro, A, la corriente de dinero se bifurca. El dinero llega al mercado minorista A en el bolsillo del consumidor, y sale en el bolsillo del intermediario. Sólo una parte pasa al mercado mayorista B y compra riqueza al productor. Otra parte, que representa los gastos y los beneficios del comerciante, regresa inmediatamente al mercado A de los consumidores. La trayectoria *empresarial* del comerciante es cerrada y viaja con riqueza y sin dinero y luego con dinero y sin riqueza en una ronda interminable, dentro del sistema productivo. Es difícil representar al propio comerciante en dos lugares a la vez, pero podemos superar la dificultad suponiendo que son su mujer y su familia los que se dirigen de nuevo al mercado de consumo A con los beneficios obtenidos, para comprar lo necesario para vivir. Todo el sistema monetario es un sistema de caminos cerrados similares que se entrelazan con el flujo de riqueza. Pero la repetición adicional de los procesos de intercambio y de una cola de intermediarios que se desplazan en curvas cerradas, por el flujo de riqueza con riqueza y por el flujo de dinero con dinero, no añadiría nada nuevo a la representación del proceso más allá de lo que se muestra en la Fig. 4.

Servirá suficientemente a nuestro propósito representar la producción de riqueza exactamente como ocurre en una fábrica, C (Fig. 5), donde un flujo de dinero propiedad del fabricante se paga como salarios y origina el flujo de riqueza a partir de las materias primas y las energías naturales del globo. Ya hemos dado (Capítulo VI) una analogía eléctrica del proceso, pero para los propósitos presentes esta representación diagramática extremadamente simple es suficiente. Distinguimos el dinero *dentro* del sistema de producción, en manos de comerciantes y productores, en los flujos que van de A a B y a C, del dinero *fuera* del sistema, en manos de los consumidores, en los flujos que convergen en A, el mercado de los consumidores. Naturalmente, puede haber cualquier número de mercados o fábricas, o combinaciones de ambos, en los que la riqueza se toma de una fábrica anterior y se realiza un proceso adicional sobre ella antes de que pase a la siguiente. Si ahora, comprendiendo el simbolismo, simplificamos aún más dejando de lado el flujo de riqueza, llegaremos a algo como la Fig. 6, que representa sólo la circulación monetaria, en la que a la izquierda del diagrama el dinero está en manos de consumidores fuera del sistema y a la derecha en manos de productores y comerciantes dentro del sistema. Es simplemente una serie de circuitos cerrados, todos fluyendo juntos a través del mercado de consumidores M hacia el sistema productivo y fuera del sistema productivo a través de una serie de mercados mayoristas y fábricas, como se indica en el diagrama por F, en una ronda sin fin. Si nos familiarizamos aún más con el simbolismo, simplificaremos aún más la figura 7, en la que el círculo cerrado representa la circulación del dinero en el sentido de las agujas del reloj, dividido por la línea vertical en dos lados, el de los consumidores y el de los productores, y conectado por un "by-pass" horizontal para transferir dinero de un lado a otro.

El sistema en equilibrio

Consideraremos en primer lugar un sistema de producción de este tipo que funciona en un estado estacionario o de "equilibrio" bajo un nivel de precios constante, de modo que las cantidades monetarias constituyen una medida real de las cantidades medias de riqueza. Es decir, supondremos que se establece una cierta distribución invariable del dinero dentro y fuera del sistema, y una cierta cantidad invariable de riqueza en todas las etapas de fabricación desde el principio hasta el final del sistema, y una cierta cantidad invariable de riqueza aún no consumida en posesión de los consumidores. No queremos decir que el dinero o la riqueza estén estancados. Una condición de equilibrio es simplemente aquella para la cual, si tomáramos dos fotografías instantáneas en momentos diferentes, mostrarían el mismo resultado.

Aunque la producción y el consumo avanzan a toda velocidad todo el tiempo, llegan a un punto en el que se equilibran, y aunque la circulación de dinero es continua, en cualquier instante entra tanto en cualquier parte de los circuitos como sale.

Entonces no necesitamos postular nada en absoluto sobre cuál puede ser esta condición de equilibrio. Lo único que nos preocupa son *los efectos de los cambios a partir de esa condición* considerada como línea de referencia o punto de partida. Nos ocupamos, en esta fase, únicamente del sistema monetario como circulación cerrada y, hasta que las implicaciones de esto estén claras, muchas otras cuestiones, que normalmente son las únicas consideradas, no pueden ser consideradas en absoluto. Nuestros estudios son al principio totalmente independientes de la cuestión de cómo se distribuyen la riqueza y el dinero, en cuanto a sueldos, salarios, beneficios e intereses. Incluso si dejamos totalmente de lado estas cuestiones y aceptamos la distribución, sea cual sea, como un hecho, sin preguntarnos si los precios son justos o exorbitantes y los servicios pagados por reales o imaginarios, aún nos queda mucho por entender sobre el funcionamiento del sistema monetario.

Al principio, para simplificar, tampoco tendremos en cuenta la cuestión igualmente importante de si se está produciendo riqueza permanente o perecedera, sino que supondremos que, como es cierto en este momento, la comunidad dispone tanto de mano de obra desempleada como de capital para poner en funcionamiento productivo. Es decir, supondremos que se está produciendo riqueza fluida o consumible, que de hecho fluye fuera del sistema en el mercado de los consumidores, a diferencia del capital o riqueza fija, que permanece en el sistema industrial y nunca sale. O, siguiendo la analogía con un sistema de abastecimiento de agua, supondremos en un primer momento que la red es capaz de distribuir un mayor volumen de agua sin necesidad de ampliación. La parte relativa del producto asegurada por los trabajadores como salarios, por el empresario o comerciante como beneficios, y por los prestamistas como intereses, puede despreciarse. El efecto sobre el sistema es independiente de si el dinero que llega al mercado de los consumidores procede de los salarios, de los beneficios o de los intereses. En muchos casos, cuando se trata simplemente de los principios generales que deben observarse para que el dinero haga circular el flujo de riqueza, los tres pueden combinarse como "precio". Con tal simplificación, obviamente no importa si un fabricante está tomando dinero prestado o no, siempre que sea genuinamente prestado y no creado. Basta con representar sus beneficios como divididos entre él y su acreedor, si está llevando a cabo su negocio con dinero prestado.

"Precio" se distribuye así como se extrae

El siguiente punto es que, puesto que no estamos haciendo ninguna suposición en cuanto a cómo se componen los elementos del coste, no hay distinción alguna entre precio de coste, precio de venta, precio al por mayor, precio al por menor, etcétera. Cada libra que sale del circuito en F lo hace en forma de sueldos, salarios, beneficios, intereses u otros pagos por servicios, reales o imaginarios. A un nivel de precios constante, por término medio introduce en el sistema 1 libra, y necesita el paso de 1 libra en M para volver a sacarla. A lo sumo, cometemos un error en la secuencia de los acontecimientos. Así, si consideramos que una cantidad X que se ha introducido en el sistema - y por la que se han pagado X libras en concepto de sueldos y salarios en F- se echa a perder o se destruye dentro del sistema y nunca llega a salir, se compensa con una disminución correspondiente de los beneficios posteriores de los fabricantes o comerciantes. Si suponemos que se produce, debido a alguna causa especulativa , un aumento de los precios de venta de ciertos bienes en el sistema - y en un nivel de precios constante una disminución en consecuencia del precio de las otras cosas - más beneficios que de otro modo fluyen fuera del sistema en ese caso y menos en otros. De hecho, estamos definiendo el coste no sólo como el precio que paga el consumidor por sacar riqueza del sistema, sino también como el precio que paga el productor por introducirla. A largo plazo, si no hay cambios en la cantidad de dinero o en el estado del sistema, cada paso de dinero en M se equilibra con un paso igual en F. Uno es la medida de la riqueza que sale y el otro de la que entra en el sistema.

Si el nivel de precios no varía, entonces no sólo es constante el valor monetario de las existencias de riqueza fluida fabricada y parcialmente fabricada en el sistema, en una condición de equilibrio, sino que también son constantes las cantidades medias reales de riqueza.

Cómo aumentar la producción

Nos adentramos ahora en una serie de cuestiones que parece que nunca antes habían investigado debidamente, pero que son vitales, una vez que tenemos el valor de nuestras convicciones de que en un Estado industrializado moderno, en una era científica, la producción de riqueza para el consumo es físicamente extensible casi indefinidamente. Queremos averiguar con precisión cómo se puede cambiar un nivel o volumen de producción dado a un nivel superior. Hacemos la estipulación necesaria de que el nivel de precios permanecerá constante durante la operación y que no habrá préstamos ficticios. Los aumentos de la cantidad total de dinero deben ser realizados por la nación de acuerdo con el nivel de precios como indicador. Es evidente que la forma más fácil de refutar las afirmaciones de que el crédito bancario y los préstamos ficticios, si se emiten para la producción y no para el consumo, no hacen subir los precios, es encontrar primero las condiciones en las que los precios no se modifican al pasar de un nivel de producción a otro.

Tan poco parecen haber previsto los economistas profesionales la circulación continua del dinero que se hacen distinciones pueriles y fantasiosas sobre los efectos de introducir dinero en el sistema en diferentes puntos del circuito y con diferentes intenciones psicológicas, en general para estimular la "producción" o el "consumo". En el primer caso, se produce nueva riqueza con el nuevo dinero y, por lo tanto, los precios no pueden subir ( ), mientras que en el segundo, el nuevo dinero estimula el consumo y, por lo tanto, los precios deben subir.

Cuando estipulamos, como primera condición esencial, que los precios deben permanecer constantes, independientemente de los cambios del flujo de dinero y de mercancías, nos encontraremos con que nuestro sistema *es extraordinariamente obstinado*. Requiere más o menos la misma dosis de paciencia e inteligencia que la solución de un crucigrama o un acróstico para encontrar la solución de los problemas que debemos plantearle. En las formas muy condensadas que se muestran, los diagramas (Figs. 6 y 7) son capaces de proporcionar mucha información. Se aconseja al lector que los dibuje en papel de gran tamaño, y con algunas fichas de diferentes colores o diferentes tipos de cerillas, que representen la riqueza y el dinero, pruebe por sí mismo el efecto de cualquier plan propuesto para rehabilitar la industria. Mucho menos quedaría entonces para que una autoridad aún inexplorada se pronunciara *ex cathedra*.

He aquí algunos principios útiles que surgirán como resultado de tales ensayos.

Las seis operaciones posibles

Son posibles seis tipos diferentes de funcionamiento.

Dos, el consumo y la producción, que alteran la riqueza y el dinero *en*[55] el sistema en direcciones opuestas, dejando inalterada su suma total.

---

[55] Para el significado de "en el sistema", véase más arriba.

Dos, simples transferencias de dinero de los consumidores a los productores, o viceversa, que dejan inalterada la riqueza del sistema.

Dos, combinaciones de las anteriores que aumentan y disminuyen la riqueza en el sistema, dejando el dinero sin cambios.

Éstas se exponen y simbolizan en la Fig. 8:

(1) Venta para consumo, en la que disminuye la riqueza del sistema y aumenta el | por £.

(2) Producción a cambio de salarios, etc., en la que aumenta la riqueza del sistema y disminuye el dinero| por £.

La combinación de (1) y (2) a partes iguales deja tanto la riqueza como el dinero en el sistema sin cambios.

(3) El hundimiento del dinero en la industria, preparatorio para el aumento de la producción.

(4) Retirada de dinero de la industria, tras cesar la producción.

(S) Combinación de (3) y (2), por la que la riqueza del sistema aumenta y el dinero no cambia.

(6) Combinación de (1) y (4), por la que la riqueza del sistema disminuye y el dinero no cambia.

Las operaciones (1) y (2) -en las que la riqueza y el dinero intercambian £ por| dejando la suma total, Riqueza + Dinero, completamente inalterada- sólo pueden producir fluctuaciones u oscilaciones temporales sin efecto duradero sobre las condiciones de equilibrio del sistema. Las restantes, que aumentan o disminuyen permanentemente el volumen de producción, se encuentran en aguda contradicción, y son las operaciones importantes para nuestra investigación.

Supongamos que, con un nivel de precios constante, la producción se acelera más de normal. En el sistema industrial se produce un exceso de mercancías y escasez de dinero.

De nuevo, un aumento del consumo provoca una escasez de dinero entre los consumidores.

Para acelerar ambos por igual debe haber una circulación de dinero más copiosa que antes, y esto significa o más dinero *y* más riqueza en proceso de fabricación o un acortamiento real del tiempo necesario para la producción, que es un período natural, no arbitrario, *y* un acortamiento del tiempo necesario para que el dinero circule una vez alrededor del sistema, que de nuevo es un período muy conservador.

Es decir, no sólo en la producción de riqueza, sino también en la circulación del dinero, los tiempos y las cantidades tienen importancia por separado. Los hechos físicos no se expresan suficientemente por su mera proporción. Puede ser correcto hablar de la producción de trigo como tantas fanegas por segundo, pero no debemos perder de vista el hecho de que el período natural en el que expresar la cantidad producida es, al menos en este país, un año. Así pues, para cada tipo de riqueza existe un período natural de producción que no puede reducirse, por mucho que se prolongue. En la circulación del dinero tampoco tenemos simplemente una tasa de flujo en la que una libra al día es idéntica a 365 libras al año.[56] Especialmente cuando el dinero pasa del sistema industrial a los bolsillos de los consumidores tenemos una sucesión de saltos - *pecunia facit saltum*. Los beneficios se distribuyen trimestral, semestral o anualmente; los salarios semanal, quincenal o mensualmente; y así sucesivamente. Si intentáramos que un sistema en equilibrio funcionara al doble de ritmo, no sólo se produciría necesariamente un déficit permanente de riqueza acabada para la venta,[57] sino que todos los que perciben ingresos monetarios tendrían que cobrar por término medio lo mismo que antes, dos veces más que antes. De lo contrario, habría escasez de dinero.

La cantidad necesaria de dinero

Volvamos a la consideración de un sistema en equilibrio estable y supongamos que todo el consumo y la compra en M para el consumo se detienen repentinamente, pero se permite que la producción continúe hasta que todo el dinero del sistema industrial se drena a través de F. Entonces todo el dinero está fuera del sistema. Supongamos de nuevo lo contrario: el consumo y la producción se detienen, pero la compra

---

[56] La "velocidad de circulación", o rapidez de rotación, en la teoría cuantitativa del dinero - que es simplemente el número medio de veces que el dinero total *cambia de manos* en un año - no parece tener ningún significado importante. Un período más natural sería el período medio de circulación completa hasta el punto de partida.

[57] Probado antes.

para el consumo continúa en M hasta que todo el dinero sale de los bolsillos de los consumidores hacia el sistema industrial. Entonces todo el dinero está dentro del sistema. Ninguna de las dos operaciones afecta a la suma total de dinero + riqueza, ni (1) en el sistema industrial, ni (2) fuera de él. Las operaciones imaginarias sólo sirven para separar riqueza y dinero y para poner todo lo uno en un lado y todo lo otro en el otro. En un sistema ideal, probablemente, la cantidad de dinero debería ser igual a la de la riqueza acabada. Si con el último medio penique drenado de los bolsillos de los consumidores hay alguna riqueza acabada en el sistema industrial, no hay dinero para comprarla, y por lo tanto el sistema está sobreabastecido. Si con todo el dinero en los bolsillos de los consumidores hay más o menos riqueza acabada que ésta para comprar en el sistema industrial, o bien el exceso de riqueza o de dinero no puede intercambiarse, o bien, si se efectuara el intercambio, no podría mantenerse la constancia de los precios.

Estas consideraciones nos dan una idea de la cantidad correcta de dinero en un estado de cosas simple en el que el dinero y la riqueza siempre cambian de manos £ por|. Esta cantidad debería ser igual a las existencias totales de riqueza acabada dentro y fuera del sistema: las que están a la espera de venta en el mercado de los consumidores más las que ya se han comprado y no se han consumido. Podemos llamarla £Q o| Q. Se ve afectada, en la práctica, por el atesoramiento y la concesión de crédito mutuo en direcciones opuestas. Pero el dinero debe tener una relación definida con la riqueza. Para simplificar, al principio no tendremos en cuenta estos factores. En un sistema tan simple, la cantidad de dinero dentro del sistema es igual a la cantidad de riqueza aún no consumida fuera del sistema y la cantidad de riqueza terminada dentro del sistema es igual a la cantidad de dinero fuera del sistema. De modo que si los consumidores tienen £X, tendrán| (Q - X) sin consumir, y los productores tendrán £(Q-X) y| X listo para la venta. Siendo Q constante, X, como hemos visto, puede fluctuar sin afectar seriamente al sistema.

El efecto de aumentar el dinero

En primer lugar, trataremos de ver a grandes rasgos el efecto de un mero aumento de la cantidad de dinero en el sistema, olvidando *las minucias* relativas a la forma en que se emite el nuevo dinero y el punto concreto de la circulación en el que se introduce. El punto es fundamental, y es muy esencial entender claramente lo que, con un nivel de precios invariable, sucedería en realidad. Simplificaremos el proceso de producción distinguiendo la riqueza acabada lista para la venta y la riqueza inacabada o semiacabada, y llamaremos *T semanas* al tiempo medio requerido desde el principio hasta el final para la riqueza que se está produciendo. Supondremos que, mediante una duplicación del dinero, un sistema en equilibrio duplica su producción y su consumo. Si antes producía| A y gastaba £A por semana en consumo, ahora produce y consume| 2A por semana. La primera semana introduce una cantidad *adicional*| A de riqueza *sin terminar* y extrae la misma cantidad de riqueza *terminada*. Al cabo de *T* semanas, sus existencias de riqueza acabada son| *AT inferiores* al nivel de equilibrio anterior, mientras que sus existencias de riqueza inacabada son| *AT superiores*. Suponiendo que existan estas existencias acabadas necesarias, podría pensarse que se ha evitado el peligro de escasez, ya que a partir de ahora, después de la (*T* + 1) semana, aparece a la venta una| A riqueza acabada adicional semanal.

Pero no es así. En efecto, las existencias de riqueza acabada permanecen| *AT* por debajo del valor de equilibrio anterior y las existencias de riqueza no acabada| *AT* por encima, mientras que el nuevo equilibrio de producción y consumo exige que las existencias acabadas *se dupliquen.* La comunidad, de hecho, debe soportar permanentemente menos existencias de riqueza para el consumo de las que tenía antes de aumentar el consumo, y éstas nunca pueden ser recuperadas mientras limitemos nuestra operación a los tipos (1) y (2), el simple intercambio de riqueza y dinero.

La necesidad de abstenerse o de ahorrar

Consideremos ahora cómo aumentan y disminuyen las existencias de dinero y riqueza en el sistema de producción. La circulación normal del dinero las deja, como hemos visto, intactas, por cada 1 £ que entra y| 1 que sale en M, 1 £ sale y| 1 entra en F. Para aumentarlas, el flujo de dinero debe ser desviado, por así decirlo, desde fuera hacia dentro del sistema, sin pasar por el mercado de los consumidores. Este dinero entra sin sacar riqueza y sale aportando riqueza, con lo que las existencias aumentan.

Este proceso ya lo hemos simbolizado

Este proceso ya lo hemos simbolizado de diversas maneras, aunque todas se parecen en que exigen *una auténtica abstinencia de consumo*. Hay que inducir a alguien que va al mercado a comprar provisiones a que preste su dinero al industrial y se abstenga en esa medida de su consumo habitual. Más sencillo aún, el propio industrial puede renunciar a los beneficios y, en lugar de distribuirlos, reinvertirlos en su negocio con el mismo resultado. En cualquiera de los dos casos, el industrial aumenta su producción, contrata a más trabajadores y disminuye el desempleo al distribuir el dinero prestado como salarios, etc., introduciendo así el equivalente de riqueza en el sistema.

Si no se puede inducir al público prestamista ni a los productores a abstenerse de consumir con tal fin, se les puede gravar. Hasta ahora, sin embargo, los impuestos nunca parecen haber sido diseñados para otro fin que no sea el pago del gasto público. Este es obviamente una mera transferencia de poder adquisitivo de los bolsillos de un grupo de consumidores a los de otro, bastante inútil para nuestro propósito. Pero si el producto del impuesto no se utilizara para sufragar los gastos del Gobierno, sino que se prestara a los productores, se lograría el objetivo perseguido. Una vez más, un préstamo del Gobierno podría ser recaudado del público en lugar de imponer impuestos y los ingresos prestados a los productores. Pero luchemos como luchemos con este rompecabezas, no hay escapatoria de la abstinencia inicial si se quiere construir un sistema productivo desde un nivel de producción más bajo a uno más alto. Más adelante volveremos sobre las consecuencias probables de intentar evitar esta abstinencia inicial. Se trata del efecto que produce en una condición de equilibrio la alteración arbitraria de uno de los factores a la vez. La abstinencia de consumo por sí sola es capaz de aumentar las existencias de riqueza en el sistema. Del mismo modo, si "puenteamos" la fábrica y transferimos dinero al bolsillo del consumidor sin pasar por el sistema productivo, es evidente que, en esa medida, drenamos la riqueza equivalente de las existencias del sistema industrial.

Se trata de la abstinencia de la producción. Ha sido simbolizada por ⌒ y normalmente es el resultado de la retirada de un productor del negocio.

El problema resuelto

Ahora tratemos de imaginar los estados de equilibrio inicial y final del sistema en los que la producción y el consumo se han incrementado en algún factor superior a la unidad, llamémoslo r. Es decir, ahora hay que producir y consumir| rX en el mismo tiempo que se producía| X. Es evidente que todo debe alterarse por el factor r. Si antes bastaba con £Q, ahora hay que tener £rQ (r - 1) de dinero nuevo. Es evidente que todo debe modificarse por el factor r. Si antes bastaba con £Q, ahora debemos tener £rQ, por lo que deben emitirse £Q (r - 1) de dinero nuevo. Antes los consumidores tenían £X y| (Q - X) aún sin consumir, los productores £(Q - X) y| X para la venta. Antes, también había cierta cantidad -llámese| S- de riqueza semimanufacturada en el sistema. Ahora todas estas cantidades deben multiplicarse por r. Hemos postulado un sistema en el que ciertas cantidades llegaron a una relación definida como resultado de la experiencia que enseñó a cada individuo en cuestión la mejor proporción entre dinero y riqueza requerida para la conducción de sus asuntos, y claramente si simplemente alteramos la escala basta, como primera aproximación, alterar todo proporcionalmente. Es más bien una declaración errónea de la verdad imaginar un exceso físico de riqueza acabada a la espera de los clientes. Lo que ocurre en realidad es que cada fabricante conoce la proporción correcta entre el volumen de negocio y las existencias necesarias para llevarlo a cabo de la manera más eficaz posible, y no se apartará mucho de esa proporción. Para él, sería una pérdida mortal tratar de tener demasiadas existencias, y dejaría de producir en caso de que éstas fueran excesivas. De la misma manera, podría, durante un breve período de tiempo, tratar de continuar en auge con existencias deficientes, pero en la práctica subiría los precios si no pudiera llevar sus existencias a la proporción requerida para el desarrollo eficiente del negocio.

La tarea de acumular un extra| Q (r - 1) de existencias acabadas en el sistema se lleva a cabo, por tanto, mediante aquellos que normalmente consumen y tienen derecho a consumir, absteniéndose y transfiriendo sus poderes de consumo a los nuevos trabajadores, que ponen tanto como sacan. Limitarse a atesorar el dinero sería claramente peor que inútil. Esto, por supuesto, se lleva a cabo gradualmente, de una manera que se explica con más detalle más adelante, hasta que las existencias se acumulan desde la materia prima hasta los productos acabados, y los primeros de estos últimos están listos para la venta. Tan pronto como esto ocurre, las nuevas £ Q (r - 1) necesarias para distribuirlas deben imprimirse y emitirse al público consumidor para mantener indefinidamente el nuevo volumen de producción y consumo en el nivel superior. La emisión se haría normalmente con cargo al gasto público, pagado de esta forma en lugar de mediante impuestos. En la práctica, por supuesto, el ritmo de emisión y su importe exacto no dependerían de ningún cálculo teórico o complejo, como el que aquí se ha ensayado, sino, como ya se ha explicado, de acuerdo con el número índice real del nivel de precios y tan pronto como la aparición del mayor volumen de nueva riqueza en el mercado justificara la creencia de que podría realizarse una nueva emisión sin provocar la subida del nivel de precios.

Pero también podemos completar la contabilidad en el caso sencillo ejemplificado. En última instancia, de las £ Q (r - 1) emitidas a los consumidores, £(Q - X) (r - 1) se *incorporarán* permanentemente al sistema a cambio de| (Q - X) (r - 1), y £ X (r - 1) permanecerá en manos de los consumidores. De modo que las existencias dentro del sistema aumentan de £ X y £ S a £ rX, y £ rS, y de £(X - Q) a £ r (Q - X) en dinero, porque éstas son las condiciones de equilibrio que se cuidarán solas. Pero lo que no se cuidará por sí mismo y tiene que ser "gestionado" es (1) la abstinencia genuina inicial y la transferencia del poder adquisitivo del consumidor al productor; (2) la emisión de nuevo. Lo primero sin lo segundo es un mal tan grande como lo segundo sin lo primero.

Porque significa que, a pesar de todos los esfuerzos y sacrificios, los bienes adquiridos no pueden venderse a un precio constante. El dinero para continuar la nueva escala de producción deja de entrar en el sistema en cuanto cesan los préstamos. Los trabajadores adicionales contratados en para aumentar la producción se quedan sin trabajo. Hay que vender las existencias suplementarias acumuladas y, mientras se hace esto, se causa tanto desempleo suplementario como empleo suplementario se proporcionó durante su acumulación. De modo que ahora el empleo cae temporalmente por debajo incluso de lo que era originalmente, igual que al principio subió temporalmente por encima de él. De hecho, este enigma elusivo y sin embargo sumamente elemental ha sido probablemente responsable de una cantidad tan grande de esfuerzo humano inútil y de pérdida de vidas como todas las tragedias más evidentes del hambre, la peste y la guerra juntas.

La relación entre la abstinencia y el nuevo dinero

La corrección más importante que hay que introducir en el razonamiento anterior es tener en cuenta los efectos del acaparamiento y del crédito mutuo, y es muy sencilla. En lugar de necesitar £Q para distribuir| Q de existencias acabadas, necesitaremos otra cantidad £KQ, donde K es un factor desconocido. Sólo cambiará lentamente con los hábitos comerciales y domésticos de la gente. En lugar de la emisión de £Q (r - 1) de dinero nuevo, se requerirán £KQ (r - 1). Pero estas consideraciones no afectan en lo más mínimo a la necesidad de abstenerse de consumir en toda su extensión [58] de las crecientes existencias tanto de riqueza acabada como semimanufacturada. En la práctica, por supuesto, uno sería bastante independiente de la necesidad de conocer de antemano los valores numéricos de las diversas cantidades y factores involucrados. El nivel de precios es el único indicador necesario; pero las cifras de desempleo y el hecho de que las fábricas trabajen o no a plena capacidad son, por supuesto, valiosas guías sobre la cuestión general.

En el sistema ideal sugerido, el dinero en el bolsillo de los consumidores -sin tener en cuenta el atesoramiento y los préstamos mutuos- debería ser igual a la cantidad de riqueza acabada a la venta. En cualquier caso, el aumento de dinero requerido debe ser proporcional, si no igual, al aumento de las existencias acabadas. La abstinencia inicial es definitivamente igual al aumento de las existencias totales, tanto acabadas como no acabadas, necesario para construir el sistema a un nivel superior. Esto significa que el nuevo dinero emitido no puede reembolsar nunca más que una parte - generalmente una pequeña parte- de la abstinencia inicial; como mucho, la relación entre las existencias acabadas y las existencias totales de riqueza.

Más adelante veremos que no sólo, como en este caso, la acumulación de capital fluido, sino en todos los casos de acumulación de capital, se contrae una deuda con los individuos que nunca podrá ser reembolsada y que, por tanto, debe devengar intereses permanentes.

---

[58] Parte de esta abstinencia puede derivarse de la abstinencia involuntaria de los poseedores de dinero y no de la inversión consciente, como se va a considerar.

Una ilustración más detallada

Pocas personas que no hayan intentado encontrar una manera de hacerlo estarán dispuestas a dar crédito a la afirmación de que es absolutamente imposible aumentar las reservas de riqueza en un sistema industrial y construirlo desde un nivel de producción inferior a otro superior sin alguna forma de abstinencia o "ahorro" inicial por parte de los consumidores o de los productores. Hemos esbozado suficientemente la solución general del problema, pero puede ser instructivo considerar uno o dos puntos con más detalle. Supongamos que consideramos la producción de una mercancía de principio a fin en tres fábricas o mercados sucesivos. El primer fabricante, que se ocupa de las materias primas, necesitará el primer préstamo para poder aumentar su producción y pagar más salarios, etc. Supongamos que recibe un préstamo de $\pounds l_1$, que paga como salarios y beneficios, introduciendo en el sistema| $_{l(1)}$ de nueva riqueza sin terminar. Tan pronto como esté lista para pasar al segundo fabricante, éste necesitará un préstamo de $\pounds l_1 + _{l(2)}$, $\pounds l_1$ para comprar el| $_{l(1)}$ de la primera fábrica y $\pounds l_2$ para pagar como salarios, etc., para su conversión en $\pounds l_1 + _{l(2)}$. El primer fabricante no necesita más préstamo porque, al recibir $\pounds l_{(1)}$ por la venta de su producto, puede repetir por segunda vez el aumento de su producción. En el tercer período, el tercer fabricante necesitará un préstamo de $\pounds l_1 + _{l(2)} + _{l(3)}$,| $_{l(1)} + _{l(2)}$ para comprar el material al segundo fabricante y $\pounds l_3$ para sufragar sus costes de transformación del material una etapa más hasta| $_{l(1)} + _{l(2)} + _{l(3)}$. De las $\pounds l_1 + _{l(2)}$, las $\pounds l_2$ permiten al segundo fabricante convertir un segundo lote de mercancías y las $\pounds l_1$ al primer fabricante producir un tercer lote.

Como se supone que los préstamos son auténticos, durante todo este tiempo no se agotan las existencias normales de riqueza acabada. Pero mediante préstamos por valor de $\pounds 3l_1 + 2l_2 + _{l(3)}$;| $_{l(1)} + _{l(2)} + _{l(3)}$ de riqueza adicional está ahora lista para la venta, y dos cantidades separadas de productos intermedios $\pounds l_2 + _{l(1)}$ y $\pounds l_1$ están en camino. Los tres fabricantes han aumentado su salario regular y otros pagos en $\pounds l_1$, $\pounds l_2$ y $\pounds l_3$ respectivamente.

Supongamos que ahora cesan los préstamos. Los ahorradores y la fraternidad empresarial han hecho su parte, y la riqueza aparece en el mercado de los consumidores para su venta. ¿Cómo puede venderse? Si no se vende, es evidente que los pagos adicionales $\pounds l_1 + _{l(2)} + _{l(3)}$ no pueden continuar por más tiempo. No sólo es cierto que sólo puede fabricarse, sino que también es cierto que sólo puede *venderse* si se mantienen estos pagos. El consumo no ha aumentado hasta ahora por la acumulación, ya que los préstamos, si son auténticos, se limitan a transferir a los nuevos trabajadores los productos acabados que, de otro modo, los propios prestamistas habrían comprado y consumido. Cuando cesen los préstamos, el consumo no aumentará, a menos que continúen los nuevos trabajadores. Puesto que antes el dinero en circulación bastaba para distribuir el flujo anterior de riqueza, es obvio que ahora debe aumentarse proporcionalmente para distribuir el flujo aumentado, y esto puede ponerse en circulación más fácilmente mediante la condonación de impuestos y el pago de los gastos del Gobierno con el nuevo dinero emitido. Si no se emite dinero nuevo para comprar la riqueza para el consumo, todo el proceso elaborado se deshace. Las existencias no pueden venderse, los sueldos, salarios, beneficios, dividendos, etc. adicionales no pueden pagarse, los trabajadores adicionales deben ser despedidos de nuevo para reanudar su desempleo , y el resultado natural es el odio de clase basado en la certeza de que las clases dominantes del país o bien no entienden los elementos de su negocio o bien intentan deliberadamente esclavizar a los trabajadores.

El caso de la superabundancia existente

Si en el último ejemplo hubiera inicialmente un exceso suficiente de riqueza acabada en el mercado, sólo entonces se podría prescindir de la abstinencia inicial y el nuevo dinero se emitiría de inmediato como préstamos a la industria. Supongamos, a título ilustrativo, que dichas existencias acabadas invendibles ascienden a| M1. Se imprime dinero nuevo en cantidad suficiente y se emite gradualmente, de modo que las existencias de riqueza superen las necesidades de la antigua escala de producción y sean capaces de mantener el nivel de producción permanentemente incrementado.

El dinero nuevo, una vez introducido en el sistema, sigue circulando, por supuesto, para siempre, salvo pérdida accidental o destrucción del dinero. Pero en cada circulación introduce tanta riqueza como saca, siempre que la organización existente sea capaz, sin nuevos gastos de capital, de manejar el aumento de la producción y que existan suficientes trabajadores desempleados. Partiendo de la base de que con *una* emisión de este tipo las ruedas de la industria pueden ponerse a girar alegremente, la medicina no debe repetirse. Mientras que con una abstinencia inicial suficiente, previa a la emisión del nuevo dinero, se puede continuar definitivamente la construcción de la industria. El consumo de los consumidores, como la circulación del dinero, es eterno y no puede satisfacerse con nuevas emisiones continuas. Esta es, por lo tanto, una propuesta totalmente diferente a la de un Dividendo Nacional, que sólo podría ser una posibilidad en una sociedad comunalista, no en una individualista. Las circunstancias que harían factible tal emisión ocasional de dinero nuevo, por supuesto, nunca surgirían si el dinero fuera nacional y emitido regularmente en lugar de impuestos para mantener los precios constantes a medida que aumenta la producción nacional de riqueza.

Así, el argumento sobre la locura de salvar a la sociedad mediante cualquier plan de "jugueteo con la moneda", porque una cantidad relativamente pequeña de dinero es suficiente para hacer circular una cantidad indefinidamente grande de riqueza, es en realidad de doble filo. De hecho, la sociedad podría salvarse sólo por esto. La cantidad de abstinencia requerida, precedente a esta pequeña emisión, es también casi igualmente trivial, en todo caso donde la mano de obra desempleada y el capital existen en abundancia. Sería absurdo suponer que la perspicacia comercial ordinaria del mundo industrial no suministraría, a partir de los beneficios, las reservas necesarias de materiales si los mercados para ellos estuvieran asegurados por la emisión adecuada de dinero nacional.

Ha sido necesario insistir sin concesiones en la necesidad de la abstinencia *inicial*, pero ésta no debe confundirse con la abstinencia crónica y el lema "trabajar más y consumir menos" del usurero. Precisamente como en el caso de la emisión de dinero nuevo, la abstinencia sólo es necesaria una vez. Con el trabajo y el capital en paro, la abstinencia, como mucho en la medida de las reservas fluidas de riqueza en el sistema, *duplicaría* el poder de consumo de todos, por término medio, para *siempre*.

Qué le parecería a un banquero

Acabamos de considerar el único caso en el que una emisión de dinero nuevo podría crear prosperidad permanente sin abstinencia inicial, a saber, cuando hay un exceso de existencias acabadas invendibles en el mercado. Pero si examinamos la condición esencial que ha provocado este estado de cosas encontraremos que se debe a la abstinencia y nada más, forzada e involuntaria es cierto, pero abstinencia al fin y al cabo.

Los propietarios individuales han invertido sus propiedades o ganancias en la industria si se han acumulado existencias, y han llegado al final de sus recursos. Estos individuos suelen ser los propios productores, y la inversión que pretendía ser temporal se ha vuelto irrealizable. Los bienes están ahí, les pertenecen y esperan ser vendidos, pero no pueden venderse.

Antes de concluir precipitadamente que el poder de los bancos para crear dinero y prestarlo a la industria está justificado por este caso, es bueno preguntarse con precisión si estas son las condiciones en las que los créditos bancarios, de hecho, se ampliarían o restringirían.

La industria está saturada de mercancías invendibles. Hubo un mercado durante el tiempo en que los pagos de los fabricantes, de salarios, etc., con cargo a sus propios recursos para producir la acumulación mantuvieron un mercado. Los productores transferían sus derechos sobre el mercado a los nuevos trabajadores que producían la acumulación. Pero ahora que han agotado sus limitados recursos y que todo su capital está invertido en bienes manufacturados, el proceso de acumulación se detiene, y con él la demanda de bienes en el mercado por parte de los que antes se dedicaban a crear esa acumulación. El mercado toca fondo. Las existencias hinchadas y depreciadas deben venderse cuando no hay compradores. Es en este momento psicológico cuando el industrial debe dirigirse al banquero para pedirle el dinero nuevo que permita a la industria seguir adelante. Puede señalar el hecho de que la producción ha superado ampliamente al consumo, que ha habido, en fraseología bancaria, un gran auge especulativo, que no hay mercado alguno para las cosas que produce y que podría seguir produciendo indefinidamente si pudiera venderlas, y entonces pedir humildemente créditos para facilitar la producción. El banquero le tomaría por loco. Le diría: "¿No es obvio para usted que su producción ya ha superado a los mercados en y que hasta que se elimine el exceso de existencias, los créditos deben reducirse, no ampliarse?". Así que la producción se ve obligada a bajar ahora tanto por debajo de lo normal como durante el periodo inicial de acumulación estuvo por encima de lo normal. Las acumulaciones se sacan mediante el elaborado proceso de transferir poder adquisitivo, desde dondequiera que esté el dinero restante del país en ese momento, mediante impuestos para mantener a los desempleados y seguir adelante de alguna manera, y entonces, tan pronto como los efectos de la abstinencia inicial se hayan disipado por completo, ése es el momento psicológico en que el banquero inflará.

La consecuencia de la abstinencia ficticia

Las consecuencias ya se han indicado suficientemente. Las existencias de riqueza acabada se agotan y las existencias de productos intermedios sólo aumentan hasta el nuevo nivel para mantener el auge. Hay una escasez de riqueza para la venta y un aumento del dinero para comprarla al mismo tiempo. La subida de precios es inevitable en estas condiciones. Pero no hay que suponer que la subida de los precios al por menor, al hacer que cada libra en el mercado de los consumidores saque una cantidad absoluta menor de riqueza acabada, haga aumentar las existencias. En absoluto. Simplemente aumentan los beneficios. Si hay un aumento del 10% en el nivel de precios, cada libra esterlina saca sólo 10/11 partes de la unidad de bienes que antes valía 1 libra esterlina, pero de la libra esterlina, 1/11 parte es ganancia extra, y vuelve de inmediato a sacar el resto. El precio de un artículo se define a veces como lo que puede llegar a valer. Es innegable que no es sólo lo que sale del bolsillo del consumidor, sino también lo que entra en el bolsillo del productor. Pero el productor es también un consumidor, y la parte por encima del coste para el vendedor, el beneficio, es considerada por él como su propiedad privada en su calidad de consumidor. El resto ya se ha pagado, o se pagará, a las demás personas que participan en la producción, cada una de las cuales lo trata a su vez como propiedad privada que debe gastar en el mart de los consumidores.

El simbolismo se hace más difícil de entender si varía el nivel de precios, pero esto no invalida por completo la utilidad de este método para abordar el problema. De hecho, sólo en la medida en que estos beneficios no obtenidos se reinviertan en la empresa, podrán aumentar las cantidades o los valores monetarios de las existencias de riqueza acabada.

Al principio sólo hay una alteración en la distribución entre el consumidor y el vendedor, también consumidor. Lo que uno pierde lo obtiene el otro. Pero a medida que el alza de precios se transmite a través del sistema industrial a la fábrica y comienza a afectar a los salarios y a los pagos por servicios, así como a los beneficios, entonces la cantidad absoluta de riqueza introducida en el sistema por el pago de 1 libra esterlina se reduce. Las existencias de riqueza en el sistema, hasta entonces inalteradas en cantidad por la subida de precios, comienzan ahora a disminuir en cantidad . Siguen disminuyendo en cantidad - y aumentando en valor monetario por unidad de cantidad - hasta que el aumento de la cantidad de dinero en circulación paga sólo por la misma cantidad de producción que antes del aumento - excepto en la medida en que, al abstenerse de distribuir el exceso de beneficios, los propios productores u otros inversores genuinos pueden estar añadiendo a las existencias de riqueza en el sistema.

La existencia de riqueza es la prueba de que alguien la ha producido y aún no la ha consumido. La riqueza existente es el exceso de producción sobre el consumo y la decadencia desde el principio de los tiempos. La totalidad de ella -sin contar la parte en capital comunal fijo, como puertos, carreteras y similares- tiene propietarios individuales que se han abstenido hasta ese punto del consumo. Más allá de esto, una abstinencia igual en valor al dinero total del país es ejercida por los propietarios de dinero, que voluntariamente, pero en su mayor parte sin saberlo, se abstienen no sólo de consumir sino también de poseer.

Entrar en la cuestión de las consecuencias de un cambio en el nivel de precios y todo lo que ello conlleva sería adentrarse demasiado en el pantano de la incertidumbre económica. Pero se puede indicar la naturaleza general del efecto de una subida de precios. Aparte de cualquier *aumento* del nivel de prosperidad antes incluso de que se pueda *recuperar* el nivel anterior, después de que se haya producido la subida de precios alguien debe contribuir con pérdidas equivalentes al exceso de beneficios obtenidos durante la subida. Naturalmente, todos los que participan en la producción, empresarios y trabajadores, se resisten enérgicamente a ello, lo que explica la dificultad de reducir el nivel de precios una vez que ha subido. Baste con demostrar que la mera emisión de dinero nuevo, ya sea por el Estado, los bancos o la falsificación, aunque estimula temporalmente la producción y el consumo, al agotar las reservas de riqueza acabada conduce a la subida de los precios y, salvo en la medida en que es contrarrestada por la inversión real que suple las reservas faltantes, termina deprimiendo el sistema por debajo de su anterior nivel de producción real a un precio inflado.

Lo que hasta ahora limitaba la producción y el consumo

Pero, una vez más, podemos plantear la pregunta tantas veces repetida: ¿Qué limitaba, en el sistema en boga durante el siglo pasado, la expansión de la producción de riqueza? - esta vez para responderla. El alza de los precios es la expresión de la escasez de productos acabados. Conduce naturalmente al intento de abastecerlos mediante la importación desde el extranjero. No hay mercancías listas para exportar a cambio. En otras palabras, la subida de precios hace que esto no sea rentable. Pero existe una forma acabada de riqueza que se mantiene artificialmente a un precio monetario constante, a saber, el oro, y el país , por lo tanto, es vaciado de su oro para pagar el exceso de importaciones. [59] Automáticamente, esto hace que la posición del banquero sea insegura y que su banco pueda ser quebrado por una petición de moneda de curso legal, antes de la Guerra y la moratoria, al menos, si ya no ahora. Así que se recurre a los créditos, se destruye dinero y el volumen de producción se reduce a un límite seguro para el banquero pero insuficiente para mantener a la nación. Como ya hemos visto, en la medida en que hubo una inflación simultánea de la moneda en todos los países, de modo que el oro no tendió a fluir de uno a otro, se ha producido una subida permanente del nivel de precios en todos los países y la restricción de la moneda no se produce entonces automáticamente. Pero los intereses financieros del banquero son predominantemente los de la clase acreedora. No trabaja, ni hila, sino que vive de los intereses. Por tanto, una subida de precios, que no puede evitarse mientras nadie renuncie al dinero que crea para prestar, es una consecuencia muy desagradable. Al recibir pagos de intereses monetarios fijos, el obligacionista y la clase puramente acreedora en general ven disminuir sus ingresos reales proporcionalmente a la subida de los precios. Por otra parte, si la industria se arruina, sus créditos son *los primeros* en ser liquidados. De ahí que se restrinja la moneda y se intente forzar la caída de los precios, aunque no haya riesgo de insolvencia para los bancos, por el hecho de que el mecanismo está completamente controlado por quienes tienen poco que perder y mucho que ganar con esta política desastrosa.

La única forma de evitar la abstinencia

Es interesante observar también, en otro sentido, cuán incompatible es la psicología del banquero con los factores físicos de la producción de riqueza. Es evidente que, para un nivel de precios dado y para cualquier tasa de producción y consumo de riqueza, cuanto más

---

[59] Se ha escrito toda una biblioteca sobre este tema, tratado como causa y no como efecto.

dinero hay en el país, menos rápidamente debe circular. Si hiciera falta el mismo tiempo para circular una vez por el sistema que, por término medio, para producir riqueza, la cantidad de dinero podría ser la misma que las existencias totales de riqueza acabada y semimanufacturada, y no se requeriría más abstinencia que la abstinencia voluntaria sin intereses de los propietarios del dinero. El dinero podría emitirse "contra las mercancías" en el sistema industrial, como a veces se insiste.

En cambio, toda la *razón de ser* de la banca, derivada de la época en que los metales preciosos eran la única moneda, es "economizar" en la cantidad de dinero necesaria y aumentar su velocidad de circulación en la mayor medida posible, para que nunca permanezca "estéril" y "ocioso", sino que se ponga una y otra vez al "uso productivo".

Mientras que, si la circulación sólo pudiera ralentizarse para ajustarse al tiempo natural de producción de riqueza, podría emitirse proporcionalmente a este aumento de la producción sin elevar los precios en absoluto. Por sí misma pagaría la abstinencia necesaria para aumentar las existencias.

¿Quién gana y quién paga?

Dado que la producción de riqueza es esencialmente una ciencia acabada, es un insulto a nuestra inteligencia considerarla, como el clima, más allá del ingenio de los mortales para controlarla o comprenderla. Debería ponerse fin a la febril alternancia del ciclo comercial. Debería dar paso a una prosperidad uniforme, en la que las hambrunas y las sequías se reduzcan a su significado real en el mundo local y todo el mundo pueda cooperar con ventaja mutua. Hay muchas personas, dotadas de dones excepcionales, a las que este tipo de cosas no les gustaría. Pero son ellos los que ganan y no los que sufren en el caos actual. Es el consumidor el que paga por todas las brillantes apuestas y especulaciones, así como por toda la ignorancia e incompetencia fundamentales que hacen del sistema individualista lo que es. Cuando la democracia haya comprendido que, hoy en día, la producción de riqueza es realmente un asunto de ingeniería científica, y no principalmente un asunto de cómo hacer que los trozos de papel produzcan intereses, y que no sólo es ocioso sino altamente peligroso para la ciencia expandir su riqueza a menos que la moneda se gaste proporcionalmente para su uso, habrá aprendido algo que, de hecho, está tan cerca de la raíz de la libertad económica como es posible conseguir en la actualidad. Está ciertamente mucho más cerca de ella que los credos partidistas de la política, ya se trate de las viejas cuestiones del individualismo y el socialismo, o de los curiosos híbridos que se están desarrollando en Rusia e Italia. Hasta ahora no hemos progresado mucho en estas cuestiones más allá de la idea del irlandés de alimentar a su cerdo, engordándolo un día y matándolo de hambre al siguiente para obtener tocino entreverado. El cerdo murió, y nuestra civilización del tocino entre graso y magro se encuentra en una situación tan extrema como calamitosa.

CAPÍTULO XII

ACUMULACIÓN FRENTE A DISTRIBUCIÓN

La acumulación de capital

En el estudio precedente de la cuestión de cómo fomentar la producción y abolir el desempleo hemos subrayado el papel clave que desempeña en el problema de los precios la abstinencia inicial del consumo hasta que los bienes que se producen estén listos para el consumo. El caso se limitaba a la acumulación de las reservas necesarias de riqueza fluida en el sistema, en el supuesto de que la mano de obra y el capital desempleados estuvieran disponibles. Pero idénticas consideraciones rigen igualmente la acumulación de capital fijo. Podemos imaginar que el flujo de riqueza procede por arterias de paredes sólidas, y podemos distinguir entre riqueza fluida y riqueza fija - por el primer término entendemos la parte que realmente fluye fuera del sistema y aparece en el mercado de los consumidores para la venta, y por el segundo, los propios órganos de producción, que tienen que ser introducidos en el sistema por procesos idénticos a los de la riqueza fluida, pero que nunca sale o puede salir para el consumo. En realidad, es más correcto considerar en esta categoría de riqueza fija aquella proporción de riqueza fluida que es necesaria para llenar las arterias, pues aunque siempre está pasando, necesariamente siempre hay una cierta cantidad en el sistema, que no puede reducirse sin reducir permanentemente la producción. Es cierto que hay una diferencia si contemplamos una continuación de las alternancias pasadas del nivel de precios y de producción, pero no habría ninguna con un sistema razonablemente estable. No tiene sentido dedicar todo el esfuerzo y las molestias que conlleva construir el sistema con la intención, más adelante, de volver a derribarlo. Mientras que, si nos ocupamos de la acumulación de capital fijo, no sólo nunca sale del sistema en el mercado de los consumidores, sino que nunca puede salir. Tarde o temprano llega al final de su vida útil dentro del propio sistema.

En términos generales, la *única* manera posible de aumentar las existencias de riqueza en el sistema, ya sea precedente a la producción de una mayor producción o para acumular capital en primera instancia, es desviar el dinero más allá del mercado de los consumidores para que pase a través del sistema productivo dos veces en su circulación en lugar de una vez. Esto introduce en el sistema el doble del valor de la riqueza que saca. Pero crea deudas a los individuos que renuncian a su poder adquisitivo, y, por mucho que nos esforcemos en resolver el problema, tenemos que llegar a la conclusión de que *estas deudas nunca podrán ser realmente reembolsadas.*

Es un postulado innegable que toda la riqueza introducida en el sistema, calculada en términos de costes de producción, no sólo no sale sino que no puede salir.

Como el dinero, el capital es individual
Riqueza y deuda comunitaria

Ciertos tipos de riqueza, es cierto, pueden servir a diferentes propósitos, y pueden ser el capital fijo en una industria y la materia prima de la riqueza fluida en otra. En una medida muy poco importante, una comunidad podría "vivir sobre su joroba" como un camello, agotando su acumulación de capital para el consumo. Pero esto es excepcional. Ninguna comunidad primitiva contaría con comerse sus arados si le faltara el pan. La mentalidad financiera del hombre moderno impide apreciar debidamente estas consideraciones elementales. Como la producción y la distribución están reguladas por los billetes de dinero, no se hace la debida distinción entre arados y pan, porque ambos se cambian igualmente por dinero. El economista no le ha ilustrado sobre las dos categorías totalmente distintas de riqueza. El hombre moderno es, pues, propenso a pensar que puede consumir lo mismo si lo que se produce es consumible o no. Sólo puede hacerlo si puede cambiar una forma de riqueza por la otra mediante el comercio exterior.

Independientemente de que el equivalente de la riqueza introducida en el sistema vaya a salir o no del mismo, todos los costes incurridos deben ser sustraídos de los bolsillos del consumidor, ya sea en el punto de venta o *de camino* a él. Si esto se hace en el mercado de consumidores, se extrae del sistema tanta riqueza como la que se vuelve a introducir cuando el dinero circula fuera del sistema productivo. La cantidad sustraída del consumidor es necesariamente mayor que la cantidad que recibe, en gran medida si se acumula capital no intercambiable por riqueza consumible, pero invariablemente para compensar el despilfarro y la depreciación.

Esto no es simplemente una afirmación trillada de que el consumidor paga más que el precio de coste por sus bienes, porque hay que recordar, en este método de enfocar el tema, que todos los beneficios se consideran parte de los costes tanto como los salarios y nada se hipotetiza sobre si los costes son razonables o desorbitados, necesarios o evitables. Significa que el dinero siempre debe entrar en el sistema sin pasar por el mercado de los consumidores, con lo que se introduce más riqueza de la que se extrae.

Así, en el caso del despilfarro, si un lote de mercancías por valor de *X* libras en costes totales se estropea en la fabricación, los beneficios se reducen en *X* libras, y en lugar de que este dinero llegue al mercado de los consumidores, se vuelve a introducir en el sistema en los puntos necesarios para provocar la producción de *X* de nuevo. Lo mismo ocurre con las nuevas ampliaciones de capital financiadas con los beneficios. Las nuevas empresas y las grandes ampliaciones se financian con nuevos préstamos, y si éstos son auténticos préstamos, la operación es de la misma naturaleza y puede describirse brevemente como la desviación del mercado de consumo.

Todas estas operaciones implican la creación de deudas con particulares. Algunas, como la compensación del despilfarro y la depreciación, se tratan de inmediato como deudas incobrables. Se cancelan y se olvidan a medida que se contraen y no devengan intereses. Otras, como la financiación de ampliaciones de capital con cargo a los beneficios, no implican la creación de nuevas deudas formales, sino que devengan intereses por el aumento de los pagos de las ya existentes. Pero los nuevos préstamos implican la creación de nuevas cargas de deuda, y de éstas es tan cierto como de las deudas canceladas a medida que se producen por despilfarro y depreciación, que nunca pueden ser reembolsadas. La propiedad de estas deudas cambia de manos precisamente como en el caso de la riqueza consumible. El interés es un pago por el uso del capital, pero no es en ningún sentido un *reembolso*, ya que el importe de la deuda no se ve afectado por el importe ya pagado. El reembolso en el sentido de reconvertir el capital en riqueza consumible es imposible, salvo en casos excepcionales, y al final estas deudas deben ser amortizadas y canceladas a medida que la riqueza se pudre en el sistema.

A primera vista, nada podría parecer más fácil, tras haber aumentado permanentemente los ingresos, que devolver a aquellos a los que estamos en deuda por el ahorro inicial con parte de la riqueza que se está produciendo. Pero se olvida que la riqueza producida tiene propietarios individuales, que pueden intercambiar los bienes que producen por la propiedad del capital acumulado. Pero esto simplemente transfiere la deuda, no la paga. Es cierto que la nacionalización, en la que el capital se amortiza mediante impuestos u otra forma de gravamen general, conferiría la propiedad a toda la comunidad. Pero incluso eso es realmente una transferencia de la propiedad de la deuda de los individuos a la comunidad y no el reembolso en riqueza.

La dudosa herencia de la ciencia

Las consecuencias de este punto, insuficientemente valorado, se observan en las condiciones en las que cualquier persona tan afortunada como para nacer en una era científica debe venir ahora al mundo. Se calcula que hay que acumular un capital de 1.000 libras esterlinas, y probablemente más, para proporcionar al recién llegado, cuando sea adulto, el equipo necesario para que pueda trabajar eficazmente y una casa en la que sea posible criar una familia. Al 5% de interés, estos aspirantes al privilegio de ser los herederos de todas las épocas deben pagar al menos 50 libras al año del producto de su trabajo a perpetuidad, una herencia dudosa sin duda. Pero una de las futilidades más profundas de la economía individualista es que no proporciona un medio para la redención de estas deudas, de las que no se puede escapar si la comunidad quiere desarrollar sus ingresos de riqueza y expandir su población.

La futilidad de la fiscalidad

Los impuestos, el impuesto de sucesiones y otros similares, como se verá si se calcula su efecto en el diagrama, normalmente sólo transfieren la propiedad de un grupo de personas a otro, y sólo alteran a los individuos concretos que llegan al mercado de los consumidores con dinero. Salvo en el raro caso de que se recaude para conceder préstamos a la industria, como, por ejemplo, cuando se prestaron 3 millones de libras esterlinas de dinero público al 3% para la construcción del *Lusitania* y el *Mauretania*, no pasa por el mercado de los consumidores. Por el contrario, al reducir la cantidad de dinero excedente en manos de los consumidores, puede impedir que lo inviertan.

El Estado se da cuenta de que, para seguir existiendo, es vital reducir el peso de la mano muerta del pasado, para que sus ciudadanos no se vean reducidos a la miseria bajo la carga de la deuda en la que han nacido. Los cánones de una sociedad individualista, que no le permiten poseer empresas generadoras de ingresos, y que han limitado sus poderes tributarios a sufragar sus gastos en servicios de los que no se puede obtener un beneficio monetario, la hacen impotente. Puede acuchillar tan salvajemente como le plazca al capitalista individual, pero los superimpuestos y los impuestos de sucesiones simplemente transfieren su propiedad a otros individuos. En la medida en que las deudas, a diferencia de la Deuda Nacional, representan riqueza permanentemente inmovilizada en las arterias del sistema productivo, desafían el repudio y ese fácil remedio del estadista, la depreciación de la moneda. La fiscalidad en este sentido no hace más que transferir la propiedad de los titulares originales a un nuevo conjunto y resulta en la sustitución de un diablo aristocrático por siete plebeyos.

El Estado, al no poseer ninguna empresa productora de ingresos, no puede, si no se deprecia el valor del dinero, subvencionar una industria, dotar a la maternidad, conceder pensiones a las viudas, ayudar a las universidades y hospitales, o conceder a todo el mundo un Dividendo Nacional si no es directamente de los bolsillos de los contribuyentes de la comunidad. Aparte de su Riqueza Virtual, su gran atractivo para el crédito es simplemente su poder de endeudamiento. En esto es ciertamente superior a cualquier individuo o corporación, pero simplemente porque puede gravar a sus ciudadanos para pagar los intereses. Incluso el gigantesco crédito del Estado está ahora, seguramente, casi *gastado*.

Pero, sin ser propietario de las industrias, ni siquiera de los bancos o de la tierra, el Estado podría, si controlara la emisión de moneda y todas las formas de crédito en las que se crea dinero nuevo, recorrer un largo camino para poner orden en su casa, y podría golpear eficazmente a los monopolios en todas sus formas. Podría dar libertad económica a sus ciudadanos hasta el punto de garantizar a todos el derecho a ganarse la vida.

Estamos abordando aquí ciertas cuestiones planteadas por el Mayor Douglas y la escuela de los Reformistas del Crédito Social.[60] Hay que decir de una vez que, aunque existen evidentes puntos de semejanza entre muchos de los puntos de vista expuestos en este libro y los de la Escuela de Douglas, especialmente en lo que se refiere al diagnóstico del estancamiento industrial y a la existencia de errores fundamentales en la contabilidad nacional y no en la individual, la semejanza termina ahí.

La situación agrícola de este país

No hay desacuerdo entre nosotros en cuanto a la posibilidad física de abolir completamente la pobreza y el desempleo mediante el abastecimiento y la ingeniería, a diferencia de la financiación, de una escala de vida mucho mayor de las masas no menos que de unos pocos, y que una de las claves del problema está en la emisión de demanda efectiva, es decir, dinero, con el fin de distribuir para su uso y consumo los ingresos casi indefinidamente extensibles capaces de ser producidos en una era científica. A este respecto, aunque los productos agrícolas pertenecen a una categoría diferente de los artículos manufacturados y el capital, incluso para los primeros no parece haber ninguna buena razón para dudar de que la oferta seguirá y durante mucho tiempo el ritmo de la demanda, y que sólo falta la demanda efectiva. Por supuesto, esto todavía no es cierto para este país como comunidad aislada en el estado actual de la agricultura. Lo máximo que los expertos en economía agrícola parecen dispuestos a admitir es que el país podría suministrar sobre una base económica aproximadamente la mitad de los alimentos que consume. Los siguientes extractos de *Food Production in War*, de T. H. Middleton, son pertinentes a esta cuestión.

---

[60] Compárese *Economic Democracy y Credit Power and Democracy*, C. H. Douglas; *The Community's Credit*, C. Marshall Hattersley; *The Flaw in the Price System*, P. W. Martin, y otras obras recientes; y la revista semanal *The New Age*, que es el órgano del movimiento.

P. 320, nota a pie de página: "Un millón de calorías equivale aproximadamente al suministro de energía de un año para una persona; por lo tanto, los números pueden leerse como personas provistas de alimentos."

P. 322: "La ganancia neta que el país obtuvo del producto de la cosecha de 1918 no fue inferior a 4.050.000 millones de calorías. "... El suministro medio de alimentos del Reino Unido en 1909-1913 proporcionó 49.430.000 de calorías, y el producto total del suelo patrio fue de 16.872.000 millones de calorías. El aumento de la producción de alimentos de cosecha propia en 1918 fue, por tanto, de aproximadamente el 24% . En otras palabras, mientras que el país comenzó la guerra con suministros proporcionados por su propio suelo que habrían bastado para 125 de los 365 días, en el año en que se firmó el armisticio había asegurado una cosecha que habría bastado para 155 de los 365 días. Las cosechas se cultivaron y las reservas se alimentaron en condiciones totalmente anormales; pero el producto extra de la tierra equivalía al suministro de alimentos para 30 días para la nación que vivía su vida normal.

"Hay que señalar que el mes extra de suministro de alimentos que representó la cosecha de 1918 está muy por debajo de la cantidad total de alimentos humanos que la cosecha de 1918 podría haber proporcionado si la prolongación de la Guerra nos hubiera obligado a estirar nuestros recursos al máximo. Como se dijo en su momento, si hubiéramos reservado para el ganado la cosecha de avena de antes de la guerra, pero hubiéramos molido todo el resto del grano y lo hubiéramos utilizado para el pan, y si hubiéramos hecho el uso completo de las patatas que una nación hambrienta podría hacer, podríamos haber proporcionado con nuestros cereales y patatas una cantidad de alimentos equivalente a cuarenta semanas de consumo de productos de panadería, y sacrificando nuestro ganado se habrían podido obtener los alimentos adicionales requeridos por la población en este período. Pero, afortunadamente para nosotros, no fue necesario recurrir a métodos tan drásticos".

Discutiendo la cuestión de si este país podría alimentar a toda su población, este autor concluye que, desde el punto de vista puramente agrícola, no habría ninguna dificultad especial, significando que el pueblo fuera alimentado por un Controlador de Alimentos como un granjero alimenta a su ganado; pero descarta la sugerencia como absurda si significa una proposición practicable bajo el sistema económico existente que el pueblo consentiría y pagaría.

"Pero entre el 34% de nuestras necesidades alimentarias suministradas por nuestra tierra en 1909-1913 y el 100% hay un amplio margen, y si la mano desvanecida del Controlador de Alimentos pudiera ser restaurada y nos obligara a satisfacer del 40 al 50% de nuestras necesidades totales con nuestra propia tierra, no sería nada malo."

Pero la peculiar posición de este país, en el que la agricultura, en lugar de ser cuidadosamente fomentada, se ha dejado decaer, no debe ser tomada como la solución de esta cuestión. No es más que la inversa de la situación opuesta en el extranjero. En los países más nuevos oímos que el maíz y otras formas de alimentos, después de cosechas demasiado abundantes, se utilizan como el combustible más barato, que los agricultores se arruinan por un exceso de producción de cultivos y existencias, y se ven obligados a restringir severamente la producción para mantener un medio de vida económico, que la producción de caucho de manera similar se limita para mantener los precios al nivel en el que se paga al productor para continuar la producción, y así sucesivamente - todos los horribles ejemplos prácticos reales del efecto fatal de un nivel de precios a la baja en la restricción de la producción. El problema, si lo hay, es de intercambio, no de producción. Este país debe ser capaz de hacer el equivalente de otros tipos de riqueza para ofrecer en retorno a los países más nuevos donde la producción de alimentos sigue siendo superior al consumo.

Es decir, si la producción doméstica en general se liberara del dominio de las finanzas, todo el problema podría resolverse. En un futuro remoto, si la población supera las mejoras de la eficiencia agrícola gracias a los nuevos avances científicos, sin duda surgiría un verdadero problema. Pero ese momento, en el peor de los casos, aún está lejos.

Análisis del plan Douglas de reforma del crédito social

Pero en lo que se refiere a las propuestas concretas que deben adoptarse para realizar la nueva era y, lo que es aún más importante, en lo que se refiere a la interpretación teórica y física del funcionamiento de un sistema económico, la Escuela Douglas está, en su mayor parte, no sólo en divergencia sino en franca contradicción con las conclusiones aquí expuestas.

Aquí el error primario, al que se ha atribuido el naufragio del sistema, es el paso, con el desarrollo de la banca moderna, de la prerrogativa de la emisión de moneda de la nación a manos privadas para la usura como modo de subsistencia, y la dislocación fatal consiguiente al dinero que se destruye cuando la producción supera a los mercados y se emite cuando la demanda supera a la oferta. Se afirma que más allá de una cantidad definida de riqueza, llamada Riqueza Virtual, que los propietarios de dinero se abstienen voluntariamente de poseer -cuyo valor monetario se mide por el dinero en circulación y que está en función del número de la población y de su prosperidad económica- el "Crédito Nacional" es indistinguible del de un individuo, siendo simplemente un poder de endeudarse y pagar intereses con los impuestos. La salvación, si la sociedad ha de seguir siendo individualista, debe venir imponiendo una abstinencia inicial *genuina* de individuos igual al crecimiento del coste-valor de todo el mecanismo industrial a medida que se expande, menos sólo la parte relativamente trivial representada por el aumento de la Riqueza Virtual medida por el dinero total circulante.

La Escuela Douglas parece buscar la salvación precisamente en la dirección opuesta. Consideran el Crédito Nacional como un medio de distribuir nuevo poder adquisitivo y, lejos de reconocer la necesidad de cualquier abstinencia inicial, llegan incluso a estipular que estas emisiones nacionales sean de dinero nuevo y *no* de ahorros pasados. Afirman que, dado que sólo una pequeña parte de los costes de la industria se distribuyen como pagos a los consumidores, las mercancías deben venderse por debajo del precio de coste para compensar la diferencia. O, alternativamente, los Dividendos Nacionales deberían pagarse con cargo al Crédito Nacional a todo el mundo, independientemente de su participación en la producción, de forma similar a como se pagan ahora los subsidios, pero con cargo a los impuestos, a los desempleados. Basando su postura en la proposición innegable de que la industria existe para producir bienes en la mayor cantidad posible y de la manera más rápida y eficiente, en lugar de para dar trabajo a trabajadores innecesarios y a menudo muy ineficientes y reacios, y que la industria podría, si se le permitiera, producir más que suficiente para todos, se oponen a los impuestos y, en general, a la limitación de los grandes ingresos para mantener a los necesitados por ser totalmente innecesarios y políticamente, si no éticamente, erróneos.

Esperan que el Estado dispense dinero en lugar de quitarlo. Parecen contemplar vagamente la posibilidad de crear un estado de cosas en el que la riqueza recupere su importancia adecuada en la vida económica, para el uso y mantenimiento de la vida, en lugar de ser, en palabras de Ruskin, el "poder sobre las vidas y el trabajo de los demás".

Al tener todos sus necesidades físicas satisfechas en abundancia, los ricos no podrían consumir tanto como para causar molestias al resto, ni podrían aumentar indebidamente su consumo empleando un séquito de sirvientes y asistentes personales contratados para atender sus necesidades, ya que nadie se vería obligado por razones de necesidad económica real a trabajar para ellos. Si necesitaran sirvientes, tendrían que pagarles generosamente y tratarlos como es debido. Del mismo modo, en la industria no habría necesidad de coacción económica para realizar el trabajo. La maquinaria y la creciente inteligencia harían de la industria una profesión, buscada por aquellos que desean dedicarse a su servicio y rechazada por los degradados y serviles, que incluso ahora hacen más daño que bien.

Probablemente se reconocerá que se trata de una exposición no exenta de simpatía, aunque imperfecta, de los principios y aspiraciones de esta nueva e interesante escuela de pensamiento económico. Se oirá hablar mucho más de ella. Tiene visión de futuro y puede llegar a ser un día una verdadera fuerza motriz en política. Ya ha resucitado parte de la pasión y el entusiasmo originales de los primeros reformadores, antes de que la influencia esterilizadora y paralizante de la economía mercantil desviara a los líderes del movimiento progresista por caminos tortuosos y denuncias insinceras "sobre ello y sobre ello", mientras sus seguidores "salían siempre por la misma puerta por la que entraron".

Aquellos que estén de acuerdo con las conclusiones esenciales a las que se llega en este libro no encontrarán compromiso posible en ciertos principios fundamentales relativos a la naturaleza física del dinero, el crédito y el capital. Más allá de esto, la escuela que descuida por completo los hechos de la propiedad existente de la riqueza, no se enfrenta honestamente a los obstáculos reales para su distribución más abundante . Además, la opinión de que todos los costes de producción no se distribuyen ya, como pagos por servicios reales o imaginarios, así como recuperados del consumidor, parece de la naturaleza de un malentendido. En la misma categoría se encuentra el argumento de que, dado que toda la riqueza producida no se distribuye al consumidor, sino que éste la paga, es físicamente posible compensar el déficit con el crédito nacional. El esquema de Douglas parece suponer prematuramente la existencia de un Estado comunal en lugar de individualista, en el que no hay deudas, ni derechos de propiedad, ni propiedad privada del capital, y en el que toda la parafernalia existente de la producción de riqueza debe considerarse con toda claridad como acumulada con el objetivo primario de la producción y no con el de ser alquilada para la producción. Esta obra, por el contrario, se limita a temas menos ambiciosos, y puede considerarse como un intento de descubrir lo mejor que el estado individualista de la sociedad puede ofrecer si se administra inteligentemente.

El riesgo de desacreditar la Nueva Economía

Estas propuestas relativamente suaves y prácticas no satisfarán a un "Nuevo Economista" extremista. Él dirá con fuerza: Usted admite el continuo desplazamiento del trabajo humano por la maquinaria y toda forma de dispositivo que ahorre trabajo, el cual, si aún no ha llegado tan lejos en la agricultura como en los oficios de ingeniería, por esa razón aún tiene que llegar más lejos. Usted admite, por lo tanto, que con el aumento de la producción potencial los títulos para consumir encontrarán su camino en cada vez menos manos. ¿Cómo propone resolver esta dificultad fundamental, o cómo la resuelve lo que ha propuesto?

La única respuesta que puede darse a esto es que la situación prevista en última instancia está aún muy lejos de haberse producido, y que si no entendemos cómo funciona el sistema existente y en qué falla, es probable que lo empeoremos en lugar de mejorarlo. Aquellos que desean el pago inmediato a todos de un Dividendo Nacional - y las mujeres especialmente se sienten atraídas por esta forma del esquema Douglas como una manera de escapar de la posición de dependencia económica del otro sexo - deben enfrentarse francamente a la cuestión de dónde va a venir y quién va a renunciar a él.

Pues ni siquiera la ciencia puede crear riqueza con la misma facilidad con que es posible crear deudas. Los impuestos son una fuente; el crédito ilimitado, o endeudarse indefinidamente, es otra; depreciar el valor de la moneda progresivamente, una tercera; mientras que la expropiación, la propiedad pública de todas las fuentes de ingresos y la abolición de la propiedad privada por completo, con la propiedad común de los ingresos nacionales, son otras; y todas ellas tienen sus defensores declarados o secretos. Pero la idea de que la nación está en posesión de un misterioso talismán llamado crédito que, cuando la industria es incapaz de pagar la iniciación de una nueva producción, puede suministrarle todo lo que necesita sin que nadie renuncie a nada en absoluto, y que este crédito nacional consiste en el resultado acumulado de todos los siglos de esfuerzos pasados, cuando todo el problema es que estas acumulaciones son propiedad de individuos privados, es llevar la confusión entre deuda y riqueza a extremos que habrían sorprendido incluso al autor de de *La teoría del crédito*.

Por otra parte, incluso para la ciencia moderna, la limpieza del establo de Augías de una nación industrializada no es tarea ligera. Habría muy pocos, durante mucho tiempo, incapaces de encontrar en ocupaciones útiles los títulos para consumir si la nación se pusiera seriamente a la tarea. Hay millones de personas que necesitan un suministro mucho mayor de artículos de primera necesidad y de productos ordinarios, por no hablar de las acumulaciones de capital en existencias cada vez mayores. Necesitamos también casas para vivir, hay que reconstruir ciudades enteras de chabolas y resucitar zonas asoladas por la pobreza, modernizar los ferrocarriles y hacer carreteras, crear supercentrales eléctricas en los yacimientos de carbón para distribuir energía eléctrica a todos los rincones del país, y hay que satisfacer una demanda cada vez mayor de educación superior, tanto de jóvenes como de adultos, y habrá que construir universidades para abastecer al creciente ejército de buscadores de conocimiento. Todos estos proyectos implican una producción muy superior al consumo: trabajo duro y abstinencia para todos. De hecho, sería motivo de asombro si, durante mucho tiempo, en este país hubiera alguna perspectiva de prescindir de los servicios de cualquier miembro útil y dispuesto de la comunidad. Por lo menos para entonces, si se adoptaran las sugerencias hechas en este libro, la nación estaría ya en posesión de una gran parte de su capital por el proceso de redención que se esbozará, y podría comenzar a considerar seriamente la cuestión de un Dividendo Nacional. Tal como están las cosas en la actualidad, eso sería prematuro e impracticable, y su colosal fracaso, al desacreditar la nueva economía, retrasaría el progreso durante una generación.

Al mismo tiempo, no es necesario seguir los errores de los economistas ortodoxos debidos a su ignorancia de la ciencia moderna de la producción y a su devoción por doctrinas que, por muy aplicables que fueran en la época de Adam Smith y Ricardo, están hoy, con el crecimiento de la ciencia física y biológica, muy considerablemente desfasadas. Incluso en agricultura no es posible mirar el problema únicamente "con el ojo del agricultor". Existe el "Power-Farming", un tema sobre el que el Sr. Henry Ford se muestra elocuente en su libro *Mi vida y mi obra* (Heinemann, 1923). El Sr. Ford, mirando a la agricultura con el ojo del ingeniero, concluye: "En los próximos veinte años tendremos un desarrollo tan grande en la agricultura como el que hemos tenido en la manufactura durante los últimos veinte". Incluso en este país el cambio que se ha producido en la materia es ya muy marcado.

CAPÍTULO XIII

AMORTIZACIÓN DE CAPITAL

La producción de capital implica
Menos consumo

Quienes estén de acuerdo con la concepción física, en contraposición a la metafísica, de la naturaleza de la riqueza, no necesitarán dedicar mucho tiempo a propuestas para compensar al consumidor, mediante créditos de consumo, la parte del precio o coste de los bienes en el mercado de consumo debida a la acumulación de bienes de capital que no se distribuyen al consumidor. Si la gente dedica su tiempo y energía a producir bienes de capital, puede haber cuestiones que resolver en cuanto al propietario legítimo de los bienes de capital acumulados, pero no puede haber ninguna en cuanto a que haya menos bienes de carácter consumible que consumir. La propuesta de reducir los precios por debajo del coste mediante créditos al consumo es, físicamente, como tratar de licuar la red de un sistema de abastecimiento de agua para suministrar más agua a los consumidores -por qué pagar por el tendido de la red y también por el agua, pero a quienes no se suministra nada de la red con el agua.

En una comunidad individualista, la comunidad posee poco o nada de lo que produce riqueza. En una comunidad en la que la producción de riqueza estuviera socializada y la comunidad fuera propietaria de los órganos de producción y de la riqueza producida desde el principio hasta el final de la fabricación, los dividendos nacionales y los créditos al consumo serían una propuesta práctica. Pero tal como están las cosas en la actualidad, sólo significarían un aumento de la Deuda Nacional, sólo reducible mediante más impuestos que cubrieran no sólo el principal sino también los intereses.

Por otra parte, si socializamos o nacionalizamos la producción, la dificultad no se resuelve, ya que es imposible socializar el consumo, que es esencialmente un asunto individual. El dinero o algún dispositivo alternativo seguiría siendo necesario para distribuir el producto y acordar entre los individuos el título de propiedad de los bienes producidos. Sin un sistema monetario equitativo y racional, el milenio estaría tan lejos como siempre bajo el socialismo. Tenemos, pues, que preguntarnos primero si el sistema monetario aquí propuesto funcionaría justamente en esta cuestión del efecto sobre el valor de los salarios reales de la desviación de parte de los esfuerzos de la comunidad de la producción de bienes consumibles a la de capital.

El efecto sobre los salarios reales

Podemos contrastar dos modos de trabajar el sistema. Se puede trabajar de manera que mantenga sus órganos de producción de capital en pleno uso de acuerdo con sus necesidades, pero sin aumentarlos. Entonces la cantidad de bienes consumibles distribuidos es la máxima posible que puede mantenerse permanentemente, y la escala media de vida es la máxima posible. O podemos suponer que el mismo sistema se esfuerza por dedicar una gran parte de todo su esfuerzo, no a la producción de cosas que pueden ser consumidas en la vida real, sino de aquellas que sólo pueden ser de utilidad en el propio mecanismo productivo. La cantidad de bienes en el mercado de los consumidores es entonces menor que antes y la escala media de vida se reduce proporcionalmente. Puesto que el trabajo, en un sistema individualista, no puede elegir entre el tipo de trabajo que le proporciona la riqueza que necesita para el consumo y el que no, es necesario asegurarse de que, en el sistema propuesto, el valor real de sus salarios no se ve afectado por esta consideración. En el sistema actual, en el que los precios suben antes que los salarios y sólo pueden reducirse reduciendo los salarios, es evidente que sí. La futura abundancia de riqueza dependerá mucho de si se acumula o no capital fresco, y ya hemos examinado las leyes que regulan estas cuestiones y el punto en el que una mayor acumulación de capital reduce en lugar de aumentar la gentilidad media de la comunidad. Pero nadie puede sostener ahora que dependa mucho de la propiedad del capital acumulado. La eficacia de una empresa no depende del nombre de sus accionistas. Si se produce capital para la exportación a cambio de bienes de consumo, el caso es el mismo que si los bienes de consumo se produjeran en casa. Si se exportan a cambio de nada inmediato, es decir, a cambio de derechos sobre la riqueza futura de otros países que los reciben, del tipo del pago de intereses, el esfuerzo de producirlos no contribuye en nada a la riqueza distribuible del país ni a su poder futuro de producir riqueza. Pero forman un fondo realizable, como en tiempo de guerra, para liquidar las deudas contraídas por la importación de mercancías.

Si se examina a fondo esta cuestión, se comprobará que los salarios reales del trabajo no se ven afectados si los precios se mantienen constantes. En resumen, descartados los préstamos ficticios, el capital sólo puede acumularse mediante una auténtica abstinencia por parte de los individuos con derecho a consumir. Su decisión de producir bienes de capital en lugar de bienes de consumo es a expensas de su propio consumo y no a expensas de la comunidad en general. La injusticia, si la hay, es de otro tipo, si la elección recae enteramente en los individuos con dinero para invertir.

La depreciación del capital y el traslado de la carga a los ciudadanos de la carga al público

A menudo se argumenta que el capitalista no es tan tonto como para invertir dinero en capital más allá de la medida en que puede ser utilizado y producir un ingreso. El hecho es que si tiene más dinero del que desea gastar debe hacerlo, y su decisión de gastar o "ahorrar" está más dictada por sus propias circunstancias que por la consideración de si la nación necesita más capital o no. Si hay más que suficiente, aunque el tipo de interés puede bajar temporalmente, el precio de los bienes no necesariamente baja. Si hay el doble de capital del necesario, el consumidor podría estar mucho mejor pagando una tasa más alta por el uso de la mitad de la cantidad que una tasa más baja por el uso de todo a la mitad de su capacidad adecuada. Pero la competencia es una fase pasajera, y es sustituida cada vez más por la combinación que mantiene el tipo de interés. Un exceso de capital no deseado en la producción de paz, en tiempo de guerra encontraría una salida para su capacidad no utilizada. Así surge el incentivo hacia el militarismo y la agresión en la política internacional, con el fin de asegurar los mercados, o alternativamente, como sirviendo al mismo objeto, para luchar por ellos.

Los intereses de la propiedad se cuentan entre las fuerzas políticas más poderosas y, ante la pérdida, los propietarios moverán cielo y tierra para inventar un medio de hacer recaer la carga sobre los hombros del público. La era de la competencia da lugar a la de la combinación, a la que seguirá, en la madurez, la nacionalización.

Inevitablemente, con el paso del tiempo y el crecimiento de los conocimientos científicos, el capital se deprecia y queda desfasado. Si la cantidad invertida en él ( ) es lo suficientemente grande como para formar un poderoso interés político, la carga se traslada cada vez más a la comunidad. Mediante la acción política, un medio antiguo e ineficaz de llevar a cabo una industria o un servicio puede prolongarse mucho tiempo después de lo debido, debido a la gran pérdida que de otro modo recaería sobre quienes han invertido su dinero en el capital. De modo que es una visión demasiado ingenua del mundo real considerar que el inversor actúa por su cuenta y riesgo y soporta enteramente la pérdida cuando el capital acumulado es excesivo o queda obsoleto por el progreso científico. Es necesario aquí sustituir la falsa idea del incremento espontáneo del capital por la verdadera de su disminución continua, y proporcionar un método para la redención continua del capital a partir de los ingresos.

El origen de los intereses sobre el capital

Algunas de las consideraciones tratadas en este capítulo tienen que ver con la perenne cuestión del origen del interés, entendiendo por interés el pago a plazos por el uso de los órganos de producción en la producción, más que el interés monetario, gran parte del cual surge meramente por la restricción artificial del medio de cambio. La teoría convencional de que es una recompensa a la abstinencia no necesita entretenernos mucho. Un hombre que se abstiene de consumir puede esperar razonablemente poder consumir lo que se ha abstenido de consumir, pero no hay ninguna razón *a priori* por la que deba esperar poder consumir más. Salvo contadas excepciones, como la de los vinos añejos, la riqueza, como es bien sabido, se deprecia con el mantenimiento. El interés no es el verdadero incentivo para ahorrar, sino la llegada de la vejez y la necesidad de mantener a las personas dependientes, en primer lugar, lo que lleva más tarde a las necesidades especiales de una clase acomodada hereditaria y su obvia incapacidad para sobrevivir como clase, con una genealogía continua, sin alguna institución conveniente. Uno puede suscribir lógicamente la doctrina de la necesidad de la existencia de una clase acomodada en tiempos difíciles para mantener viva la antorcha de la cultura y el aprendizaje. A medida que los tiempos se vuelven menos turbulentos, el deseo de hacer que su supervivencia sea menos que una anomalía puede incluso actuar para mantener vivas todo tipo de antipatías civiles, religiosas y raciales mejor enterradas decentemente. Pero pretender esperar el día en que el mundo entero se constituya en tal clase acomodada y viva para siempre de los intereses, es traicionar la ignorancia elemental de las leyes de la naturaleza que la clase acomodada se *propuso* corregir.

Inevitabilidad del interés en una comunidad individualista

Desde el punto de vista de la naturaleza de la riqueza aquí expuesta, no hay misterio alguno sobre el origen del interés sobre el capital en propiedad privada. La historia nos dice que el capital siempre ha podido exigir el pago de intereses por su uso, y es importante saber si, como la gravitación, es un fenómeno inevitable, o si, con el crecimiento de una verdadera ciencia de la economía nacional, desaparecería, como el interés sobre el dinero en la medida en que pueda deberse a una escasez artificial y al monopolio del medio de cambio. La respuesta es que, en una sociedad individualista, el interés sobre el capital de propiedad privada es inevitable; porque, poderosa y poco necesitada de incitación por la recompensa de la abstinencia como es la pasión humana por adquirir y ahorrar, la última cosa a la que cualquier individuo dedicaría sus ahorros sería a los órganos de producción, aparte de los que él mismo necesitara, si no hubiera pago de intereses por su uso. Hemos colocado el capital en la segunda categoría como una de las formas de riqueza permanente -la Riqueza II, como se la llamó- y en ciertos aspectos ya se ha consumido por completo. La energía empleada en producirlo ya se ha desperdiciado y, por inevitable y necesario que sea su uso para la producción, en sí mismo no sirve ni para comer ni para poseer, ni puede transformarse en otras variedades de riqueza. De modo que si el gasto inicial en que se incurre para fabricarlo y acumularlo no se recupera en forma de intereses, como un alquiler por su uso, no puede recuperarse en absoluto. La carga de la deuda creada por su producción no puede ser reembolsada salvo por un milagro físico como la conversión de un arado en pan. Una de las mayores dificultades del tema es que no parece existir un método obvio para equiparar la suma total de horas de trabajo pasadas, empleadas en su producción, con el gasto de esfuerzo presente necesario para hacerla productiva. En otras palabras, no existe un principio ético sencillo al que recurrir para determinar el tipo de interés justo. En la práctica, el tipo de interés, al igual que el precio de un artículo, se fija en función de "lo que va a costar", y en estas cuestiones la ignorancia y los conceptos erróneos desempeñan un papel tan importante como las consideraciones puramente físicas.

Pero es interesante señalar de paso la actitud del banquero ante una suma de dinero en términos de tipo de interés, tal como la expone MacLeod, aunque se trate de un punto de vista con una justificación puramente matemática y no física. Suponiendo un crecimiento continuo del dinero con el paso del tiempo, la suma de capital puede considerarse como la suma total de todos los pagos futuros de intereses a lo largo de una infinidad de tiempo, descontados a su valor actual. Pero esto es necesariamente cierto *cualquiera que sea el tipo de interés*, y por lo tanto el punto de vista no es de ninguna ayuda en nuestra búsqueda actual. [61]

El argumento científico contra la propiedad privada continua y no regulada del capital

Desde el punto de vista energético de la riqueza, el argumento en contra de la propiedad privada continua y no regulada de los órganos de producción, salvo aquellos que son trabajados por los propios propietarios, es en la práctica tan grande como en contra de permitir "los poderes ininterrumpidos de la usura". Permite al miembro individual de la comunidad y a sus herederos hacer lo que es físicamente imposible para la comunidad en su conjunto, es decir, vivir indefinidamente de los frutos de una cantidad definida de esfuerzo mediante un proceso de servidumbre económica permanente de otros individuos. Este libro no defiende ni el individualismo ni el socialismo), sino que se limita a encontrar las principales causas del malestar moderno y los métodos más sencillos para corregirlas y eliminarlas. Junto a un sistema monetario honesto, la necesidad de una redención continua del capital productor de rentas a partir de los ingresos parece

---

[61] En símbolos matemáticos, la teoría de MacLeod es $C = \int_{t}^{\infty} i C_x^0 e^{-it} . dt$ donde C es el capital e i el tipo de interés fraccionario anual. Entonces $i\ C.\ dt$ es el interés devengado en el elemento de tiempo dt (años). El valor actual del elemento que se devenga en el tiempo futuro t años es $i\ C.\ s^{-it}.\ dt$, y el capital es la suma de los valores actuales de todos esos elementos desde ahora hasta el infinito.

ser el paso más importante hacia la reforma. El Estado también debería ejercer un control general sobre la cuestión del debido equilibrio a preservar entre la producción de bienes de uso y consumo y la acumulación de capital fresco, como hizo durante la Guerra.

El futuro más profundo de la economía individualista

Estas, es de temer para el lector general, dolorosamente minuciosas investigaciones habrán sido bien empleadas si sirven para rasgar el velo de las futilidades más profundas del sistema individualista de economía que hasta ahora han impedido cualquier progreso material general hacia la libertad económica. No sólo es cierto para el dinero, sino que es igualmente cierto para el capital que es endeudamiento comunal tanto como riqueza individual, implicando tanta pobreza por un lado como riqueza por el otro. No es el caso de la riqueza en el sentido de los bienes consumibles y perecederos que alimentan y mantienen la vida. Pero mientras que en el caso del dinero, bien entendido, la deuda nunca tiene que ser reembolsada y es totalmente beneficiosa para todos los implicados, la deuda en el caso del capital, por mucho que se pague, nunca puede ser reembolsada y, en un mundo que emplea cada vez más capital por trabajador, tiene que ser considerada como una carga creciente para los que no tienen propiedades. Para que este tipo de civilización pueda seguir funcionando, los fines para los que se recaudan los impuestos deben ampliarse radicalmente y utilizarse ya no sólo para sufragar los gastos corrientes del Estado, sino también para fomentar y desarrollar la industria y para amortizar el endeudamiento del capital.

El Estado debe empezar a ejercer, como fideicomisario de los que carecen de propiedad, la misma previsión y perspicacia que el individuo ejerce para sí mismo. Mientras que la repentina pasión actual por la nacionalización de industrias, como los ferrocarriles y las minas de carbón, en los sectores más inesperados, sugiere el deseo de cargar a la comunidad con lo que ya no son propuestas financieramente lucrativas.

Un plan de amortización compuesta del capital

La siguiente sugerencia práctica está diseñada para hacer frente a la situación como una alternativa a la nacionalización de las industrias *en bloque*, cuya financiación significa simplemente una adición a la

Deuda Nacional . El impuesto sobre la renta que grava los ingresos no devengados debería destinarse a la amortización del capital y a su compra por la comunidad, y no como fuente de ingresos con los que sufragar los costes del gobierno . Se puede calcular fácilmente que si se utilizara un impuesto sobre la renta no devengada de 4 libras esterlinas para comprar el capital, y los intereses devengados por compras anteriores se dedicaran al mismo fin, todo el capital se compraría y pasaría a ser propiedad de la comunidad en un período de tiempo dos veces mayor que el necesario para que los pagos de intereses igualaran el capital, es decir, en cuarenta años para un título que pagara el 5 por ciento, en cincuenta años para uno que pagara el 4 por ciento, y así sucesivamente.

En virtud de este sistema, el contribuyente podría optar entre un título libre de impuestos que finalizara en el momento oportuno o el pago de impuestos sobre la renta de año en año, como ocurre actualmente. En este último caso, los intermediarios del Estado comprarían el equivalente de títulos similares de en el mercado libre. En el primer caso, aunque no se requeriría ningún cambio por lo que respecta al accionista hasta que el título se extinguiera, naturalmente la participación del Estado en la empresa se reconocería mediante la representación en el órgano de gobierno de los accionistas.

Este caso puede denominarse "reembolso compuesto", en el que se emplean en el reembolso tanto los intereses de las compras pasadas como los de los impuestos presentes.

Canje simple

Es obvio que este método sólo podría aplicarse a los títulos que producen ingresos. En el caso de la deuda simple, como la Deuda Nacional, los intereses proceden de los impuestos, y probablemente sería demasiado esperar que el público siguiera proporcionándolos después de que la deuda hubiera sido amortizada. En este caso se aplicaría lo que podría denominarse amortización simple, en la que sólo los impuestos están disponibles para la amortización, y las deudas adquiridas serían destruidas. Se puede calcular que para amortizar la mitad de la deuda serían necesarios unos setenta años, y los tiempos para otras proporciones se dan en el Apéndice en forma tabular a continuación.

Naturalmente, en este caso, a medida que disminuye la deuda, la tasa de amortización disminuye en la misma proporción, mientras que en el caso de la amortización compuesta la tasa de amortización aumenta a medida que se efectúa la amortización. Esto pone de manifiesto de manera vívida y cuantitativa las ventajas de la amortización compuesta sobre la amortización simple, y la medida exacta del perjuicio causado al Estado por una economía basada en los intereses de una clase acomodada, que niega al Estado el derecho de propiedad productiva.

El único cambio que suponen estas propuestas es la destinación del impuesto sobre la renta no devengada a la amortización de capital y la provisión de los gastos de la administración pública a partir de otras fuentes. Ya se ha indicado cuáles serían éstos.

Un sistema monetario nacional razonablemente honesto, como se ha demostrado, ya supondría un gran ahorro directo para el contribuyente, y la prosperidad nacional enormemente mejorada resultaría de vender bienes además de poder producirlos haría la tarea de un futuro Ministro de Hacienda comparativamente fácil.

Si esto fuera práctico, una ventaja no poco importante surgiría del mercado estable producido para todos los valores por la continua amortización anual del 1 por ciento o más del total. Los inversores invertirían sus ahorros mucho más alegremente si sus valores pudieran ser vendidos sin riesgo de pérdidas innecesarias debido a la naturaleza limitada del mercado que manejan y con algo de la prontitud de un Giro Postal o un Certificado de Ahorro de Guerra. El Gobierno estaría siempre comprando, y si el valor de mercado de las acciones se apreciara, también lo haría el valor de la parte de propiedad pública. El sistema parece responder a la necesidad, ampliamente sentida, de hacer que el pago de intereses, al igual que la duración de la vida humana, sea terminable en lugar de perpetuo. Esto ocurre después de la devolución del doble del principal, libre de impuestos, en todas las clases de valores productivos, aproximadamente una cuarta parte de la amortización se efectúa mediante impuestos y tres cuartas partes mediante la compra de los intereses de la parte ya amortizada (o alternativamente mediante intereses sobre impuestos diferidos), con un impuesto de 4 s. en la £.

En un apéndice se han elaborado las matemáticas de estos procesos y algunas tablas relacionadas con ellos.

APÉNDICE MATEMÁTICO

PRESENTACIÓN MATEMÁTICA DE LA AMORTIZACIÓN COMPUESTA.

Si i es el tipo de interés fraccionario anual, p la proporción tomada por los impuestos, y G es la fracción adquirida por el Gobierno en cualquier momento t (años) desde el inicio, tenemos

$$d\,G/dt = ip\,(1 - G) + iG$$

en el que el primer término representa la amortización por la imposición actual, y el segundo la de los intereses sobre el capital ya amortizado. La solución

$$t = \frac{1}{i(1-p)}\log_? \left\{1 + G\left(\tfrac{1}{p} - 1\right)\right\} \ \text{ or } \ G = \frac{p}{1-p}\left(\varepsilon^{it(1-p)} - 1\right)$$

1/ i es el período de años en que la inversión devuelve el principal en forma de intereses, y puede sustituirse por el símbolo P. Si el impuesto es de 4 s. en la £, $p = 0\text{-}2$, y la expresión

$$t = 2{,}875P\,\{\log_{10}(1+4G)\}$$

Por tanto, si G es 1, $t = 2\text{-}0125\,P$, o para una inversión del 5%, 40-25 años. En la tabla siguiente se indican los tiempos para diversos valores de G:

G	0·1	0·2	0·3	0·4	0·5	0·6	0·7	0·8	0·9	1·0
t/P	0·42	0·725	0·98	1·19	1·37	1·53	1·66	1·8	1·91	2·0125
t	8·4	14·5	19·6	23·8	27·4	30·5	33·2	35	38·2	4·25 years

Las cifras de la última columna se refieren a una garantía del 5%, con un impuesto sobre la renta de 4 s. por libra.

Para el caso de redención completa ($G = 1$) la expresión

$$\frac{t}{P} = \frac{1}{1-p}\log_? \left(\frac{1}{\text{p}}\right)$$

y en la tabla siguiente se indica el momento del reembolso completo para distintos tipos impositivos, en términos del período *P*. Esto representa también el rendimiento total para el inversor de la inversión rescindible libre de impuestos en términos del principal original.

Tax	6s.	5s.	4s.	3s.	2s.	1s. in the £
t/P	1·73	1·84	2·01	2·23	2·25	3·29

También es interesante deducir las expresiones que muestran las proporciones redimidas respectivamente de los impuestos y de los intereses sobre la parte ya redimida. Denominaremos $G_{(r)}$ a la primera y $G_{(1)}$ a la segunda, es decir, $G = G_{(r)} + G_{(1)}$.

Entonces tenemos

$$\frac{dG_r}{dt} = ip\left(1 - G\right) \quad \text{and} \quad \frac{dG_1}{dt} = iG$$

Introduciendo el valor encontrado anteriormente para *G* e integrando se obtiene

$$G_2 = \frac{p}{1-p}\left[\frac{p}{1-p}\left(1 - \varepsilon^{it(1-p)}\right) + it\right]$$

$$G_1 = \frac{p}{1-p}\left[\frac{1}{1-p}\left(\varepsilon^{it(1-p)} - 1\right) - it\right]$$

Para el caso particular, en el que se rescata la totalidad del capital, es decir, *G* = 1, denotando por *T* e *I* las partes en este caso rescatadas por impuestos e intereses respectivamente, obtenemos

$$T = \frac{1}{1-p}\left[\left(\frac{p}{1-p}\log_{\varepsilon}\frac{1}{p}\right) - p\right]$$

$$I = \frac{1}{1-p}\left[1 - \left(\frac{p}{1-p}\log_{\varepsilon}\frac{1}{p}\right)\right]$$

Si a *p se* le da el valor 0-2 (4 s. en £), obtenemos para *T* 0-254 y para *I* 0-746, es decir, para este caso, aproximadamente una cuarta parte se amortiza mediante impuestos y tres cuartas partes mediante el pago de intereses sobre la parte ya amortizada. Los valores para otros tipos impositivos figuran en la tabla:

Tax	6s.	5s.	4s.	3s.	2s.	1s. in the £
I	0·69	0·72	0·746	0·735	0·827	0·89
T	0·31	0·28	0·254	0·215	0·173	0·11

PRESENTACIÓN MATEMÁTICA DEL RESCATE SIMPLE

Aquí$dG/dt = ip(1 - G)$ y$t = -\{1/(ip)\}log_e(1 - G)$

Si$i = 0.05$ y ,$p = 0.2$$t = -230 log_{10}(1 - G)$

Con estos valores de i y p obtenemos:

G	0·1	0·2	0·3	0·4	0·5	0·6	0·7	0·8	0·9	0·99
t	10·5	22·2	35·7	51	69·5	92	121	161	230	460 years

CAPÍTULO XIV

RELACIONES INTERNACIONALES

Los elementos del comercio exterior

Ahora se entiende y admite generalmente, como resultado de la Guerra, que la posición en la que este país ha derivado es cada vez más precaria en su excesiva dependencia del comercio exterior para el mantenimiento de su suministro de alimentos. Parece inevitable que, a medida que el mundo se llena y se desarrollan nuevos países, éstos tenderán cada vez más a consumir los alimentos y las materias primas que producen y a fabricar cada vez más sus propios productos industriales. De modo que, por una doble causa, nuestro actual modo de vida, en el que hemos dejado que decaiga la agricultura en este país y nos hemos concentrado en la fabricación de artículos cuya venta al extranjero es cada vez más difícil, no puede continuar indefinidamente. Sin embargo, aparte del peligro de guerra, el problema no es acuciante.

Esta cuestión abunda tanto en la mente de muchas personas que casi se niegan, con inconsciente ingenuidad, a considerar en absoluto la cuestión de la reforma interna. Parecen atribuir al sistema irracional y azaroso alguna ventaja misteriosa e indeterminada para la realización del comercio exterior que se vería comprometida por la nacionalización del dinero y la estabilización de la moneda. Pero a menos que éstas vayan a hacer el comercio exterior y el intercambio de manufacturas por alimentos más azaroso y difícil que en la actualidad, no hay ningún caso en contra de la reforma interna. En la vida real, uno no se niega a considerar una cura para una enfermedad porque no sea una panacea universal.

La mayoría de la gente empieza a darse cuenta, también como resultado de la experiencia de la guerra, de que el comercio exterior, al igual que las reparaciones, no es realmente una cuestión de dinero.

Siendo el comercio exterior esencialmente trueque, el dinero aparece en toda su desnudez como un simple reconocimiento de la deuda de la comunidad que lo emite, reembolsable a la vista en riqueza sólo dentro de ese reino y bastante libre del principio de riqueza virtual que le da tanta importancia en su propio país. Un extranjero puede querer un suministro de nuestro dinero para usarlo *aquí*, así como nosotros podemos querer un suministro del suyo para usarlo *allí*, pero un suministro de nuestro dinero allí o de su dinero aquí es meramente el reconocimiento de una deuda pagadera a la vista en riqueza, pero en un lugar y reino distantes, sin ventaja práctica para nadie. Es ocioso enviar una provisión de dinero al extranjero para pagar bienes.

Todo tiene que volver antes de que sea útil como poder adquisitivo. Una pequeña, pero no poco instructiva, ilustración de este principio es cuando un corresponsal adjunta un sobre franqueado como respuesta.

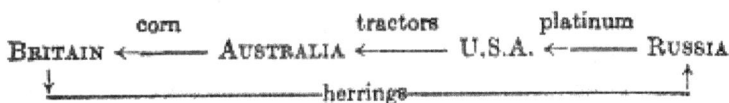

```
              corn              tractors         platinum
BRITAIN ←——— AUSTRALIA ←——— U.S.A. ←——— RUSSIA
  ↓ —————————————————herrings——————————————————— ↑
```

La balanza comercial

En realidad, la mayor parte del comercio exterior lo realizan los compradores y vendedores de cada país por separado, liquidando entre ellos los saldos pendientes. Tales saldos comerciales se liquidan convenientemente enviando oro de un país a otro. Así, un comprador británico de mercancías extranjeras no paga su cuenta directamente al vendedor extranjero, sino al vendedor británico de mercancías a compradores extranjeros, a través de agentes adecuados que se dedican a esta clase de negocios. Lo mismo ocurre en otros países, y los detalles técnicos no necesitan detenernos más. A través de las agencias internacionales adecuadas se organiza de manera similar que los saldos pendientes no necesitan ser liquidados entre un país y otro, sino sólo entre cada uno y el resto del mundo en conjunto. Así, si queremos maíz de Australia, tractores de Australia de los Estados Unidos, platino de los Estados Unidos de Rusia, y arenques de Rusia de nosotros, valores iguales de cada uno pueden ser y son intercambiados sin ninguna necesidad de dinero en absoluto.

Por lo tanto, lo que hay que mantener no es la balanza comercial entre dos países, sino la balanza entre un país y el resto del mundo en su conjunto.

Estas son las realidades del comercio exterior, y el papel que desempeña el dinero en él es más aparente que real. Si, como en todos los países que tienen monedas internacionales sobre una base de oro, se da al oro una intercambiabilidad fija en términos de dinero, los valores relativos de las monedas no pueden variar mucho con el tiempo, es decir, los intercambios exteriores de estos países son estables. Si no se enviara oro para corregir la balanza comercial, los intercambios variarían en amplios límites, porque, entonces, las mercancías que entran pagan las mercancías que salen, cualquiera que sea la proporción relativa. Si las importaciones superan a las exportaciones, el cambio se vuelve en contra del país, hasta que las nuevas importaciones no son rentables ni para el importador nacional ni para el exportador extranjero al país con la moneda relativamente depreciada.

El aspecto internacional de la riqueza y la deuda

La función del oro de mantener automáticamente, por su entrada y salida, el valor del dinero en términos de oro constante y preservar la estabilidad de los intercambios exteriores entre todos los países sobre una base de oro, sin ninguna otra regulación automática de la cantidad de dinero en circulación, ya ha sido tratada completamente. Corrige así la balanza del comercio exterior, pero si la moneda se estabilizara sobre el número índice, la función del oro en el comercio exterior se reduciría a la de simple trueque y no podría ser objeto de objeción alguna. Incluso ahora, el comerciante extranjero que utiliza el oro para los pagos internacionales, lo utiliza simplemente como una mercancía, y es bastante inocente de cualquier responsabilidad por la compleja y a menudo desastrosa cadena de consecuencias que conlleva en el mundo de los negocios al "concertar" el crédito. El estadista traslada su responsabilidad por la moneda al banquero, y éste, a su vez, traslada el odio por sus errores al importador.

El proverbio del diablo entre los sastres suele sugerir el verdadero origen de muchas controversias, y esto se aplica al menos a un aspecto no sólo de los modernos conflictos internacionales por los mercados, sino también a las controversias internas de Libre Comercio *frente a* Protección en todos los países. Es fácil ver que, cuando la exportación de oro se utiliza como medio, no sólo para liquidar las balanzas comerciales, sino también como medio para contraer créditos y frenar "la subida de precios que tan feliz hace al mundo de los negocios", debe parecer que los intereses del comercio de exportación y del comercio de importación son diametralmente opuestos. El uno se utiliza para perjudicar al otro. Pero un momento de reflexión sobre el tema de que el comercio exterior es trueque y que la mejor manera de aumentar las exportaciones es aumentar las importaciones y viceversa, debería sugerir que los intereses tanto de los importadores como de los exportadores son idénticos.

La naturaleza fundamental del problema

Sin embargo, estas cuestiones plantean en realidad problemas fundamentales y, en la actualidad, casi totalmente insolubles. Nos llevan a preguntarnos si los hombres viven para trabajar o trabajan para vivir. Canadá produce una superabundancia de productos alimenticios. La industria del calzado afirma que podría calzar a Gran Bretaña durante todo el año con unos pocos días de trabajo en nuestras fábricas. ¿Qué más natural que sugerir un intercambio de calzado por alimentos? En la práctica nos encontramos con que las industrias canadienses del calzado presionan para que se apliquen aranceles que preserven su mercado nacional de nuestras importaciones, del mismo modo que nuestros agricultores buscan protección frente al maíz extranjero. Si contemplamos un trueque libre y sin restricciones entre los países, sería el agricultor canadiense quien obtendría las botas y nuestros fabricantes de botas el trigo, pero el fabricante de botas canadiense y el agricultor británico no se beneficiarían, en la medida en que existe una verdadera plétora tanto de trigo como de capacidad de producción de botas. Mientras que lo que cada uno y necesitan, en ese caso, es ocio, trabajar menos mientras consumen más, y dedicar una parte cada vez mayor de sus vidas a otros menesteres que no sean ganarse la vida y amasar "riqueza". En definitiva, no hay otra solución a los problemas planteados por la fecundidad de la ciencia. El creciente número de personas que en la actualidad contribuyen poco o nada a la producción de riqueza y que obtienen su derecho a participar del permiso para permitir que ésta se produzca más que de cualquier contribución positiva, que no podría proporcionarse mejor sin ellos, así como, en el otro extremo de la escala, el creciente número de personas que obtienen una miseria del erario público, todos cuentan la misma historia de la abundancia pródiga que no puede ser disimulada ni siquiera por todo el despilfarro y los conflictos sin sentido que acompañan al sistema actual.

Cuando se contempla un país como los Estados Unidos, que, según se ha calculado, podría satisfacer fácilmente casi todas las necesidades del mundo entero sin esforzarse demasiado, un país que tiene pocas necesidades reales que no pueda satisfacer dentro de su propio territorio y, por lo tanto, con poco uso para las importaciones, pero con una capacidad casi infinita para las exportaciones, el problema parece francamente insoluble.

Herramientas de filo

Porque hay que recordar que, tanto en la economía internacional como en la nacional, las deudas de capital no son realmente reembolsables, e implican "poder sobre las vidas y los trabajos" de otros países, aunque, sin duda, el objetivo no es más siniestro que en el caso del "ahorro" interno. Exportación comercio, cuando una nación no tiene necesidades equivalentes a ser suministrados por las importaciones, es para las "importaciones invisibles" en forma de intereses sobre las deudas de capital, y puede ser, y por lo general es, fomentado por el préstamo de la nación deudora el dinero para pagar, lo que significa renunciar a pago a cambio de la continuación de los pagos de intereses futuros. Así, durante un tiempo, las industrias nacionales están "protegidas" contra la competencia de las importaciones, pero uno tiembla al pensar en lo que significará realmente el día del juicio final entre naciones grandes y poderosas, una ansiosa por pagar y la otra incapaz de permitir el pago.

La frase *caveat emptor* tiene una aplicación internacional singularmente siniestra. "Que el comprador se cuide" de importar a crédito e insista en que las importaciones se equilibren con las exportaciones, o correrá el riesgo de trocar una herencia por un plato de potaje.

Durante la primera parte del siglo pasado, este país exportó mucho más de lo que importó, y adquirió grandes participaciones en inversiones extranjeras, que produjeron un ingreso anual, permitiéndole, hacia el final del siglo, recibir mucho más de lo que exportaba, sin un balance comercial adverso. La guerra redujo mucho estas participaciones en el extranjero, y el balance comercial para 1925 se ha estimado en sólo 28 millones de libras esterlinas a nuestro favor, después de tener en cuenta los ingresos de nuestras restantes inversiones en el extranjero . En el siglo que precedió a la guerra, nuestras exportaciones, que al principio eran casi el doble del valor de nuestras importaciones, sólo aumentaron dos veces, mientras que las importaciones lo hicieron siete veces. Pero ambas se han visto empequeñecidas hasta una relativa insignificancia por las abultadas cifras del gasto nacional desde la guerra.

Sr. Withers,[62] citando un discurso del Sr. McKenna en octubre de 1922, quien dijo:

"Durante más de dos siglos el capital británico ha sido prestado a otros países. Año tras año, Inglaterra producía más de lo que consumía o podía intercambiar por los productos de otras naciones, y no podía obtener un mercado para el excedente a menos que diera al comprador un crédito a largo plazo. Préstamos extranjeros y emisiones extranjeras de todo tipo se tomaron en Inglaterra, y los ingresos se gastaron en pagar el excedente de producción" - procede a argumentar que el pago de las reparaciones de Alemania debe buscarse de la misma manera.

"Alemania, dotada de grandes recursos naturales y de un poder de trabajo y de aplicaciones sin igual, [debería] producir un excedente exportable muy considerable si hiciera el esfuerzo y la desviación necesarios de su poder productivo."

Mediante la "penetración pacífica" en Italia, México, Brasil y otros lugares en los que se le puede considerar una amenaza para nuestro comercio y supremacía financiera, podría, según se sugiere, adquirir inversiones y entregarlas a sus acreedores. Seguramente, la mayoría de la gente estará de acuerdo en que esto es jugar con herramientas de filo, y que no vale la pena sembrar las semillas de una nueva guerra para pagar la última, y deprimir nuestras propias industrias al hacerlo.

---

[62] *Banqueros y crédito*, Hartley Withers, 1924.

Libertad económica versus servidumbre

Así pues, en el ámbito internacional, al igual que en nuestros asuntos internos, tenemos que decidir si lo que realmente deseamos es riqueza o deuda, si debemos utilizar las riquezas de la época, por lo demás embarazosas, para promover la libertad económica o la servidumbre entre las naciones y entre los individuos. Las rivalidades y los antagonismos internacionales serían más inteligibles si tuvieran ya un fundamento económico real, distinto del crematístico. En los tiempos en que la población tendía siempre a sobrepasar el suministro de alimentos, antes de que la ocupación efectiva de todo el mundo, junto con los modos intensivos de cultivo, hubieran reducido la ley de los rendimientos decrecientes en la agricultura a su propio significado local, las naciones en crecimiento se enfrentaban siempre a la alternativa de la guerra o la inanición. Pero ahora es al revés. La lucha no es por la riqueza, sino por disponer de ella ventajosamente para sus propietarios, por convertir la riqueza presente en un derecho sobre la riqueza futura, por venderla si es posible, pero, si no, por prestarla para poder obtener del deudor un tributo permanente de intereses en el futuro. Las antiguas guerras de conquista tenían a menudo fines similares, pero el reclutamiento universal y la militarización de naciones enteras, como consecuencia de su capacidad de producir más riqueza de la que pueden consumir, intercambiar o incluso prestar, es un fenómeno bastante nuevo y curioso en la historia.

La lucha es sólo nominalmente entre naciones y, por la supervivencia de un instinto gregario profundamente arraigado, se dirige a lo largo de estos canales tradicionales. Es, en realidad, entre los deudores y acreedores de todas las naciones en común, y ninguna solución, ya sea de conflicto social o internacional, es posible hasta que las deudas se hagan rescindibles y una proporción de los pagos de intereses sobre ellas se dedique como fondo de amortización a su redención . Que es enteramente de la jurisdicción de cada nación determinar por sí misma, para sus propios nacionales y para sus inversores extranjeros por igual, y, si no hay discriminación preferencial contra el extranjero, ninguna causa justa de disputa internacional podría surgir de ello. La propiedad de un ciudadano privado o de una sociedad, invertida en un país extranjero, está sujeta a las leyes de ese país en lo que se refiere a impuestos.

Pero las deudas internacionales, del tipo que la guerra ha dejado a su paso, son una amenaza mucho más grave para la paz del mundo.

No son reembolsables, salvo perjudicando a la clase deudora de la nación acreedora, a sus trabajadores, a sus industrias y a su comercio, y no son transferibles entre particulares como lo son las deudas privadas. Son como aguas añejas, conservadas durante la sequía, después de que han llegado las lluvias y los ríos han reanudado su caudal normal, tan insalubres como innecesarias.

El problema práctico

Para volver a los asuntos prácticos a partir de estas reflexiones generales, puesto que ninguna nación está justificada para interferir en los asuntos internos de otras, sólo es posible considerar el problema del comercio exterior en lo que concierne a una sola nación. Aun reconociendo que forma parte de un problema más amplio entre deudores y acreedores, no difiere del problema interno, al menos en lo que concierne al inversor privado. El inversor, en la medida de sus participaciones en un país extranjero, es, de hecho, un ciudadano de ese país, y estaría sujeto a las mismas disposiciones, si así se hiciera, para el rescate de capital, que los nacionales de ese país.

Es cierto que en una sociedad individualista, como en una comunal, es ocioso producir o intentar producir cosas que no tienen demanda. En una sociedad individualista, la responsabilidad de cambiar de ocupación recae sobre aquellos que, debido a las condiciones cambiantes, ya no son capaces de ganarse la vida con su ocupación anterior. En el capítulo III se señaló que, en las condiciones actuales, este cambio es mucho menos grave que en el pasado, siempre que se garantice un número suficiente de empleos rentables para todos los trabajadores. Puede ser necesario reconocer casos excepcionales y suavizar los períodos de reajustes demasiado rápidos, pero, en general, no podemos escapar a la conclusión de que el intercambio entre las naciones debe ser libre y sin restricciones, y que es deseable que cada país se especialice en proporcionar las clases de bienes que mejor se adapten a sus recursos naturales y a sus aptitudes.

Al estabilizar la moneda sobre el número índice no fijamos ningún precio particular, sino sólo la media general, de modo que si algunos bienes tienen mayor o menor demanda que otros, su precio subirá o bajará *relativamente* a los demás hasta que la tendencia se frene por el aumento o la disminución de la oferta, exactamente como ahora, excepto que el oro ya no sería una excepción a esta regla. No sería necesario utilizar el oro como moneda interna, pero seguiría teniendo, como mercancía, exactamente el mismo uso que ahora para corregir las balanzas comerciales exteriores.

La función del oro

Cada país recibe del exterior mercancías del mismo valor que las que envía al exterior. La naturaleza del caso es que deben equilibrarse durante períodos suficientemente largos, excepto en la medida en que las deudas puedan convertirse en inversiones a largo plazo no reembolsables a la vista. La diferencia en períodos cortos, la llamada balanza comercial favorable o desfavorable, nunca puede ser grande, y el oro como mercancía sirve excelentemente para compensar tales diferencias. Todos los países, incluso los que no se basan en el oro, aceptarán fácilmente el oro como forma conveniente y satisfactoria de pago temporal. Si se desmonetizara el oro y se redujera a la categoría de simple mercancía, las existencias disponibles en un país proporcionarían una indicación precisa de su balanza comercial.

Se reconoce ampliamente que la actual posición anómala del oro es una amenaza para las relaciones internacionales. Con la guerra, Estados Unidos se ha asegurado la mayor parte de las reservas mundiales y, si volviera a ponerse en circulación, causaría estragos en los sistemas monetarios existentes. Por otra parte, podría utilizarse como moneda internacional como ahora, pero sobre la base de una mercancía, y utilizarse para estabilizar los intercambios en lo que respecta a las fluctuaciones violentas temporales, dejando que encuentren su propio nivel gradualmente de acuerdo con las normas monetarias y los sistemas monetarios adoptados en los distintos países.

Puesto que hay muchas razones para anticipar que, de ahora en adelante, el oro depreciará su valor de manera constante en cualquier caso, tanto más rápidamente cuanto menos se utilice como moneda y cuanto más rápida y ampliamente se desmonetice, y puesto que todas las naciones lo han estado atesorando o intentando hacerlo bajo la impresión errónea de que con ello estaban "ahorrando", parecería ser un caso adecuado para que la Sociedad de Naciones llegara a alguna convención equitativa y amistosa en cuanto a la futura disposición del mismo.

Podrían ponerse de acuerdo sobre la proporción en que las reservas deberían mantenerse normalmente en el futuro en los distintos países como reserva nacional para estabilizar las bolsas y evitar fluctuaciones innecesarias y perjudiciales. Pero es de esperar que no entreguen los destinos del mundo al cuidado de tres o cuatro de los bancos más poderosos para que decidan qué es lo que más les agrada que se haga de vez en cuando, e instituyan un patrón oro fraudulento, siendo el valor del metal justo lo que a los interesados les plazca convertirlo al disponer cuánto o cuán poco de él ha de entregarse como moneda. Una cosa es que una nación acepte desempeñar el papel que le corresponde en la búsqueda de algún uso para el oro sobrante y en la prevención de una depreciación demasiado rápida, y que asuma el riesgo de pérdida consintiendo en mantener durante un tiempo una cantidad limitada como reserva especial. Pero otra cosa muy distinta es perpetuar el dominio que unas cuantas personas de instintos y mentalidad antisociales se han asegurado, acaparando y controlando el dinero, sobre la vida y las actividades de las naciones industrializadas y comerciales.

El patrón de valor debe fijarse de forma que nadie pueda manipularlo, por bienintencionado y benévolo que sea. Pero el oro a su valor de mercado, sea cual sea, podría seguir siendo útil para estabilizar las monedas internacionales y conferir al comercio exterior algunos de los beneficios que se derivarían de una unidad monetaria interna invariable.

Sugerencia para la regulación de la balanza comercial

La cuestión del comercio exterior, que necesariamente causa alguna restricción aparentemente arbitraria de la libertad de los individuos, es difícil. Se puede rastrear siempre, en los relatos de las agudas crisis comerciales del pasado, el sentimiento de indignación e irritación engendrado por los especuladores extranjeros "antipatrióticos" que vaciaban al país de su suministro de oro cuando más se necesitaba en casa. La economía individualista nunca se ha enfrentado con justicia a la dificultad fundamental de equilibrar las importaciones y las exportaciones, cuando cada una de ellas no está regulada en absoluto y se deja en manos de la empresa privada de los individuos. Si deseamos asegurar el máximo de estabilidad y libertad de comercio dentro de nuestras fronteras, es obviamente muy indeseable dejarlas expuestas a una competencia violentamente intermitente desde el exterior según el estado de los intercambios extranjeros. Cuestiones tales como la protección *frente al* libre comercio y el gravamen de las importaciones o la subvención de las exportaciones , deberían, de común acuerdo, eliminarse por completo de la esfera política y dejarse a una regulación estadística de la misma naturaleza que la que se ha propuesto para la regulación de la cantidad de dinero.

Hemos visto que si se desmonetizara el oro como moneda interna y se utilizara únicamente como mercancía para rectificar los equilibrios comerciales y estabilizar el cambio, las existencias de oro disponibles en el país servirían como barómetro preciso de su posición comercial internacional. Si estos impuestos sólo se impusieran cuando el barómetro del oro mostrara que son necesarios en general, y en la medida necesaria para mantener las reservas de oro dentro de unos límites definidos, estas cuestiones podrían eliminarse del campo de batalla de la política partidista, y desaparecería la principal objeción que se les hace, en el sentido de que crean "grupos de presión" y corrupción. Así, un país decidiría que su reserva de oro no debe subir por encima de un máximo definido ni caer por debajo de un mínimo definido. Si lo hiciera, un impuesto sobre las exportaciones utilizado para fomentar las importaciones, en el primer caso, y un impuesto sobre las importaciones utilizado para fomentar las exportaciones en el segundo, parecería ser un método imparcial y estadístico para mantener el justo equilibrio.

Una moneda nacional estabilizada ayudaría, no retrasaría, el comercio exterior

Las sugerencias formuladas para nacionalizar y estabilizar la moneda nacional no interfieren en modo alguno con el desarrollo del comercio exterior, ni lo hacen más oneroso. Sería difícil señalar una sola ventaja que se conferiría al comercio interior y la industria de un país que no sería de igual importancia y beneficio para su comercio exterior.

Nuestro peligroso estado de dependencia del comercio exterior para abastecernos de alimentos se debe en gran medida a nuestro sistema bancario privado y a su falta de voluntad o incapacidad para conceder créditos a largo plazo con la seguridad de la producción futura, que son una necesidad para la agricultura, expuesta en el mejor de los casos a reveses temporales por el fracaso de la cosecha. Si la falta de seguridad y los cambios perpetuos en las perspectivas comerciales son malos para la industria, lo son aún más para el agricultor, afectado como está por procesos esencialmente a largo plazo. A menos que se le ofrezcan condiciones razonablemente estables, sería insensato por su parte invertir años de esfuerzo no remunerado en desarrollos que, por su propia naturaleza, sólo pueden producir beneficios en una fecha relativamente lejana.

¿Existe una conspiración financiera

Está muy extendida la creencia de que ha habido algo parecido a una auténtica conspiración financiera para esclavizar al mundo.[63] Los occidentales no son precisamente los más rápidos en comprender el escurridizo principio de la riqueza virtual. Ha escapado al ámbito de los supuestos economistas teóricos, que parecen haber permanecido totalmente ajenos a los profundos cambios que se están produciendo bajo sus ojos en la propia naturaleza del dinero. Conspiración o no, no cabe duda de que el poder que estos descubrimientos han puesto en manos de los financieros, si no se controla, les permitirá en su momento y a su elección conquistar efectivamente el mundo.

Hasta ahora, en este campo de las altas finanzas, lo semioriental, acunado en el campo de batalla entre Oriente y Occidente, ha sido supremo. Antes del desarrollo de la ciencia, la avalancha de medias verdades místicas que inundaba el mundo occidental desde esta zona lo había subyugado intelectualmente. El occidental, al tratar de asimilar y digerir esta exótica dieta espiritual, perdió por completo -y, de hecho, lo consideró bien perdido- cualquier independencia intelectual. Quedó fascinado e hipnotizado por la burbuja iridiscente de creencias que la jerarquía hebraica sopló alrededor del mundo, e incluso ahora, mucho después de que la lanceta de la ciencia haya pinchado la burbuja y dejado entrar la luz, las supuestas acciones del pueblo elegido hace miles de años se siguen considerando una parte esencial de la educación de todo el mundo, independientemente de lo que se omita de la historia y los logros humanos. Sería imprudente subestimar la influencia de una fuerza dominante de esta magnitud sobre la vida de las personas a la

---

[63] Compárese, por ejemplo, *Protocols of the Learned Elders of Zion*, del ruso de Nilus, traducido por V. E. Marsden, The Britons Publishing Co., 1925.

hora de explicar la inversión de la ciencia, y explica muchas cosas, de otro modo ininteligibles, sobre la terrible época victoriana.

Pero conspiración consciente o no, y sea una raza u otra la responsable, no puede haber duda del hecho de que las finanzas ya han esclavizado al mundo en más de su mitad y pocos, si es que los hay, individuos, corporaciones o incluso naciones pueden permitirse disgustar al poder monetario. En 1916 el presidente Woodrow Wilson dijo:

"Una gran nación industrial está controlada por su sistema de crédito. Nuestro sistema de crédito está concentrado. El crecimiento de la nación, por tanto, y todas nuestras actividades están en manos de unos pocos hombres..hemos llegado a ser uno de los peor gobernados, uno de los Gobiernos más completamente controlados y dominados del mundo civilizado - ya no un Gobierno por la libre opinión, ya no un Gobierno por la convicción y el voto de la mayoría, sino un, Gobierno por la opinión y la coacción de pequeños grupos de hombres dominantes."

Hemos dejado de creer en los milagros físicos para dejarnos atrapar por los metafísicos. Hasta que el aparente milagro de la Riqueza Virtual no sea comprendido y dominado por quienes intentan influir en los destinos de las naciones, éstas seguirán siendo como arcilla en manos del financiero astuto. Es una consecuencia de este milagro que la ciencia haya dotado a los engendros y se haya convertido en el Hacedor de Reyes de Caco, ofreciendo a los hombres la opción de elegir entre la libertad de ser trabajados y depredados o el ocio de morirse de hambre en la época más rica que el mundo haya conocido, y a las naciones armamento y reclutamiento para destruirse unas a otras con el fin de crear seguridad y garantías nacionales, de modo que la piadosa posteridad pueda honrar eternamente su sacrificio y nunca deje de pagar tributo a la deuda nacional.

En esta situación, uno desconfía de la capacidad de la Sociedad de Naciones para mantenerse y lograr una paz real. Su sugerencia de que debería haber una especie de patrón oro, cuyo valor puede hacerse mucho más de lo que consideren mejor los eminentes banqueros y financieros que les asesoran, es una medida siniestra y angustiosa, ya que francamente entrega el control real del mundo al poder monetario. Las sugerencias de esta obra, no hace falta decirlo, están en los polos opuestos de esto, que suena como una parodia del sueño de unir al mundo bajo una religión más católica - una versión revisada del becerro de oro, con una vestimenta "no dorada sino dorada", y bajo un estándar "no de oro sino de ganancia". Sería el paso final, exista o no una conspiración, en la esclavización del mundo entero por un poder financiero central.

Mientras que es obvio que la seguridad nacional reside precisamente en la dirección opuesta, en que cada nación comprenda y controle por completo su propio mecanismo financiero y recupere los poderes que tan inconscientemente ha abdicado y que tan a la ligera ha dejado perder por defecto. Sólo entonces cabe esperar que se utilice para el bien general y que la ciencia más rica se emplee para promover la riqueza en lugar de la deuda.

La verdadera conspiración

Haya o no una conspiración entre el "pueblo elegido" para restablecer mediante el oro el dominio que solía derivar de Dios -y la historia bíblica (Éxodo XXXII) recuerda un intento estrictamente paralelo, frustrado por la enérgica acción de su principal legislador-, hay que admitir que sería una venganza contra la ciencia por sus tendencias iconoclastas, no exenta de cierto humor sardónico, que nos despertáramos un día y encontráramos en lugar de los diez mandamientos una única regla de oro. Se trata de posibilidades conjeturales y, sin duda, como en tiempos de Moisés, sigue habiendo judíos y judíos. Esperemos que así sea, al menos.

Pero de la existencia de una conspiración real -una conspiración de silencio- en todos los problemas monetarios , en la prensa y en las plataformas políticas, entre editores, publicistas y economistas, que más que ningún otro deberían estar vivos y despiertos a su infinita importancia, no puede haber duda alguna. Existe, y cualquiera que haya intentado llamar la atención sobre los males del sistema actual lo afirmará. Se dice que el Sr. H. G. Wells dijo:

"Escribir sobre moneda es generalmente reconocido como una práctica objetable, hecho casi indecente. Los editores implorarán al escritor casi con lágrimas en los ojos que no escriba sobre el dinero, no porque sea un tema poco interesante, sino porque siempre ha sido un tema profundamente perturbador."

Para el autor, acostumbrado a pensar que la batalla por la libertad de pensamiento en cuestiones científicas se libró y ganó hace siglos, en la época de Galileo y la Inquisición, fue toda una revelación descubrir que en economía, a diferencia de la física, aún no se ha ganado en absoluto. Si hubiera sido biólogo, sin duda habría puesto la fecha tan tardía como la controversia entre Huxley y los obispos. Por otra parte, si hubiera sido un matemático puro, habría sonreído ante la sola idea de que alguien tuviera que luchar, por ejemplo, por la verdad de las proposiciones de Euclides.

Es decir, que la libertad de pensamiento es un crecimiento evolutivo y no un nacimiento repentino, que se extiende en orden desde los asuntos del intelecto a los del alma, y sólo finalmente, si es que llega a existir, a los asuntos del bolsillo. En este sentido, no deja de ser gracioso encontrar en las recientes condenas en este país de la campaña contra la enseñanza de la doctrina evolucionista en ciertos Estados de la Unión Americana ciertos paralelismos inquietantes trazados entre ella y la actitud precisamente similar de nuestros propios *sabios* liberales hacia la investigación psíquica, la enseñanza de los métodos de control de la natalidad o, como podría haberse citado como ejemplo, hacia la nueva doctrina de la Economía Física. La libertad de pensamiento sigue dependiendo mucho de las circunstancias.

Se puede simpatizar con el motivo de preservar una ocultación y oscuridad decentes ante la mirada pública de los misterios internos del tema del dinero, al tiempo que se condena el peligro y la insensatez del mismo. Si la economía fuera realmente una ciencia, no necesitaría protegerse de las críticas mediante una conspiración de silencio. En cualquier tema científico, una crítica responsable recibiría una respuesta inmediata, y no la política del avestruz de enterrar la cabeza en la arena con la esperanza de que así también se ahoguen los oídos y se eche polvo a los ojos del perseguidor.

Cada propuesta de reforma del sistema es siempre respondida por poderosos intereses que pretenden que la reforma propuesta es la vieja herejía de la salvación económica mediante la creación de dinero. Precisamente, entonces, si cuando lo practica el Gobierno o el falsificador privado es un remedio charlatán, ¿por qué los bancos se constituyen en los practicantes debidamente cualificados de tales remedios charlatanes y son eximidos por su cargo de responsabilidad por la ruina que causan?

Es posible que nuestros publicistas guarden silencio por la misma razón que un médico cuando duda en informar a su paciente de que padece una enfermedad mortal que desconcierta toda investigación científica. Entonces, ¿qué pueden responder a esta acusación de que se enferma y se mantiene enfermo al paciente administrándole fármacos que todos saben que son nocivos y mortales? Puede ser que el peligro no sea para el país, excepto, de hecho, el peligro o la recuperación de su actual condición impotente y agotada, sino para nuestros servidores públicos y funcionarios, quienes, a menos que se les conceda una amnistía, podrían razonablemente esperar ser impugnados, si se restableciera un verdadero gobierno político. Por último, puede ser, y probablemente es, que nuestros supuestos líderes y expertos en estos intrincados asuntos se encuentren ellos mismos en una densa niebla y, sin saber qué más decir, sigan repitiendo lo que les enseñaron en su juventud en la universidad como ciencia económica. Cualquiera que sea la razón, si continúa este intento de ocultar al público los hechos reales del sistema monetario existente y de suprimir toda crítica pública y todo argumento de sentido común a favor de su reforma, no carecerá de fundamento la opinión, ya muy extendida, de la existencia de una conspiración traicionera contra el Estado por parte de los dirigentes de Finanzas. Conspiración consciente o no, el peligro es exactamente el mismo. Un sistema monetario corrupto atenta contra la vida misma de la nación.

CAPÍTULO XV

RESUMEN DE LAS CONCLUSIONES PRÁCTICAS

Puede ser útil para el lector recopilar y resumir las principales conclusiones prácticas a las que se ha llegado, a diferencia del análisis teórico en el que se basan.

(1) La producción de Riqueza, como algo distinto de la Deuda, obedece a las leyes físicas de conservación y puede aplicarse el razonamiento exacto de las ciencias físicas. La Riqueza no puede ser producida sin gasto, y un suministro continuo de Riqueza no puede ser suministrado como resultado de cualquier gasto de una vez por todas, ya que es una forma de energía, o el producto de su gasto bajo una dirección inteligente. Su producción exige un suministro continuo de energía fresca y una diligencia humana continua, hoy en día, más que trabajo físico. La escala a la que puede producirse está prácticamente limitada sólo por el estado de los conocimientos técnicos de la época. Ya no existe ninguna justificación física válida para la persistencia de la pobreza. El fenómeno del desempleo y de la miseria al mismo tiempo se debe únicamente a la ignorancia de la naturaleza de la riqueza y de los principios de la economía, y a las confusiones entre riqueza y deuda que hasta ahora han confundido este tema, incluso entre aquellos que han intentado su investigación y elucidación científicas.

(2) Hay dos categorías distintas de riqueza que deben su valor a las cualidades opuestas de lo perecedero y lo permanente. Ambas se parecen en la forma de su producción. Pero en la formación de la primera categoría de riqueza perecedera la energía necesaria se almacena para ser utilizada más tarde por la vida cuando la riqueza se consuma. Incluye alimentos, combustible, explosivos, fertilizantes y todos los materiales cuya utilidad depende del cambio que sufren en su uso. Sólo pueden utilizarse una vez, y suelen funcionar como energizantes y sustento real de la vida.

En la segunda categoría de riqueza permanente, la energía necesaria para producirla no está almacenada en el producto -o, si lo está, actúa en detrimento de la durabilidad en el uso-, sino que ya se ha desperdiciado en el proceso. Permite y facilita la vida, pero no la potencia. Ahorra más tiempo de vida hasta un punto indefinido, pero no mantiene la vida. La categoría incluye todas las clases de posesiones permanentes, de todos los grados de durabilidad real, pero se distingue de la primera categoría por el hecho de que su destrucción es incidental y no la razón de su utilidad, y es una pérdida muerta. Esta categoría incluye la totalidad del capital en el sentido utilizado en este libro, es decir, los órganos de producción utilizados en la producción.

(3) El capital, al ahorrar en una medida indefinida el gasto de tiempo humano en la producción , parece proporcionar un ingreso continuo de riqueza sin más trabajo, pero el origen de la riqueza producida está en el uso continuado del capital por agentes humanos, no en el capital mismo. No hay ningún principio ético al que apelar para equiparar el tiempo empleado en la acumulación con el gasto continuo necesario para hacerla productiva, o para determinar la justa división de la riqueza producida entre el capitalista y el trabajador.

(4) El dinero es ahora una forma de deuda nacional, propiedad del individuo y debida por la comunidad, canjeable a petición por riqueza mediante transferencia a otro individuo. Su valor o poder adquisitivo no está directamente determinado por ninguna cantidad positiva o existente de riqueza, sino por la cantidad negativa, o déficit de riqueza, de cuya propiedad y disfrute se abstienen voluntariamente, sin el pago de intereses, los propietarios del dinero, para satisfacer sus negocios individuales y sus asuntos y conveniencias domésticas. El agregado de este déficit se denomina Riqueza Virtual de la comunidad, y mide el valor de todo el dinero que posee la comunidad, que se ve obligada por la necesidad de intercambiar sus productos a actuar como si poseyera esta cantidad de riqueza más de la que realmente posee. La Riqueza Virtual de una comunidad no es una cantidad de riqueza negativa física sino imaginaria. No obedece a las leyes de conservación, sino que es de origen psicológico. Aumenta con el número de la población y la renta nacional y varía durante largos períodos de tiempo con los hábitos de la gente y la forma en que conducen sus negocios y asuntos monetarios domésticos. Sólo cuando la Riqueza Virtual es constante, el nivel general de precios es directamente, y el poder

adquisitivo del dinero inversamente, proporcional a la cantidad de dinero en circulación.

(5) Los bancos crean y destruyen dinero arbitrariamente y sin comprender las leyes que correlacionan su cantidad con la renta nacional. Se les ha permitido considerarse propietarios de la riqueza virtual que la comunidad *no* posee, y prestarla y cobrar intereses sobre el préstamo como si realmente existiera y ellos la poseyeran. La riqueza así adquirida por el prestatario insolvente no es por los prestamistas, que reciben intereses por el préstamo pero no ceden nada, sino que es cedida por toda la comunidad, que sufre en consecuencia la pérdida a través de una reducción general del poder adquisitivo del dinero.

(6) Los bancos han usurpado la Prerrogativa de la Corona con respecto a la emisión de dinero, y han corrompido el propósito del dinero de ser un medio de intercambio a ser una deuda que devenga intereses, pero el verdadero mal es que ahora tenemos una concertina en lugar de una moneda. Estos poderes han recaído en ellos como consecuencia de la invención y desarrollo del sistema de cheques, imprevisto antes de que se convirtiera en un hecho establecido. Ha sido consentido por políticos de todos los partidos, que han traicionado al pueblo y sin su conocimiento o consentimiento han abdicado de la función más importante del gobierno y han dejado de ser los gobernantes *de facto* de la nación. La emisión y retirada de dinero debe ser devuelta a la nación por el bien general y debe dejar por completo de proporcionar una fuente de sustento a las corporaciones privadas. El dinero no debería devengar intereses por el hecho de existir, sino sólo cuando es prestado genuinamente por un propietario que lo cede al prestatario.

(7) El valor del dinero no debe depender de la cantidad de una sola mercancía, como el oro, y el patrón de valor debe hacer referencia a la media general de los bienes consumidos y utilizados en la vida. Es decir, el número índice del nivel general de precios, o su recíproco, el poder adquisitivo del dinero, debe mantenerse constante regulando la cantidad total de dinero en circulación.

El número índice debe ser determinado continuamente por una autoridad estadística nacional que informe de sus resultados a la autoridad nacional encargada de la emisión de dinero, de modo que la emisión pueda regularse para mantener constante el estándar de valor, de forma similar a como el Laboratorio Nacional de Física de este país se encarga de la normalización de pesos y medidas.

(8) Cuando la cantidad de dinero es constante, su valor o poder adquisitivo es proporcional a la Riqueza Virtual, y cuando su valor o poder adquisitivo es constante, la cantidad de dinero es una medida de la Riqueza Virtual. Por lo tanto, la emisión de dinero debe regularse en función de su poder adquisitivo, de manera que éste se mantenga constante, emitiéndose más si el poder adquisitivo tiende a aumentar o el número índice a disminuir, y retirándose de la circulación una parte si el poder adquisitivo tiende a disminuir y el nivel general de precios a aumentar, de manera muy parecida a como se controla automáticamente la velocidad de una máquina de vapor sometida a una carga variable, mediante la admisión de vapor por el regulador cuando la velocidad tiende a disminuir y el cierre cuando tiende a aumentar.

El dinero emitido debe sufragar los gastos nacionales en lugar de los impuestos, o redimir la Deuda Nacional que devenga intereses. La retirada y destrucción de dinero debe hacerse mediante impuestos o mediante la obtención de un préstamo nacional.

(9) Se reconoce que el estándar invariable de valor propuesto es un estándar deudor-acreedor para facilitar los compromisos comerciales a largo plazo y eliminar el elemento especulativo introducido en ellos por el cambio en el valor del dinero. Pero en una era de creciente eficiencia humana en la producción de riqueza, un estándar de precio deudor-acreedor no es necesariamente un precio "justo". Pero ningún progreso social puede asegurarse hasta que el poder adquisitivo del dinero se haga invariable.

(10) Para poner en marcha el sistema deberían cancelarse unos 2.000.000.000 de libras esterlinas de Deuda Nacional con intereses y emitirse la misma suma de dinero nacional (Deuda Nacional sin intereses) para reemplazar el crédito creado por los bancos. El contribuyente se libraría así del pago de 100.000.000 de libras anuales de intereses por préstamos puramente ficticios. Este interés anual es un pago del contribuyente a los tenedores de bonos por el dinero prestado al Estado, y se transfiere bajo el sistema existente a los bancos por sus servicios en la creación de nuevo dinero como crédito bancario y confiriéndolo a los tenedores de bonos contra sus bonos como garantía colateral. De este modo, los impuestos se pagan al banco por hacer lo que los impuestos se impusieron para evitar que se hiciera, es decir, el aumento de la moneda. De lo contrario, no habría habido ninguna razón para que el Estado pidiera prestado a interés si no hubiera querido evitar el aumento de la moneda.

(11) Los bancos deberían estar obligados por ley a mantener dinero nacional, £ por £ de sus obligaciones por "depósitos" de clientes en cuenta corriente, y sólo se les debería permitir prestar dinero realmente depositado en su custodia por sus propietarios, que renuncian a su uso durante el período estipulado del préstamo y reciben recibos en forma legal sujetos a derechos de timbre en una escala diseñada para que sea relativamente poco rentable prestar durante períodos de finiquito.

(12) El hecho de que las naciones no utilicen plenamente, para el enriquecimiento de la vida, los amplios poderes que les confiere el progreso de los conocimientos científicos y técnicos se debe principalmente a la emisión privada de dinero y a los principios erróneos que la rigen. Los créditos deben ser emitidos, no cancelados (es decir, el dinero en circulación debe ser aumentado, no disminuido), cuando la oferta supera a la demanda.

La abstinencia genuina del consumo, o el "ahorro", es el antecedente esencial de cualquier aumento del dinero en circulación si no se quiere elevar el nivel de precios.

(13) Para elevar cualquier sistema productivo de una escala de producción a otra superior sin provocar un cambio en el nivel de precios, y absorber así la mano de obra y el capital desempleados, se requiere una abstinencia inicial del consumo igual al aumento de las existencias de riqueza semielaborada y acabada en el sistema, seguida de una emisión de dinero de menor cuantía proporcional, aunque normalmente inferior, al valor de las existencias acabadas adicionales. En la práctica, la emisión vendría determinada por el nivel de precios como indicador, con los rendimientos del desempleo y el estado de la industria como indicaciones orientativas.

(14) Si la emisión de dinero precede a la abstinencia, las existencias de riqueza acabada en el sistema se agotan permanentemente y no pueden restablecerse. Esto eleva los precios y tiende, tras un breve período, a reducir el empleo y la producción incluso por debajo del nivel original, a una valoración monetaria inflada en proporción al aumento de dinero.

La subida de los precios drena el oro del país, de modo que los créditos vuelven a restringirse y los industriales tienen que reducir la producción.

(15) Si la abstinencia no va seguida de un aumento de la cantidad de dinero, las existencias adicionales acumuladas no pueden venderse sin reducir la producción y, en consecuencia, el empleo de trabajo y capital en una medida tan inferior al nivel original como la abstinencia original lo aumentó temporalmente por encima de ese nivel. A la luz de estas conclusiones se ofrece una crítica de los objetivos y propuestas de la escuela Douglas de la Reforma del Crédito Social.

(16) La construcción de cualquier sistema industrial y, en general, la acumulación de capital permanente, implica la obligación de contraer deudas con particulares que nunca podrán ser reembolsadas y que, por lo tanto, deben devengar intereses hasta su cancelación o amortización. En una sociedad individualista, para que los ciudadanos no se vean reducidos a la miseria bajo esta carga creciente del endeudamiento del capital, la fiscalidad debe extenderse más allá del propósito de sufragar los gastos del Gobierno para proporcionar la amortización del capital. Se elaboran las leyes matemáticas para la amortización simple y compuesta de las deudas de capital. De este modo, la nación entraría en la planta baja y no después de que las industrias dejen de pagar, como ocurre con las actuales propuestas de nacionalización.

(17) La fiscalidad, tal como se ha limitado hasta ahora a sufragar los gastos del Estado, es totalmente inútil como instrumento de mejora social permanente, y debería utilizarse junto con, o alternativamente a, la emisión de préstamos del Estado, para otros fines específicos, tales como la creación de un mayor volumen de producción, la reconstrucción de la agricultura, la preservación de la debida proporción entre la producción para el consumo y la nueva producción de capital, y, en general, para influir más activamente en el desarrollo adecuado del país, sobre la base de la información proporcionada por la autoridad estadística nacional.

(18) Una moneda nacional basada en el número índice y la expansión inteligente del sistema industrial hasta su plena capacidad de trabajo promoverían el comercio exterior en pie de igualdad con el interior, y permitirían mejor a la nación obtener mediante la importación los alimentos que necesita a cambio de las exportaciones.

(19) Se sugiere extender el uso del oro como mercancía en las transacciones internacionales, para ajustar la balanza comercial entre naciones.

La Sociedad de Naciones debería encargarse, para las naciones que incluye, de la determinación de la proporción del stock total de oro que cada nación debe mantener como reserva, en lugar de intentar establecer un patrón oro fraudulento, cuyo valor puede adaptarse a los propósitos de unos pocos Bancos Centrales poderosos mediante una política de acelerar o retrasar su desmonetización a su antojo.

(20) Aunque su objetivo principal es eliminar la amenaza que representan para las relaciones internacionales las inmensas acumulaciones de oro sobrante, y permitir su completa desmonetización con seguridad por cualquier país deseoso de adoptar un patrón invariable de valor basado en el número índice, el uso del oro como reserva nacional serviría a un valioso propósito de estabilizar el nivel internacional de precios y amortiguar las violentas fluctuaciones de las divisas debidas a alternancias temporales en la balanza comercial. Pero no se propone fijarlas, sino dejar que encuentren su propio nivel de acuerdo con las normas de valor y los sistemas monetarios adoptados en los distintos países.

(21) La reserva nacional de oro, que actúa como un barómetro que indica la relación entre importaciones y exportaciones, debería mantenerse por medios adecuados entre límites de variación definidos. Como medio posible, se sugiere que, sobre la base de la información suministrada por la autoridad estadística nacional, las importaciones podrían ser controladas mediante aranceles y las exportaciones fomentadas mediante bonificaciones si el barómetro baja, y viceversa si sube.

(22) Se afirma que estas reformas sugeridas, aunque no responden enteramente a las causas económicas más profundas del malestar social, son pasos necesarios si se quiere que continúe una sociedad individualista y que en el futuro la nación esté en condiciones de hacer frente a un mayor desplazamiento de los hombres por la maquinaria y los métodos de producción en masa, y de distribuir los títulos monetarios para consumir en proporción a la cantidad de riqueza capaz de ser producida, más que al número de trabajadores empleados en la producción.

Conclusión

El aguijón de la economía, audazmente asido, ya no necesita obstruir el camino del reformador social que quiere dar paz y libertad económica al mundo. Su poder de aguijón reside sólo en confusiones tontas que el mundo ha superado y que, en una era científica y mecánica, hasta un niño brillante podría ver a través de ellas. Nunca más debería temerse un desacuerdo desinteresado sobre la naturaleza y la solución de la paradoja de la pobreza y la riqueza.

Erradicadas estas viejas confusiones, de ser un tema como la astrología o la alquimia, la economía pasará a ser una ciencia. La separación de su objeto en físico -riqueza- y psicológico -deuda- conlleva ya la simplificación más asombrosa. Por supuesto, no faltará quien sostenga que lo psicológico es tan importante como lo físico. Pero pocos tendrán la osadía de afirmar que la comprensión del aspecto psicológico puede compensar los burdos errores físicos iniciales entre riqueza y deuda y la vulgar falacia del movimiento perpetuo de los economistas más antiguos. Tales errores tendrían precisamente el efecto que ya han producido en un mundo administrado y formado por superhombres y ángeles.

Hasta ahora, la democracia sólo se ha apoderado de la sombra y aún tiene que comprender la sustancia de la soberanía o quedar desacreditada para siempre. Su primer paso debe ser poner fin a la conspiración de silencio en sus órganos de publicidad e instrucción sobre la única prerrogativa del gobierno que subyace y controla toda acción política efectiva, e insistir en que su sistema monetario sea tan público y abierto a la crítica y a la alteración consciente como su sistema político.

Con un conocimiento adecuado de las realidades físicas que dominan los asuntos económicos de los pueblos, el camino está despejado para el progreso ilimitado y la consecución de la paz y la prosperidad universales. Los males que en el pasado han paralizado el corazón mismo de las naciones yacen patentes y ocultos. Por lo tanto, pasan más allá del poder de un daño mayor. Sólo se requiere esa clase poco común de valor - intrepidez intelectual y honestidad para afrontar las cosas como son y no como parecen - para abolir la pobreza y la degradación económica de nuestro entorno en menos tiempo del que tardó la Guerra en seguir su curso. Mientras tanto, en el horizonte internacional se abre la esperanza de encontrar una solución racional al problema de la guerra moderna y de un mejor uso del pródigo don de la ciencia que destruir el excedente de riqueza y de población para iluminar los mercados y aumentar las deudas nacionales.

Si todos los intereses creados más poderosos del mundo fueran sólidos y estuvieran interconectados contra la causa de la humanidad y la libertad, si el dinero, el ansia de poder y la esencia destilada de todas las supersticiones que han influido alguna vez en las mentes de los hombres, se aliaran contra el crecimiento del conocimiento, ¿quién tendría que dudar de la cuestión final? El camino está abierto para que todos los hombres y mujeres de buena voluntad avancen hacia su meta.

En los ocho años que han transcurrido desde la Paz, las nubes de la oscuridad han vuelto a descender, y ya la gente sabe en su corazón que es sólo cuestión de tiempo que llegue otra guerra, mayor y más terrible que la anterior en la medida en que se retrase. No se ha alterado ni un ápice de las causas económicas fundamentales que produjeron la última. La paz ha sembrado abundantemente las semillas de futuros e inevitables conflictos nacionales. La enorme productividad potencial del mundo industrializado, especialmente en las industrias química y de ingeniería, debe encontrar una salida. Si esa salida se le niega por insensatez financiera en la construcción y reconstrucción de la vida doméstica de las naciones, queda como un incentivo directo y poderoso para el fomento de la guerra.

Si alguien lo duda, que visite, por ejemplo, una acería moderna, de las que hay muchas en este país, cada una por sí sola, se calcula en , capaz de abastecer todas las necesidades nacionales en nuestro empobrecido estado actual. Incluso si por casualidad se encontrara un día en que la planta estuviera en pleno funcionamiento, sólo vería un hombre aquí y allá haciendo casi nada de lo que hablar, mientras que, hace sólo una generación, el lugar habría estado lleno de vida con un ejército de trabajadores casi desnudos corriendo y pastoreando el flujo en movimiento de acero incandescente. Unos pocos motores de 15.000 CV, , que funcionaban con el sol de los veranos de la era paleozoica, han emancipado al trabajador humano para que se dedique al ocio en las calles, viva del paro y críe a su familia para que no llegue el día en que la nación vuelva a necesitarlos a todos, y la guerra, el consumidor, convierta toda esta riqueza potencial en deuda nacional. Sin embargo, no dejan de escandalizarnos las costumbres de los antiguos, que exponían desnudos a sus superfluos jóvenes a los rigores de la noche invernal, o los sacrificaban con música y fervor religioso en los altares de Moloch y Mammon.

El reflector de las ciencias exactas puede llegar incluso a esos recovecos oscuros y secretos del alma humana. Desde los albores de la civilización, el profundo instinto innato de la manada hacia la acumulación de "riqueza" ha estado en conflicto con la imposibilidad física de hacerlo. Así surge "el principio de la muerte", que Trotter[64] ha reconocido como encarnado en la propia estructura y sustancia de todo esfuerzo social constructivo humano. Al igual que las civilizaciones anteriores, al parecer también la nuestra se ha balanceado laboriosamente hasta su apogeo sin sentido, para caer de nuevo en la oscuridad, destinada, como ellas, posiblemente, a no dejar rastro en la memoria humana, o sólo el débil y dudoso susurro de la tradición.

Las ruedas de Dios muelen poco, pero muelen muy despacio. ¡Oh futuro! ¡Nosotros los moribundos te saludamos! El curso está fijado, la carrera está a punto de correr. El tiempo, el destructor, nos pisa los talones. Nuestra juventud se ha agotado, y viejas y débiles son las manos de marioneta que el oro elige para dirigir nuestro destino. Devuélvenos, oh poderes de la luz, sólo una hora más antes de que el péndulo de la noche descienda de nuevo. La lámpara está encendida, pero su haz necesita tiempo para crecer antes de que los venideros puedan esperar abrirse camino a tientas. Ralentizad el ocaso y acelerad el alba, no sea que la juventud resurgente llegue demasiado tarde.

SOBRE LA RECIENTE MASACRE,

(Después de Milton.)

Véngate, Señor, de tus hijos masacrados, de los
Mundo viejo se enriquece con sus huesos esparcidos;
A los que guardaron tu verdad, el burlador los posee,
cuando todos nuestros padres adoraban dioses de oro.
La generosa búsqueda de la juventud y la ciencia vendida,
Los excedentes cambiados por préstamos de siempre,
Las costas destrozadas y las zonas devastadas
De la guerra no olvides; resucita su molde.
La flor que el fuego ha segado, las raíces se pudren,

---

[64] *Instincts of the Herd in Peace and War*, W. Trotter, 1919, p. 241, "The Instability of Civilisation".

El polvo y las cenizas de la cosecha siembran
En cada cuna y parcela donde aún reina
el tirano del dinero, para que de ellos crezca
Cien veces más, que habiendo aprendido tu camino
pronto puedan huir del infortunio babilónico.

F. S.

Otros títulos

⊘MNIA VERITAS   Omnia Veritas Ltd presenta:

HISTORIA PROSCRITA
I
LOS BANQUEROS Y LAS
REVOLUCIONES

POR

VICTORIA FORNER

Los procesos revolucionarios necesitan agentes, organización y, sobre todo, financiación, dinero.

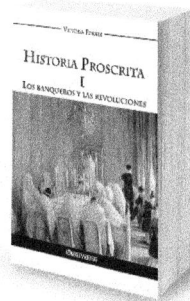

LAS COSAS NO SON A VECES LO QUE APARENTAN...

⊘MNIA VERITAS   Omnia Veritas Ltd presenta:

HISTORIA PROSCRITA
II
LA HISTORIA SILENCIADA
DE ENTREGUERRAS

POR

VICTORIA FORNER

"El verdadero crimen es acabar una guerra con el fin de hacer inevitable la próxima."

EL TRATADO DE VERSALLES FUE "UN DICTADO DE ODIO Y DE LATROCINIO"

⊘MNIA VERITAS   Omnia Veritas Ltd presenta:

HISTORIA PROSCRITA
III
LA II GUERRA MUNDIAL
Y LA POSGUERRA

POR

VICTORIA FORNER

Distintas fuerzas trabajaban para la guerra en los países europeos

MUCHOS AGENTES SERVÍAN INTERESES DE UN PARTIDO BELICISTA TRANSNACIONAL

OMNIA VERITAS LTD PRESENTA:

LAS GUERRAS DEL PETRÓLEO

POR JOHN COLEMAN

El relato histórico de la industria petrolera nos lleva por los vericuetos de la "diplomacia"

La lucha por monopolizar el recurso codiciado por todas las naciones

OMNIA VERITAS LTD PRESENTA:

Más allá de la CONSPIRACIÓN
DESENMASCARANDO AL GOBIERNO MUNDIAL INVISIBLE

por John Coleman

Todos los grandes acontecimientos históricos son planeados en secreto por hombres que se rodean de total discreción

Los grupos altamente organizados siempre tienen ventaja sobre los ciudadanos

OMNIA VERITAS LTD PRESENTA:

LA MASONERÍA de la A a la Z

por John Coleman

En el siglo XXI, la masonería se ha convertido menos en una sociedad secreta que en una "sociedad de secretos".

Este libro explica qué es la masonería